Johannes Tauler

Deutsche Literatur
von den Anfängen bis 1700

Herausgegeben von
Alois Maria Haas

Band 6

PETER LANG
Bern · Frankfurt am Main · New York · Paris

Bernd Ulrich Rehe

Der Reifungsweg des inneren Menschen in der Liebe zu Gott

Zum Gespräch bereit: JOHANNES TAULER

PETER LANG

Bern · Frankfurt am Main · New York · Paris

CIP-Titelaufnahme der Deutschen Bibliothek

Rehe, Bernd Ulrich:
Der Reifungsweg des inneren Menschen in der Liebe zu Gott:
zum Gespräch bereit: Johannes Tauler / Bernd Ulrich Rehe.–
Bern; Frankfurt am Main; New York; Paris: Lang, 1989
  (Deutsche Literatur von den Anfängen bis 1700; Bd. 6)
  ISBN 3-261-03997-3
NE: GT

Die vorliegende Arbeit ist eine überarbeitete Fassung der wissenschaftlichen Hausarbeit
für die kirchliche Abschlußprüfung in kath. Theologie (Diplomarbeit) an der Ruhr-
Universität Bochum: "Der Reifungsweg des inneren Menschen in der Liebe zu Gott
nach Johannes Tauler" (Eingereicht bei Prof. Dr. Arnold Angenendt, Kirchengeschichte
des Mittelalters und der frühen Neuzeit, 1981)

©Verlag Peter Lang AG, Bern 1989
Nachfolger des Verlages der
Herbert Lang & Cie AG, Bern

Druck: Weihert-Druck GmbH, Darmstadt

INHALTSVERZEICHNIS

2. Teil:
Vorgaben zum heutigen Gespräch mit Tauler

IV

3. Teil:
Einladung zum Gespräch

0. Das Vorhaben

In jüngster theologischer Literatur - vornehmlich im religionsphänomeno-
logischen und spirituellen Bereich - ist das Interesse an der Mystik und mystischen Erfahrungsformen sprunghaft gestiegen.[1]
Die vorliegende Studie [2] will den Versuch unternehmen, den Reifungsweg
des inneren Menschen in der Liebe zu Gott im Gespräch mit dem spätmittelalterlichen Mystiker Johannes Tauler zu untersuchen. Also keine
marktlückendeckende Lebenshilfe aus dem Bereich des Übersinnlichen,
sondern vielmehr: trocken-nüchtern mühevoller Gang zu den Quellen, von
wo jedoch die Lebendigkeit erst erschlossen werden kann. Um es mit
Umberto ECO zu sagen: "Denn wie ich einmal in einem Interview sagte, die
Gegenwart kenne ich nur aus dem Fernsehen, über das Mittelalter habe ich
Kenntnis aus erster Hand."[3]

Den Reifungsweg des inneren Menschen in der Liebe zu Gott fangen wir mit
dem Begriff der **Bekehrung** ein.[4]

In der Bekehrung weiß der Mensch darum, daß er nicht aus sich heraus existiert und sich selbst zu dem macht, der er ist, sondern daß er sich in seinen
Lebensvollzügen als vorausgesetzt weiß. *Bekehrung* besagt die Neukonstitution des Menschen in transitiver und intransitiver Art: "Indem der Mensch

[1]. Zur Vielzahl von neuaufgelegten Textauflagen klassischer Mystiker bzw. Sekundärliteratur
sei auf die Literaturliste verwiesen. Als Beispiel mag dienen: JASPERT, Bernd: Bibliographie zur deutschen Mystik. in: HEINRICH SEUSE, JOHANNES TAULER: *Mystische
Schriften*. Werkauswahl von Winfried ZELLER, Herausgegeben von Bernd JASPERT.
Erw. Neuausgabe 1988. München: Eugen Diederichs, 1988. Ausführliche neuere Biographie über Tauler und die deutsche Mystik ebd. S. 313-335

[2]. Vgl. Zitation in: GNÄDINGER, Louise: Johannes Tauler von Straßburg. In: GRESCHAT,
Martin (Hrsg.): *Gestalten der Kirchengeschichte*. Bd. 4: Mittelalter II. Stuttgart, Berlin,
Köln, Mainz: Kohlhammer, 1983, S. 176-198. Hier S. 180 und 197

[3]. ECO, Umberto: *Nachschrift zum "Namen der Rose"*. Deutsch von Burkhart Kroeber. München, Wien: Hanser, 1984 (ungek. Ausg. April 1986, dtv 10552), S. 22

[4]. Ich folge hier im wesentlichen den Ausführungen über den Begriff der Bekehrung in: WAG-
NER, Falk: Bekehrung: III. systematisch - theologisch. In: *Theologische Realenzyklopädie*. Bd. 5, Berlin, New York 1980, S. 469-480

aufgrund des Wortes und der daraus resultierenden Sündenerkenntnis von der scheiternden abstrakt-unmittelbaren Selbstbestimmung ab- und der sich ergebenden freien Selbsttätigkeit zugekehrt wird, kehrt er sich zugleich dem Vollzug seiner Selbsttätigkeit zu."[5] Die so verstandene Bekehrung ist kein einmaliger Akt, sondern ereignet sich immer wieder. Zwar versucht der Mensch wiederholt, sich und seine Freiheit aus sich selbst heraus, nämlich durch unmittelbare Selbstbestimmung zu begründen, jedoch scheitert der Versuch, sooft er sich wiederholt.

Im Prozeß der Bekehrung wendet sich der Mensch von der immer wieder scheiternden Tätigkeit der Selbstbegründung ab. Er erkennt an, daß er in seiner freien Selbsttätigkeit sich gegeben ist.

Bekehrung erschöpft sich aber nicht nur in der bloßen Passivität des Bekehrungsvorganges. Aus dem Sich-Gegebensein der freien Selbsttätigkeit folgt notwendigerweise der aktive Vollzug derselben, deren lebensgeschichtliche Konkretion.

Im Begriff *Bekehrung* ist ein "lebenslanger Prozeß beschrieben, der die Abwendung von der sündhaften, weil abstrakt-unmittelbaren Selbstbestimmung des Menschen und seine Hinwendung zum Vollzug im Vertrauen auf Christi Menschwerdung und Tod ergriffenen Geschenks der Freiheit beinhaltet."[6]

In dieser Arbeit geht es also nicht nur um ein zeitlich fixierbares, plötzliches Umschlagserlebnis, sondern um einen allmählichen Wachstums- und Reifungsprozeß. Als gesamtmenschliche Neukonstitution des Menschen schließt der Reifungsweg der Bekehrung die Totalität des Menschen in Denken, Wollen, Fühlen und konkretem Lebensvollzug ein.

Im **ersten** Teil der Arbeit soll das so angedeutete Bekehrungsgeschehen von der spätmittelalterlichen Mystik her angegangen werden. Es wurde Johannes Tauler ausgewählt, weil sich bei ihm ein ausgeprägter Ansatz zur Deutung der Bekehrung innerhalb des menschlichen Reifungsprozesses findet. Dieser soll in den Aspekten der *lebensgeschichtlichen Dynamik* (2.1.), der *onto-*

---

[5]. WAGNER (1980), S. 472

[6]. WAGNER (1980), S. 474

logischen Struktur (2.2.), des *Gnadengeschehens* (2.3.) und als *Prozess der Reifung* (2.4.) entfaltet werden.

Im **zweiten** Teil sollen die Linien, die von diesem Mystiker her gezogen wurden, in heutige Wissenschaftsbereiche hinein weiter verfolgt werden. Die Bereiche der *Tiefenpsychologie*, der *Entwicklungspsychologie* und der *mystischen Theologie* sollen nach weiterführenden Aspekten zum geistlichen Reifungsgeschehen gesichtet werden. Jeder dieser Bereiche soll daraufhin untersucht werden, inwieweit seine Erkenntnisse für die Beschreibung des Phänomens "Reifungsweg des inneren Menschen" fruchtbar gemacht werden können.

Es kann dies nicht mehr als eine Sichtung sein: Vorgaben zu einem künftigen Gespräch, die zu weiterem Vertiefen ermutigen.

Ein letzter Ansatz, den geistlichen Reifungsweg als *dynamisches Liebesgeschehen* zu begreifen, versucht von der Dynamik der Liebe her den menschlichen Reifungsweg in seiner doppelten Geöffnetheit auf den Mitmenschen und auf Gott zu erschließen.

Inwieweit diese Bemühungen gelungen sind, vermag der Verfasser nicht zu entscheiden. Er weiß, daß im Rahmen einer solchen Arbeit vieles nur Stückwerk sein kann. Allzuvieles muß nach kurzem Anriß als Anstoß zur Weiterverfolgung stehenbleiben.

Eben das Schreiben dieser Arbeit wurde selbst zum Reifungsgeschehen für den Schreiber. Sie hat Höhen und Tiefen (Begeisterung, Tatendrang, Gunst der Formulierung, - aber auch Sprachblockade, Überdruß und Indifferenz) durchlaufen. Erlebnismäßig vollzog sich dabei jenes Erscheinungsbild menschlicher Reifung, das bei Tauler als *jubilacio, getrenge, übervart* begegnen sollte: Eine vollbrachte Leistung beglückt zunächst, erweist sich jedoch als nicht endgültig zufriedenstellend. In einer krisenhaften Anstrengung gelangt man dann in eine qualitativ neue, beglückende Seinsweise.[7] So schließt sich der Kreis und beginnt von Neuem.

---

[7]. Näheres dazu in Kap. 2.4.2.

4

Der Verfasser hat allen von Herzen zu danken, die ihm mit Rat und Tat zur Seite gestanden sind; die ihm im wissenschaftlichen Dschungel manchen Pfad geschlagen haben. Und solchen, die ihn durch ihr Dasein und ihr aufmunterndes Wort getragen und immer neu motiviert haben.[8]

---

[8]. Besonders bedanken möchte ich mich bei *Annelie Bode* und *Sylvia von Hoegen* (für das Korrekturlesen) und bei Kpl. *Benno Schröder* (für die Ermöglichung der Drucklegung)

1. Teil:

Der Ansatzpunkt des Gesprächs: Die Mystik Johannes Taulers

1. Biographisches

1.1. Zeit oder Unzeit: Der Beginn des XIV. Jahrhunderts

> Es hat eben jeder seine eigene
> (meist verdorbene) Idee vom Mittelalter.
> Nur wir Mönche von damals wissen die Wahrheit,
> doch wer sie sagt,
> kommt bisweilen dafür auf den Scheiterhaufen.
>
> Umberto ECO [9]

Machen wir uns zuvor einen Einwand zu eigen, den der marxistische Soziologe G. SEYPPEL formuliert: "Man tut also der Mystik, die in Deutschland im 12. und 13. Jahrhundert anhob, keinen Gefallen, wenn man an sie in 'begrenzender' Absicht Begriffe und Methoden heranträgt, deren Ursprung nicht in ihr selbst, ja fern von ihr liegt und deren Funktion ihr fremd ist."[10]

---

[9]. ECO, Umberto: *Nachschrift zum "Namen der Rose"* / KROEBER, Burckhart (Übers.). München, Wien: Carl Hanser, 1984. - ungek. Ausgabe dtv 10552, 1986, S. 89. Dazu natürlich als Grundlage das "Original": ECO, Umberto: *Der Name der Rose.* / KROEBER, Burckhart (Übers.). 14. Auflage. München, Wien: Carl Hanser, 1983. Sowie eines der "nachfolgenden Werke": THOMAS, Michael: Die mystischen Elemente und ihre Funktion im Roman "Der Name der Rose". In: HAVERKAMP, Alfred, HEIT, Alfred (Hsg.): *Ecos Rosenroman. Ein Kolloquium.* München 1987 (dtv 4449)

[10]. SEYPPEL, J.: Mystik als Grenzphänomen und Existential. In: SUDBRACK, Josef: *Das Mysterium und die Mystik.* Würzburg: Echter, 1974, S. 113. Ähnlich: PLEUSER, Christine: *Die*

Machen wir uns also auf die Suche: Auf welchem Hintergrund haben wir
Taulers Leben und seine Lehre zu verstehen?
Zunächst einmal: Einen unerläßlichen Schlüssel zum Verständnis bietet das
geistesgeschichtliche, kulturelle und kirchengeschichtliche Umfeld Taulers.
Desweiteren ist aus der Vergegenwärtigung der damaligen Zeit dem Leser
die Chance gegeben, das herauszufinden, was Tauler von seinen Zeitge-
nossen unterscheidet und was bei Tauler zukunftsweisend wurde. Nicht zu-
letzt bedarf es genauer Kenntnis *der* Faktoren, die Taulers Wort und Werk
bedingen, um eine wissenschaftlich redliche Transponierung des Taulerschen
Gedankengutes in unsere Zeit zu ermöglichen.
Wer sich sinnvoll und lohnend mit mittelalterlichen Frömmigkeitsformen der
Mystik befassen will, wird eine kurze Darstellung des zeitgeschichtlichen
Kontextes sicherlich dankbar annehmen.

* Halten wir uns kurz vor Augen, was sich politisch und kulturell tut:

> Die maßgebliche Theologie des 14. Jahrhunderts sprach deutsch,
> dachte und formulierte in deutscher Grammatik, betete in deutscher
> Sprache.
> Erst Jahrhunderte später bedient sich die Theologie (wieder) der latei-
> nischen Sprache. Das Gewicht theologischen Wirkens verlagert sich
> vom Rhein weg an den Tiber. Was war geschehen?
> Das, was neutrale Beobachter als Romanisierungsprozeß der Theolo-
> gie deuten, ist unter der Oberfläche ein Drama von Aufstieg, Höhe-
> punkt und Verfall einer universalen Denk- und Empfindungsart, deren
> Auswirkungen sich bis in heutige Zeit finden lassen: die Deutsche My-
> stik.[11]

Benennung und der Begriff des Leides bei Johannes Tauler. Berlin 1967, S. 36: "Wir müssen seine (Taulers) geistesgeschichtliche Position in den Grundzügen entwerfen und
ständig gegenwärtig haben, um nicht Fehlinterpretationen zu verfallen, indem wir der
mittelalterlichen Geisteswelt moderne Denkformen unterstellen."

[11]. Einen Überblick gibt: ZIPPEL, Willy: *Die Mystiker und die deutsche Gesellschaft des 13. und
14. Jahrhunderts.* Düren 1935. - Diss. Leipzig. Unverzichtbar immer noch: WENTZLAFF-
EGGEBERT, Friedrich-Wilhelm: *Deutsche Mystik zwischen Mittelalter und Neuzeit: Einheit und Wandlung ihrer Erscheinungsformen.* Dritte, erw. Aufl. Berlin: Walter de Gruyter, 1969 (umfassende Bibliographie); BIZET, Jules Augustin: Die geistesgeschichtliche
Bedeutung der deutschen Mystik. In: *Deutsche Vierteljahresschrift.* XL. Bd. 40 (1966), S.
305-315

Namen, Personen sind mit ihr verbunden:
Meister ECKHART, Johannes TAULER, Heinrich SEUSE.

Der Kampf zwischen Papst und Kaiser hatte das heilige römische Reich deutscher Nation mit dem letzten Hohenstaufer (1268) zusammenbrechen lassen und verlor immer mehr das Ansehen nach innen und außen.

Die Hochblüte des *Minnesangs* war vorbei: ca. 1200 entstand das Nibelungenlied, 1210 Wolfram von Eschenbachs *Parzival* und Gottfried von Straßburgs *Tristan*. 1230 starb Walther von der Vogelweide.

In Taulers Heimatstadt Straßburg stirbt 1318 Erwin von Steinbach, der Erbauer der Fassade des Straßburger Münsters. In Köln kann Tauler die markanten Bauabschnitte des Domes wahrnehmen: 1248 Grundsteinlegung, 1322 Einweihung des Chores. Tauler stirbt zu der Zeit, da als memento mori-Ruf um 1350 im mainfränkischen Raum (vielleicht im Dominikaner-Kloster Würzburg) der *Totentanz* entsteht, an der Schwelle zur deutschen Spätgotik, die ca. 1350 beginnt. Universitäten wurden gegründet: 1348 Prag, 1365 Wien, 1386 Köln.

* Was in dieser Zeit berührt die Menschen unmittelbar?
Die Pest wütete um 1349 in Deutschland. Allein in Straßburg dürften 16.000 Menschen (ca. ein Drittel der Bevölkerung) der Seuche zum Opfer gefallen sein.[12] "Taulers apokalyptische Zeit."[13]: "Der allgemeine Niedergang des kirchlichen Lebens, die unheilvollen kirchenpolitischen Verhältnisse in der ersten Hälfte des 14. Jh., dazu eine Reihe er-

---

[12]. vgl. WREDE, Gösta: *Unio mystica: Problem der Erfahrung bei Johannes Tauler.* Uppsala 1974 (Acta Universtatis Ups. 14), S. 20

[13]. PLEUSER (1967), S. 39. Zwischen 1315 und 1318 entstanden durch sintflutartige Regenfälle Hungersnöte, die die Lage der Bauern (3/4 der Bevölkerung), die am Rande des Existenzminimums lebten, noch verschlimmerte. Desweiteren: 1337 erregt die Erscheinung eines Kometen die Gemüter. 1342-43: Überschwemmungen, Mißernte, Teuerung, Hungersnot. 1348 mehrere Erdbeben. 1348-9 Judenverfolgungen. 1347-48 Pest. 1356 Erdbeben. Dies mag schlaglichtartig einen Eindruck vermitteln. Vgl. auch die Übergreifenden Darstellungen von: BORST, Otto: *Alltagsleben im Mittelalter.* 1.Auflage. Frankfurt: Insel, 1983 (Insel Taschenbuch 513) und: GURJEWITSCH, Aaron J.: *Das Weltbild des mittelalterlichen Menschen.* Dresden 1978. - Lizenzausgabe München: Beck, 1980

schütternder Naturereignisse seit den dreissiger Jahren: Erdbeben, Überschwemmungen, Heuschreckenplage, Misswachs und Seuchen, mit ihrem reichen Gefolge an sozialem Elend aller Art haben bekanntlich einen Hauptanstoss zur Verbreitung des mystischen Lebens gegeben und die Empfänglichkeit dafür in vielen Herzen geweckt. Eine tiefe Erregung ging damals durch die Geister, apokalyptische Prophezeiungen wurden ausgestreut, viele glaubten das Ende der Welt nahe: in dieser Not der Zeit zogen sich ernstere Gemüter gerne in das innerste Heiligtum der Seele zurück, um hier das Feuer idealer Begeisterung und eines mystischen Gnadenlebens zu hüten und zu nähren."[14] Kirchliche Verkündigung hatte sich zu dieser Zeit mit den Auswüchsen mystischer Schwärmerei auseinanderzusetzen.[15]

---

[14]. BIHLMEYER, Karl (Hsg.): *Heinrich Seuse: Deutsche Schriften.* Im Auftrag der Würtembergischen Kommission für Landesgeschichte. Hsg. v. Dr. Karl BIHLMEYER. Stuttgart 1907 (Unveränderter Nachdr. Frankfurt: Minerva, 1961), S. 98 ff. (Vorwort). Heranzuziehen wäre : KOTHE, Wilhelm: *Kirchliche Zustände Strassburgs im vierzehnten Jahrhundert: Ein Beitrag zur Stadt- und Kulturgeschichte des Mittelalters.* Freiburg i.Br.: Herder, 1903. (Diss. Breslau 1902)

[15]. PLEUSER (1967), S. 39: "...Mystik...nur als eine von vielen Formen, in denen sich die elementare Religiosität des vernachlässigten Volkes äußerte." HOFMANN, Georg: Die Brüder und Schwestern des freien Geistes zur Zeit Heinrich Seuses. In: FILTHAUT, Ephrem M. (Hrsg.): *Heinrich Seuse. Studien zum 600. Todestag 1366-1966.* Köln: Albertus Magnus, 1966, S. 9-32. Hier S. 32: "Die Brüder und Schwestern des freien Geistes, fälschlich oft auch Begarden und Beginen bezeichnet, sind eine in der religiösen Bewegung des 12. Jahrhunderts wurzelnde, in ihrem Ursprung unklare, ja unbekannte Unterströmung religiösen Lebens. Sie bilden keine Sekte, tauchen in losen Gruppen, auch als Freundeskreise oder Einzelgänger, bald hie bald da auf. Ihr wesentliches Kennzeichen ist die restlose Ablehnung göttlicher oder kirchlicher Gebote, sowie der wichtigsten christlichen Glaubenslehren. Ein pantheistischer Zug ist ihrem Denken eigen, eine überspannte Mystik kennzeichnet ihr Fühlen und Hoffen. Es darf angenommen werden, daß besonders durch Wanderprediger ihre Lehren weiter verbreitet wurden. Beginenhäuser und -höfe scheinen dabei zuweilen einen günstigen Nährboden abgegeben zu haben. Ihre Sonderlehren und Praktiken drohen bürgerliche und kirchliche Ordnung zu verwirren und zu zersetzen. Die Seelsorger und echten Mystiker des 14. Jahrhunderts wie auch die Glaubensgerichte gehen deshalb scharf gegen sie vor." Zur Ergänzung heranzuziehen: SCHWEITZER, Franz Josef: *Der Freiheitsbegriff der deutschen Mystik: Seine Beziehung zur Ketzerei der "Brüder und Schwestern vom Freien Geist" mit besonderer Rücksicht auf den pseudoeckhartischen Traktat "Schwester Katrei".* Frankfurt a.M., Bern: Peter Lang, 1981

* Was für ein Bild zeigt sich uns von Kirche und Frömmigkeit?

Die Volksfrömmigkeit war von einem stark aufgebrochenen Bußgeist gekennzeichnet, dessen extreme Ausdrucksformen (Geißlerzüge) in gemäßigte Bahnen kanalisiert werden mußten.[16] Hier muß Taulers moderate Sprache, die jeden schwärmerischen Charakter vermissen läßt, im Dienste dieser Bemühungen verstanden werden.

Die Dominikaner der Provinz Teutonia waren zu Taulers Zeiten in einen gewissen Verfall geraten. Das Armutsgelübde wurde durch äußere Sicherheit zunehmend seiner geistigen Fundierung beraubt. Hiermit Hand in Hand gehen mangelnde Ordensdisziplin und mangelnder theologischer Studienfleiß.[17]

Im Zuge einer veränderten Geisteshaltung im Spätmittelalter, die sich in einer Wende vom Allgemeinen zum Konkreten, Lebensnahen charakterisieren läßt, verdient die mit Tauler aufbrechende *devotio moderna* besonderes Interesse.[18] Die von den Niederlanden nach Deutschland fließende Frömmigkeitshaltung der *devotio moderna* ("modern" im Sinn von: Hinwendung zur Erfahrung), die eine innere Verwandtschaft mit der allgemein sich entwickelnden Geisteshaltung

---

[16]. "Das Verdienst der Bettelorden, besonders der deutschen Dominikaner, ist es jedoch, diese religiöse Hochflut eingefangen, geordnet, ihr den richtigen Weg gewiesen, ihr Gestalt und Form gegeben, ihr neue Gedanken zugeführt, ihr echtes Tugendstreben auf Hochziele ausgerichtet, sie vor Irrtum und Abgleiten in häretisches Konventikelwesen bewahrt und von ihrer Gottesliebe und Begeisterung in Demut gelernt zu haben." FILTHAUT, Ephrem M.: Heinrich Seuse in dominikanisch-priesterlich-seelsorgerlicher Sicht. In: FILTHAUT, Ephrem M. (Hrsg.): *Heinrich Seuse. Studien zum 600. Todestag 1366-1966.* Köln: Albertus Magnus, 1966, S. 267-304. Hier S. 297

[17]. Vgl. WREDE (1974), S. 19. Zur Ergänzung brauchbar: LÖHR, G.: Beiträge zur Geschichte des Kölner Dominikanerklosters im Mittelalter. In: QuF 1920, S. 15-17. Vom selben Autor: LÖHR, G.: *Die Kölner Dominikanerschule vom 14. bis 16. Jahrhundert.* Köln 1948

[18]. Vgl. WEILNER, Ignaz: *Johannes Taulers Bekehrungsweg: Die Erfahrungsgrundlagen seiner Mystik.* Regensburg 1961, S. 57 und GIERATHS, Gundolf: Johannes Tauler und die Frömmigkeitshaltung des 15. Jahrhunderts. In: FILTHAUT, Ephrem M. (Hrsg.): *Johannes Tauler, ein deutscher Mystiker. Gedenkschrift zum 600. Todestag.* Essen 1961, S. 422-434. Hier S. 433. Sowie: BREURE, Leen: Männliche und weibliche Ausdrucksformen in der Spiritualität der Devotio moderna. In: DINZELBACHER, Peter (Hrsg.); BAUER, Dieter R. (Hrsg.): *Frauenmystik im Mittelalter.* 1. Auflage. Ostfildern: Schwabenverlag AG, 1985, S. 231-255. Sowie: DITSCHE, Magnus: Zur Herkunft und Bedeutung des Begriffs devotio moderna. In: *Historisches Jahrbuch 79* (1960), S. 124-145

aufweist [19], besaß deswegen eine erstaunliche Prägekraft, weil sie eine starke Verankerung im Leben besaß - eine Grundlage, die für eine Frömmigkeitshaltung mit kontinuierlichem Wirken unabdingbar ist.

"Die Devotio moderna wollte das, was der Kern der klösterlichen Frömmigkeit ausmacht, auch innerhalb der Welt verwirklichen und lernen, ... außerhalb eines Ordens wie ein Ordensmann zu leben."[20]

DENIFLE sieht die Predigten Taulers als einen Vertreter der deutschen Mystik nicht in ihrer nationalen Eigenart und Neigung begründet, sondern "...in der von ihrem Orden ihnen übertragenen Aufgabe, als Seelsorger und Prediger eine große Zahl frommer Frauen zu betreuen, ... die ohne ... Lateinkenntnis, aber besonders empfänglich und interessiert waren für religiöse Unterweisung und theologischen Tiefsinn."[21]

---

[19]. ...die aber nach GIERATHS (1961), S. 433 f. nicht einfach mit der *devotio moderna* identisch ist.

[20]. NEUSS, W.: *Die Kirche des Mittelalters.* 2. Auflage. Bonn 1950, S. 363

[21]. GRUNDMANN, Herbert: *Religiöse Bewegungen im Mittelalter.* 2. Auflage. Hildesheim 1961, S. 527. Bzw. GRUNDMANN, Herbert: *Religiöse Bewegungen im Mittelalter: Untersuchungen über die geschichtlichen Zusammenhänge zwischen Ketzerei, den Bettelorden und der religiösen Frauenbewegung im 12. und 13. Jahrhundert und über die geschichtlichen Grundlagen der deutschen Mystik.* 4., um einen Anhang erw. Aufl. Darmstadt 1977. "Nach anfänglichen legislativem Sich-sperren und Ablehnen und doch praktischem Nachgeben übernahmen die Predigerbücher von dem 40er Jahren des 13. Jahrhunderts ab die "Cura monalium", d.h. den Ordensanschluß (in corporation) und die seelsorgliche Betreuung der Schwestern. Die Bitten und der Einfluß der Schwestern an der römischen Kurie und bei päpstlichen Legaten, die Vermittlung hoher Verwandter, das wissenschaftlich-aszetisch-mystische Unvermögen des Weltklerus auf weiten Strecken, die Gefahr sektiererischen Abgleitens in Pseudo-Mystik und Kirchengegensatz, die wirklich echten geistlich-religiösen Uranliegen dieser von den Idealen des Evangeliums und der Christusnachfolge ergriffenen Seelen, der apostolische Auftrag und das seelenrettende Ziel des Dominikanerordens, gaben schließlich den Ausschlag." FILTHAUT (1966), S. 293

1.2. Äußere Lebens- und Schicksalsdaten

Johannes Tauler (Taler, Taweler)[22] stammte aus einer wohlhabenden, alteingesessenen Bürgerfamilie Straßburgs.[23] Sein genaues Geburtsjahr ist unbekannt, die Angaben lassen einen Zeitraum um 1300 vermuten.[24] Um 1315 tritt Johannes Tauler in den Dominikanerkonvent zu Straßburg ein.[25] Während der nächsten 7-8 Jahre durchläuft er das Hausstudium im Konvent. Dort zählt er zu seinen Lehrern den Mystiker JOHANNES VON STERNGASSEN. Die begabten Kleriker wurden nach üblicher Ordenspraxis nach dem Hausstudium zu einem ca. vierjährigen *studium generale* in einen größeren Konvent geschickt.[26] Ob Tauler zu einem solchen *studium generale* nach Köln ge-

---

[22]. Einer der ersten Versuche, die Biographie Taulers umfassend darzustellen: LOSSING, Peter: *Life of Taulerus*. York 1831 (gekürzte Übersetzung von ARNOLD, Gottfried: *Vitae Patrum.)*

[23]. Ein Familienmitglied war Ratsherr in Straßburg. Vgl. SCHEEBEN, Heribert Christian: Zur Biographie Taulers. In: FILTHAUT, Ephrem M. *(Hsg.): Johannes Tauler: Ein deutscher Mystiker. Gedenkschrift zum 600. Todestag.* Essen: Hans Driewer, 1961, S. 19-36. Hier S. 20 und 29 ff. Zur geographiegeschichtlichen Einordnung nützlich: PFLEGER, Luzian: *Kirchengeschichte der Stadt Strassburg im Mittelalter.* Colmar 1941

[24]. So: CLARK, James M.: Johannes Tauler: Der "Lebemeister". In: SUDBRACK, Josef (Hrsg.); WALSH, J. (Hrsg.): *Große Gestalten christlicher Spiritualität.* Würzburg 1969, S. 205-216. Hier S. 205; WEILNER (1961), S. 32; HAAS, Alois M. In: HOFMANN, Georg (Hrsg.): *Johannes Tauler: Predigten.* Vollständige Ausgabe. Übertragen und herausgegeben von Georg HOFMANN, Einführung von Alois M. HAAS. 2 Bände. Einsiedeln: Johannes, 1979 (Christliche Meister Bd. 2 und 3), S. IV

[25]. SCHEEBEN (1961), S. 21 nimmt einen Eintritt mit frühestens 14 Jahren an. Für ein Lebensalter zwischen 15 und 18 Jahren plädiert die *Enciclopädia Cattolica.* Roma 1953, Bd. XI, Sp. 1797. Vgl. hierzu: SCHEEBEN, Heribert Christian: Der Konvent der Predigerbrüder in Straßburg - Die religiöse Heimat Taulers. In: FILTHAUT, E. (Hsg.): *Johannes Tauler. Ein deutscher Mystiker. Gedenkschrift zum 600. Geburtstag.* Essen 1961, S. 37-74

[26]. "Wenn spätere Generalkapitel über die Vernachlässigung der Studien klagen, so steht doch dem die Tatsache entgegen, daß die Provinz Teutonia nach den mehr als 20jährigen Wirren des Interdiktes auf den Provinzkapiteln 1349 zu Esslingen und Basel 1407 eine ganz stattliche Anzahl von Studienhäusern, Studenten, Magistri und Lektoren für die profanen und theologischen Fächer stellen kann." FILTHAUT (1966), S. 273. Vgl. hierzu auch: FRANK, Isnard W.: Zur Studienorganisation der Dominikanerprovinz Teutonia in der ersten Hälfte des 14. Jahrhunderts und zum Studiengang des Seligen Heinrich Seuse OP. In: FILTHAUT, Ephrem M. (Hrsg.): *Heinrich Seuse. Studien zum 600. Todestag 1366-1966.* Köln: Albertus Magnus, 1966, S. 39-69

sandt wurde, ist umstritten: WEILNER [27] nimmt an, daß Tauler von 1325-29
zugleich mit HEINRICH SEUSE in Köln direkter Schüler von MEISTER ECK-
HART, der dort von 1321-27 lehrte, und von NIKOLAUS VON STRAßBURG war.
Demgegenüber hält SCHEEBEN ein *studium generale* in Köln für ausgeschlos-
sen: "Es lag keine Veranlassung vor, Tauler nach Köln zu senden, und seine
Predigten machten ein Studium in Köln nicht notwendig. Was bei Tauler
über die primitive Theologie eines für die Seelsorge bestimmten Studenten
hinausgeht, hat er sich durch privates Studium erworben."[28]
Wenn Tauler in dieser Zeit in Köln gewesen sein sollte, dann wäre er Zeuge
der Vorgänge um Meister Eckhart gewesen. (Prozess 1326; Rechtfertigung,
bedingter Widerruf, Tod 1327 und posthume Indizierung 1329). Unabhängig
davon, ob er in Köln studiert hat, scheint er sich bis zum Jahr 1339 in seiner
Heimatstadt Straßburg aufgehalten zu haben. WEILNER [29] vermutet, daß er
im Hausstudium des Dominikanerkonventes die Funktion eines "Lese-
meisters" (Lektor) ausübte. Nach SCHEEBEN [30] aber ist Tauler niemals Lektor gewesen.
Relative Einmütigkeit bei den Tauler-Rezensoren scheint darüber zu bestehen, daß Tauler während dieser Zeit in der Stadt öffentlich zu predigen begann.[31]
In Straßburg bekommt Tauler die Wirkung kirchenpolitischer Wirren zu spüren: Infolge der Zuspitzung des Streites um den 1325 von Papst Johannes
XXII exkommunizierten Ludwig von Bayern untersteht Straßburg im Zeitraum von 1329-53 einem 25-jährigen päpstlichen Interdikt.

---

[27]. WEILNER (1961), S. 32

[28]. SCHEEBEN (1961), S. 23

[29]. WEILNER (1961), S. 27

[30]. SCHEEBEN (1961), S. 23. Hieraus, und daß Tauler nie einen Magister- oder Doktortitel erworben hat, nimmt er wiederum an, daß Tauler auch nicht in Köln studiert und somit
auch nicht "zu Füßen" Meister Eckharts gesessen haben kann.

[31]. WEILNER (1961), S. 33; WEITHASE, Irmgard: Die Pflege der gesprochenen deutschen
Sprache durch Berthold von Regensburg, Meister Eckhart und Johannes Tauler. In:
KORFF, H. A. (Festschrift für): *Gestaltung Umgestaltung*. Leipzig 1957, S. 46-75. Hier S.
62, setzt den Beginn der Predigttätigkeit Taulers schon an 1320 an, - wenngleich, wie
sich später zeigen wird, keine seiner Predigten erhalten ist, die **vor** 1346 zu datieren
wäre. So: COGNET, Louis: *Gottesgeburt in der Seele: Einführung in die deutsche Mystik*.
Freiburg: Herder, 1980, S. 102

Dieses Interdikt verbot dem Ordens- und Weltklerus, öffentliche Gottes-
dienste in den betreffenden Gebieten zu feiern. Am 6. August 1338 erläßt
Ludwig einen Reichsbefehl, wonach der Klerus das päpstliche Interdikt zu
mißachten habe. Die sich daraus für den Klerus ergebenden Interessens- und
Gehorsamskonflikte (zwischen weltlichen und kirchlichen Behörden) ver-
anlassen den Dominikanerkonvent im Winter 1338/39 nach Basel, einer vom
Interdikt nicht betroffenen Stadt, auszuweichen.[32] Dort blieb der Konvent
bis 1343.[33] Von Basel aus unternimmt Tauler einige größere Reisen, die
nicht mehr genau verifizierbar sind. So hielt er sich wahrscheinlich im Som-
mer oder Herbst 1334 in Köln auf, wo er bei seinem Freund HEINRICH VON
NÖRDLINGEN blieb, einem Weltpriester, der ebenfalls aufgrund des päpstlichen Interdiktes nach Köln ausgewichen war.[34] Mit Unterbrechungen wird
Tauler von 1344-46 wiederum in Köln gewesen sein.[35] Weithin nimmt man
einen Aufenthalt in Paris 1350 an.[36] In diesen Zeitraum fällt jener biographische Einschnitt, über den im Folgenden noch zu reden sein wird: Taulers "zweite Bekehrung".[37] Jedenfalls ist Tauler in dieser Zeit bereits ein
weitgereister berühmter Prediger, der als geistlicher Berater (Spiritual) zahl-
reicher Nonnen- und Beginenkonvente tätig ist.[38]

---

[32]. Während des Interdiktes verhält sich die Mehrzahl der Dominikanerkonvente kirchenpo-
litisch neutral oder päpstlich gesinnt. Vgl. GRUNDMANN (1961), S. 525

[33]. SCHEEBEN: 1342

[34]. Vgl. WEILNER (1961), S. 34; *Enciclopädia Cattolica*. Roma 1953, Bd. XI, Sp. 1798

[35]. Dort ist ein Besuch des Mystikers JAN VAN RUUSBROEC, Prior des Chorherrenstiftes
Groenendal, wahrscheinlich. Vgl. WEILNER (1961), S. 34. Über die geistliche Verwandtschaft beider s. die kleine Studie: REYPENS, Leontius: Der "Goldene Pfennig" bei Tauler
und Ruusbroec. In: RUH, Kurt (Hrsg.): *Altdeutsche und altniederländische Mystik*.
Darmstadt: Wissenschaftliche Buchgemeinschaft, 1964 (Wege der Forschung Bd
XXIII). Vgl. auch: BOECKMANS, Jef: Mystik als Bewußtseinsprozess und als Gemeinschaft der Liebe: Zum Problem der natürlichen Mystik bei Ruusbroec. In: HAAS, Alois
Maria (Hrsg.); STIRNIMANN, Heinrich (HRSG.): *Das "EINIG EIN"*. Freiburg (Ch.)
1980, S. 417-443 (Dokimion Bd. 6)

[36]. Vgl. GIERATHS, Gundolf: Art.: Tauler. In: *LThK* 5, Sp. 1090 f.

[37]. WEILNER (1961), S. 35 f. setzt sie 1346 an. PLEUSER, Christine (1967), S. 47, nimmt die Lebenswende Taulers bereits vor 1339 an.

[38]. Zum *weiten Feld* der Nonnenkonvente und die Abhängigkeiten in Frömmigkeitshaltung
und Erscheinungsformen mystischen Lebens siehe: BLANK, Walter: *Die Nonnenviten
des 14. Jahrhunderts: Eine Studie zur hagiographischen Literatur des Mittelalters unter besonderer Berücksichtigung der Visionen und ihrer Lichtphänomene*. Freiburg 1962. - Diss.
Phil.; BLANK, Walter: Umsetzung der Mystik in den Frauenklöstern. In: HOFSTÄTTER,

Im Winter 1347/48 bricht er von Basel wiederum nach Straßburg auf. Dort, wie vorher in Basel, ist Tauler Mittelpunkt eines Kreises von *Gottesfreunden.*[39] Aus dem Kreis der Straßburger *Gottesfreunde* zählt der ehemalige Bankier RULMAN MERSWIN (1307-1382) zu Taulers Beichtkindern. Dieser wird eine eigentümliche Rolle im Leben der *Gottesfreunde* spielen.

In der Zeit von 1350-60 übt er seine Tätigkeit als Prediger, vornehmlich in Frauenklöstern, zwischen Straßburg und Köln, aus.

1361 kehrt er in das Dominikanerkloster St. Nikolaus in Gießen ein, wo ihn seine leibliche Schwester, eine Angehörige des Konventes, bis zu seinem Tode am 16. Juni 1361 pflegt.

Hans H. (Hrsg.): *Mystik am Oberrhein und in benachbarten Gebieten.* Freiburg 1978. - Augustinermuseum Freiburg i.Br., 10. September bis 22. Oktober 1978, Ausstellungskatalog, S. 25-36; KUNZE, Georg: *Studien zu den Nonnenviten des deutschen Mittelalters: Ein Beitrag zur religiösen Literatur im Mittelalter.* Hamburg 1952; RINGLER, Siegfried: *Viten- und Offenbarungsliteratur in Frauenklöstern des Mittelalters: Quellen und Studien* (Münchener Texte und Untersuchungen zur deutschen Literatur des Mittelalters 72), München 1980. - Diss. phil.; SCHMIDT, Margot; BAUER, Dieter R. (Hsg.): *"Eine Höhe, über die nichts geht". Spezielle Glaubenserfahrung in der Frauenmystik?* (Mystik in Geschichte und Gegenwart - Texte und Untersuchungen I/4), Stuttgart - Bad Cannstatt 1986. Davon zu trennen ist die Mystik der großen Frauengestalten, wie etwa MECHTILD VON MAGDEBURG, GERTRUD VON HELFTA, MECHTILD VON HACKEBORN, ELISABETH VON SCHÖNAU oder HILDEGARD VON BINGEN. Vgl. hierzu beispielsweise: DAVID-WINDSTOSSER, M.: *Frauenmystik im Mittelalter.* Kempten, München: Kösel, 1919 (Deutsche Mystiker Bd. V); KÖPF, Ulrich: Bernhard von Clairvaux in der Frauenmystik. In: DINZELBACHER, Peter (Hrsg.); BAUER, Dieter R. (Hrsg.): *Frauenmystik im Mittelalter.* 1. Auflage. Ostfildern: Schwabenverlag AG, 1985, S. 48-77; Als umfassend angekündigte Bibliographie: LEWIS, Jaron Gertrud; WILLAERT, Frank; GOVERS, Marie-José: *Bibliographie zur deutschen mittelalterlichen Frauenmystik.* Berlin 1988

[39]. Gute Einsicht vermitteln: EGENTER, Richard: Die Idee der Gottesfreundschaft im vierzehnten Jahrhundert. In: LANG, Albert (Hrsg.) u.a.; GRABMANN, Martin (Zur Vollendung des 60. Lebensjahres): *Aus der Geisteswelt des Mittelalters: Studien und Texte.* Münster 1935 (Beiträge zur Geschichte der Philosophie und Theologie des Mittelalters. Suppl. Bd. 3), S. 1021-1036; EGENTER, Richard: *Gottesfreundschaft: Die Lehre von der Gottesfreundschaft in der Scholastik und Mystik des 12. und 13. Jahrhunderts.* Augsburg: Filser, 1928

1.3. Die Person [40]

Wohl keiner der mittelalterlichen Mystiker hatte solch einen weiten Einfluß wie Johannes Tauler (1300-1361).[41] Für das Zeitalter des Barock galt Tauler als **der** klassische Vertreter der deutschen Mystik. Sogar in neuerer Zeit wurde Lehre und Leben Taulers dramaturgisch umgesetzt in ein Schauspiel.[42]

Als Spiritual - ohne Möglichkeit der Publikation auf akademischem Feld - begründete maßgeblich seine persönliche Ausstrahlung diese große Popularität.[43]

---

[40]. Methodischer Leitfaden dieses Kapitels soll die sog. *biographische Methode* sein, nach der WEILNER und WREDE in ihren Tauler-Studien vorgehen. WREDES Ansatz (vgl. WREDE, Gösta: *Unio mystica: Problem der Erfahrung bei Johannes Tauler.* Uppsala 1974 (Acta Universtatis Ups. 14), S. 35) untersucht die historische Persönlichkeit Taulers innerhalb ihres ideengeschichtlichen Rahmens. WEILNER geht der konkreten Lebensgeschichte Taulers nach und ergänzt diese durch Heranziehung des literarischen Werks und Aussagen spontaner Eigenerfahrung Taulers. Diese *biographische Methode* steht auf gesicherten Erkenntnissen der modernen Entwicklungspsychologie und ist nach WEILNER eine ebenso dringliche wie erfolgversprechende Aufgabe heutiger spiritueller Theologie. Vgl. WEILNER, Ignaz: Tauler und das Problem der Lebenswende. In: FILTHAUT, E. (Hrsg.): *Johannes Tauler: Ein deutscher Mystiker.* Essen: Hans Driewer, 1961. - Gedenkschrift zum 600. Todestag, S. 321-340

[41]. Von den älteren Studien als hinführend und Überblick gebend sind zu nennen: SCHMIDT, Carl: *Johannes Tauler von Straßburg: Beitrag zur Geschichte der Mystik und des religiösen Lebens im vierzehnten Jahrhundert.* Aalen: Scientia, 1972. - Neudruck der Ausgabe Hamburg: Perthes, 1841; SIEDEL, Gottlob: *Die Mystik Taulers nebst einer Erörterung über den Begriff der Mystik.* Leipzig 1911; ZAHN, J.: *Taulers Mystik in ihrer Stellung zur Kirche.* Freiburg 1920

[42]. MAURER, Theodor: *Tauler: Schauspiel in fünf Akten.* Leipzig, Strassburg: Heitz & Co., (1942)

[43]. Vgl. SUDBRACK, Josef: Gotteserfahrung und Selbsterfahrung: Kommentar und Übertragung einer Tauler-Predigt. In: *Geist und Leben* 49 (1976), S. 178-191. Hier S. 187. Ein gutes Bild der Person Taulers zeichnet Louise GNÄDINGER: GNÄDINGER, Louise: Johannes Tauler von Straßburg. In: GRESCHAT, Martin (Hg.): *Gestalten der Kirchengeschichte, Bd. 4: Mittelalter II.* Stuttgart 1983, S. 176-198. Zur neueren Taulerforschung vgl. JASPERT, Bernd: Bibliographie zur deutschen Mystik. in: HEINRICH SEUSE, JOHANNES TAULER: *Mystische Schriften.* Werkauswahl von Winfried ZELLER, Herausgegeben von Bernd JASPERT. Erw. Neuausgabe 1988. München: Eugen Diederichs, 1988, S. 313-335

Er war eine "liebenswürdige Gestalt"[44] , "eine harmonische Persönlichkeit"[45] mit "maßvoller Abgeklärtheit"[46] und "beinahe(r) Strenge, nüchterner Beherrschtheit; (Anzutreffen sind in der) Ordnung seines Denkens...innere Sicherheit und Ausgeglichenheit."[47] Tauler war zudem von gebrechlicher Gesundheit.[48] "Bei allem Ernst des Strebens nach Vollkommenheit verfiel er nie auf Absonderlichkeiten oder asketische Radikalismen, wie etwa der junge Seuse, sein Studienfreund, wenigstens auf einige Zeit."[49]

Seine mystische Redeweise, die trotz ihrer Menschenfreundlichkeit und Innigkeit emphatisch, unerbittlich, fordernd und dunkel wirkt,[50] rechtfertigt seinen Ruf als Seelsorger und Psychologen unter den deutschen Mystikern der Mittelalters.

---

[44]. CLARK, James. M.: Johannes Tauler: Der "Lebemeister". In: SUDBRACK, Josef (Hrsg.); WALSH, J. (Hrsg.): *Große Gestalten christlicher Spiritualität.* Würzburg 1969, S. 205-216. Hier S. 205

[45]. CLARK (1969), S. 215

[46]. GIERATHS, Gundolf: Johannes Tauler und die Frömmigkeitshaltung des 15. Jahrhunderts. In: FILTHAUT, Ephrem M. (Hrsg.): *Johannes Tauler, ein deutscher Mystiker: Gedenkschrift zum 600. Todestag.* Essen 1961, S. 422-434. Hier S. 422

[47]. MOELLER, Bernd: *Die Anfechtung bei Johann Tauler.* Mainz 1956. (Diss.), S. 7

[48]. "Er beklagte sich in seinen Predigten oft, er habe die Regel nicht vollständig beachten können, habe um Dispensen nachsuchen und sich körperlicher Kasteiungen, wie sie bei anderen beobachten konnte, enthalten müssen. Und er fügte hinzu, wenn er ihrem Beispiel hätte folgen wollen, so wäre er nicht mehr am Leben." COGNET (1980), S. 93

[49]. Die Abtötung wird bis nahe an die Selbstvernichtung herangetrieben. Seuse "türmt ein wahres Drama des Leidens vor uns auf." WEYMANN (1939), S. 11. Gott selbst - berichtet Seuse - muß eingreifen und diesem Treiben Einhalt gebieten. Nach eigenen Aussagen peinigt Seuse sich selbst in der Zeit zwischen seinem achtzehnten und vierzigsten Lebensjahr. Diese Zeitangabe ist jedoch nicht in reinem Wortsinn zu nehmen, hier wird Zahlenallegorie eine Rolle spielen. Seuses Motivation. dies alles bis in Einzelheiten zu beschreiben, ist nicht ganz klar.
Masochistische, selbstgefällige Züge in seiner Beschreibung sind unverkennbar. Seuse kokettiert mit seiner überstrengen *disciplin.* (Seuses Selbstkasteiungen, die ..."einen gewissen masochistischen Zug aufweisen..." (COGNET (1980), S. 137) Er kann dies aber nur aus einer Haltung heraus, die diesen Lebensabschnitt gewogen und zu leicht befunden hat. "...die Abtötungen und Selbstkasteiungen sind so grell und detailliert geschildert, weil sie hinterher von Seuse als übertrieben, als eine überwundene Stufe seines Leidensweges hingestellt werden." SCHWIETERING (1960), S. 109

[50]. GNÄDINGER, Louise: Der Abgrund ruft den Abgrund: Taulers Predigt Beati oculi (V 45). In: HAAS, Alois Maria (Hrsg.); STIRNIMANN, Heinrich (Hrsg.): *Das "EINIG EIN".* Freiburg (Ch.) 1980 (Dokimion Bd. 6) S. 167-208. Hier S. 168

Dadurch, daß Tauler in seinen Predigten die Seelenvorstellungen weniger philosophisch einsetzt, sondern diese von der Erfahrung her dem Zuhörer nahebringt, "kommt er dem Verständnisvermögen seines Publikums so nahe, daß es in ihm einen Prediger sieht, der unter seinen Mitmenschen lebt und nicht wie Eckhart über dem Erkenntnisvermögen der Menschen bleibt."[51] Neben einer sehr wohl vorhandenen spekulativen Begabung ist Tauler vorwiegend psychologisch orientiert.[52] In dieser Orientierung ist die Fächerung der taulerschen Frömmigkeit zu verstehen, die von schlichter Frömmigkeitshaltung bis zum mystischen Gotteserlebnis reicht.

Die ganze Vielfalt der Deutungen über Tauler faßt WEILNER so zusammen: "Pantheist oder Christ, Verfechter der theologischen und mystischen Tradition und Vorläufer der Reformation, treuer Sohn der Kirche und Rebell, Thomist und Neuplatoniker, eines gnädigen Gottes durch und durch sündige Kreatur und zugleich, der Erde treu, den Himmel mit seinem mächtigen Willen zwingend - dies alles (und noch einiges mehr) soll Tauler gewesen sein..."[53]

1.3.1. Taulers Eingebundenheit in philosophische und theologische Strömungen

Ein aufschlußreicher Hinweis hierzu kann die Zusammenstellung der Literatur sein,die von Tauler in seinen Predigten benutzt wurde. Eine solche Nennung kann selbstverständlich keine vollständige Zusammenschau aller je von Tauler studierten und bearbeiteten Literatur sein. Sie bietet aber insofern eine brauchbare Grundlage, da sie (vom Predigtgeschehen her gesehen) eine Auswahl der wichtigsten Quellen für Tauler persönlich bildet. Denn im Kommunikationssystem Predigt hat nur derjenige Autor eine Chance, vom

---

[51]. WALZ, Angelus: "Grund" und "Gemüt" bei Tauler. In: *Angelicum* 40 (1963), S. 328-369. Hier S. 335

[52]. WYSER, Paul: Der "Seelengrund" in Taulers Predigten. In: PHILOSOPHISCHE FAKULTÄT FRIBOURG (Hrsg.): *Lebendiges Mittelalter.* / STAMMLER, Wolfgang (Festgabe für). Fribourg 1958, S. 203-311. Hier S. 207

[53]. WEILNER (1961), S. 47

Prediger verbalisiert zu werden, der zum Prediger in einem besonders engen
Verhältnis steht.

Nach VOGT-TERHORST benutzt Tauler in seinen Predigten

AUGUSTINUS 37 mal,
BERNHARD VON CLAIRVAUX 22 mal [54],
GREGOR DEN GROßEN 20 mal,
DIONYSIUS AREOPAGITA 15 mal.
Ferner werden oftmals zitiert: ALBERTUS MAGNUS, AMBROSIUS, ANSELM VON
CANTERBURY, BEDA VENERABILIS, BENEDIKT VON NURSIA, BOETHIUS,
DOMINIKUS, HILARIUS, HUGO und RICHARD VON ST. VIKTOR, HIERONYMUS,
THOMAS VON AQUIN, ORIGENES, PLATO, PROKLOS.[55]

Taulers Werk ist zunächst einmal im Rahmen der dominikanischen Ordens-
theologie zu sehen.[56] Von den Ordensschulen der Dominikaner aus bildet
sich der Strang der thomistischen Konzeption des Aristotelismus (wenngleich
nicht ohne Widerstand).[57] Die Kenntnis hiervon erwarb sich Tauler primär
im Ordensstudium. Eine spezifische Weiterführung dieser Studien ist von
ihm nicht unternommen worden.

Stattdessen kommt dem zweiten Strang seiner Grundlagen, der neuplatonischen Spekulation, besondere Bedeutung zu. In Taulers grundlegender
philosophischer Sichtweise stehen ein aristotelisch-thomistisches und ein

[54]. Über den Einfluß Bernhards bei Tauler siehe die gediegene Studie: GNÄDINGER, Louise:
Der minnende Bernhardus: Seine Reflexe in den Predigten des Johannes Tauler. In:
Citeaux 31 (1980), S. 387-409.

[55]. VOGT - TERHORST, Antoinette: *Der bildliche Ausdruck in den Predigten Johannes Taulers.*
Hildesheim, New York: Georg Ohms Verlag, 1977. - Nachdr. der Ausgabe Breslau
1920, S. 6. Die übrige Kirchenväter-Literatur dürfte ihm auch in noch weiterem Maße,
als wir durch die zufälligen Erwähnungen erfahren, bekannt gewesen sein.

[56]. Heranzuziehen wären: DENIFLE, Heinrich Seuse: *Die deutschen Mystiker des 14. Jahrhun-
derts: Beitrag zur Deutung ihrer Lehre.* / Aus dem literarischen Nachlass hrsg. v. SPIESS,
Otwin. Freiburg CH.: Paulus, 1951; GRUNDMANN, Herbert: Die geschichtlichen
Grundlagen der deutschen Mystik. In: RUH, Kurt (Hrsg.): *Altdeutsche und niederländi-
sche Mystik.* Darmstadt: Wissenschaftliche Buchgesellschaft, 1964 (Wege der Forschung
Bd. XXII)

[57]. vgl. WEILNER (1961), S. 33. Siehe hierzu auch die Studie: MÜLLER, Günther: Scholastikerzitate bei Tauler. In: *Deutsche Vierteljahresschrift* 1 (1923), S. 400-418

christlich-neuplatonisches Element mehr oder weniger unverbunden nebeneinander.[58]

Ebenso prägen diese beiden Elemente die **theologischen** Grundlagen Taulers. Bezüglich des Gottesbegriffes ergibt sich für Gösta WREDE [59], daß
Tauler "teils an die traditionellen Vorstellungen *thomistischer Scholastik* und
neuplatonischer Spekulation anknüpft, teils in seiner Terminologie eine Be-
einflussung durch eine *theologia negativa* zeigt, teils daß die inhaltlichen ne-
gativen Termini über Gott gleichzeitig als Ausdrücke *persönlicher Erfahrung*
verstanden werden können."[60]
Taulers Hang zum christlichen Neuplatonismus ist aus seiner Verbundenheit
zu seinem Lehrer Meister Eckhart ersichtlich. Jedoch hat Tauler den Neuplatonismus durch christliche Überzeugung innerlich überwunden [61]: Man
kann bei Tauler nur von einem formalen, nicht aber von einem inhaltlichen
anthropologischen Dualismus sprechen. Dies wird deutlich an Taulers Verständnis von *vita activa* und *vita contemplativa*.[62]

[58]. WEILNER, Ignaz: *Johannes Taulers Bekehrungsweg: Die Erfahrungsgrundlagen seiner Mystik.*
Regensburg 1961, S. 48. Vgl. hierzu auch: SCHULTZ, Walter (Hrsg.): *Mittelalterliche Mystik unter dem Einfluß des Neuplatonismus: Hugo von St. Victor, Meister Eckhart, Johannes Tauler.* Berlin: Evangelische Verlagsanstalt, o.J.

[59]. WREDE, Gösta: *Unio mystica: Problem der Erfahrung bei Johannes Tauler.* Uppsala 1974
(Acta Universtatis Ups. 14)

[60]. WREDE (1974), S. 36

[61]. Vgl. MIETH, Dietmar: *Die Einheit von vita activa und vita contemplativa in den deutschen
Predigten und Traktaten Meister Eckharts und Johannes Tauler: Untersuchung zur Struktur
des christlichen Lebens.* Regensburg 1969, S. 257. Vom selben Autor weiterführend
heranzuziehen: MIETH, Dietmar: Gottesschau und Gottesgeburt: Zwei Typen christlicher Gotteserfahrung in der Tradition. In: *Freiburger Zeitschrift für Philosophie und
Theologie* 27 (1980), S. 204-223

[62]. Vgl. hierzu: HAAS, Alois Maria: Die Beurteilung der Vita contemplativa und activa in der
Dominikanermystik des 14. Jahrhunderts. In: VICKERS, Brian (Hsg.): *Arbeit, Muße, Meditation: Betrachtungen zur Vita activa und Vita contemplativa.* Zürich 1985, S. 109-131.
Auch: BAUMGARTNER, Carl: Contemplation: Conclusion Générale. In: *DSAM* II. Paris
1953, Sp. 2171-2193; SUDBRACK, Josef: Gott finden - in Einsamkeit oder in Nächstenliebe. In: *Geist und Leben* 41 (1968), S. 4-21; SUDBRACK, Josef: Meditative Erfahrung -
zum anderen hin. In: *Geist und Leben* 48 (1975), S. 260-273

Für das Verhältnis dieser beiden Lebensformen zueinander ergeben sich drei
Möglichkeiten:

a) eine grundsätzliche Höherbewertung der *vita contemplativa*,
b) eine occasionelle Höherbewertung der *vita activa* (also im
      Bedarfsfall),
c) eine "*vita mixta*".

Der Dualismus, den dieses Modell kennzeichnet, ist von Tauler und Eckhart
beseitigt worden.[63]

Seine spirituelle Unterweisung fußt auf GREGOR VON NYSSA [64], dem über-
nommenen Schema der Liebeskontemplation der spekulativen Schaumystiker BERNHARD VON CLAIRVAUX [65], HUGO und RICHARD VON ST. VIK-
TOR.[66] "Taulers Predigten sind im Grunde nichts anderes als eine Illustration
eines der wichtigsten aristotelisch-thomanischen Axiome christlicher Seins-
und Sittenlehre, wonach es beim Ziel kein bestimmtes Maß mehr gibt, son-

---

[63]. Vgl. MIETH (1969), S. 242. MOELLER besieht diese Thematik etwas kurzsichtig, wenn er
von einer reinen Hochschätzung des weltlichen Lebens bei Tauler ausgeht, weil dieser
eine "reservierte Stellung zum Mönchtum, überhaupt zum geistlichen Stand" habe. Vgl.
MOELLER, Bernd: *Die Anfechtung bei Johann Tauler.* Mainz 1956. (Diss.), S. 18

[64]. "Damit ist er (gemeint: Gregor von Nyssa) Vorläufer und Inspirator der die göttliche Liebe
fühlend erleidenden Mystik (Diadochus, Bernhard, Theresia) wie der die Transzendenz
Gottes betonenden, intellektuell gefärbten Mystik (Dionysius, Tauler, Joh.v.Kreuz). Bei
letzteren ist das Erleiden der sehnsüchtigen Betroffenheit und des Dunkels Antwort des
Geistes auf die zu große und drängende Nähe der Überhelle der Liebe und des Lichtes
Gottes." SALMANN, Elmar: *Gnadenerfahrung im Gebet: Zur Theorie der Mystik bei Anselm Stolz und Alois Mager.* Münster 1979. (Diss. theol.), S. 176. Vgl. auch: CANEVET,
Mariette: Grégoire de Nysse. In: *Dictionaire de Spiritualité.* Tome VI, Paris 1967, Sp.
971-1011

[65]. Zur Rückbindung Taulers, sowie der mystischen Theologie an Bernhard s.: RIES, Joseph:
Das geistliche Leben in seinen Entwicklungsstufen nach der Lehre des Hl. Bernhard. Freiburg i.Br. 1906; RIES, Joseph: Die Kontemplationsarten nach der Lehre des Hl. Bernhard. In: *Jahrbuch für Philosophie und spekulative Theologie* 23 (1909). S. 150-178;
SCHUCK, Johannes: *Das religiöse Erlebnis beim hl. Bernhard von Clairvaux: Ein Beitrag
zur Geschichte der christlichen Gotteserfahrung.* Würzburg: Becker, 1922 (Abhandlungen
zur Philosophie und Psycholgie der Religion, Heft 1)

[66]. Vgl. GRUNEWALD, Käte: *Studien zu Johannes Taulers Frömmigkeit.* Leipzig 1930. (Diss.), S.
13

dern nur bei den Dingen, die (Mittel) zum Ziel sind."[67] "Nach Thomas geht
der Weg zur mystischen Vereinigung mit Gott durch die Erhebung der
Kräfte nach oben, nach Eckhart durch ein Lassen und Entsinken der eigenen
Seinsweise, und durch ein sich Versenken und Aufgeben an die göttliche Natur im Seelengrunde."[68]

1.3.2. Taulers Verhältnis zu Meister Eckhart und Heinrich Seuse

Im Zuge der Mystikforschung werden Meister Eckhart, Johannes Tauler und
Heinrich Seuse zumeist in einem Atemzug genannt.[69] Die Hauptvertreter

[67]. HAAS, Alois Maria: *Sermo mysticus: Studien zur Theologie und Sprache der deutschen Mystik.* Fribourg 1979 (Dokimion 4), S. 175 f.

[68]. PREGER, Wilhelm: *Geschichte der deutschen Mystik im Mittelalter: nach den Quellen untersucht und dargestellt.* Neudruck der Ausgabe 1874-1893 in drei Teilen. Teil 2: Ältere und
neuere Mystik in der ersten Hälfte des 14. Jahrhunderts. Heinrich Suso. Aalen: Otto
Zeller, 1962, S. 413

[69]. Beispielsweise: BIZET, J.: *Mystiques allemands du XIV. siecle. Eckhart - Suso - Tauler.* 1957
(Bibliotheque Germanique 19); CHUZEVILLE, Jean: *Les mystiques allemands du XIIIe
au XIXe siècle.* Paris: Edition Bernard Grasset, 1935; CLARK, James M.: *The great German Mystics Eckhart, Tauler and Suso.* Oxford: Basil Blackwell, 1949; DENIFLE, Hein-
rich Seuse: *Das geistliche Leben: Deutsche Mystiker des 14. Jahrhunderts.* / AUER, Albert
(Hrsg. u. Einl.). 9. Auflage. Salzburg, Leipzig: Pustet, 1936; GANDILLAC, Maurice de:
Tradition et développement de la mystique rhenane: Eckhart, Tauler, Seuse. In: *Mélan-
ges de sciences religieuse* 3 (1946), S. 37-82; HORNSTEIN, Xavier de: *Les grands Mystiques
Allemands du XIVe Siècle: Eckhart, Tauler, Suso.* Karlsruhe 1923; LINDEMANN, Hans:
Drei deutsche Mystiker nach Meister Eckhart. (Tauler, Seuse, "Frankfurter") In:
Christentum und Wissenschaft 13 (1937), S. 55-64; 93-107, (Forts. "Kirche im Angriff");
PEDERZANI, J.: *Stimmen aus dem Mittelalter: die Spruchweisheit der Gottesfreunde Eckhart, Tauler und Suso.* Basel: Kober, 1913; RATTKE, Robert: *Die Abstraktbildungen auf -
heit bei Meister Eckhart und seinen Jüngern: Ein Beitrag zur Geschichte der deutschen wis-
senschaftlichen Prosa.* Berlin 1906. (Teildruck; Diss. phil. Jena); ROBILLIARD, J. A.:
Chronique de spiritualité médiévale. En: *La Vie Spirituelle.* Supplément 7 (1948), S. 223-
240; SCHMIDT-FIACK, Renate: *Wise und wisheit bei Eckhart, Tauler, Seuse und Ruus-
broec.* Meisenheim am Glan: Anton Hain, 1972 (Deutsche Studien, Band 16);
SCHREYER, Lothar (Hrsg.): *Der Weg zu Gott: Zeugnisse deutscher Mystiker, Worte von
Meister Eckhart, Heinrich Seuse, Johannes Tauler.* Freiburg: Caritasverlag, 1939; STEIN,
Edmund Ludwig: *Deutsche Mystiker des Mittelalters* (Meister Eckhart, Tauler und
Seuse). Paderborn 1926 (Schöninghs Sammlung kirchengeschichtlicher Quellen und
Darstellungen, 17. Heft); TÖNNIES, Emmanuel: Deutsche Mystiker: Eckhart, Tauler,
Seuse. In: *Unitas.* Monatsschrift des Verband der wissenschaftlichen katholischen Stu-
dentenvereine 74 (1935), S. 138-143. Untersuchung unter psychologischem Aspekt:
DELACROIX, Henri: *Études d'histoire et de psychologie du Mysticisme: Les grands mysti-
ques chrétiens.* Paris 1908 (Nouvelle édition. Paris: Alcan, 1938). Forschungsbericht:

der *deutschen Mystik* [70] weisen untereinander eine Reihe von Abhängigkeiten und Ähnlichkeiten auf. Von der Popularität her dürfte Meister Eckhart von diesen Dreien der Gewichtigere sein, zumal Tauler und Seuse zu
Meister Eckhart in einem Schüler-Lehrer-Verhältnis stehen.[71] "Nichts gestattet uns zu behaupten, Tauler und Seuse seien in persönlicher Verbindung
gestanden."[72] Dagegen BIHLMEYER: "Dass Seuse auch mit Tauler befreundet
war und dass sich ihre Lebenswege mehr als einmal kreuzten, ist so gut wie
sicher."[73]
Wir haben es mit der Tatsache zu tun, daß wir von diesen Dreien über Tauler am Wenigsten unterrichtet sind.

- Tauler und Seuse [74]

Taulers Redeweise mutet im Gegensatz zu SEUSE ausgeglichen, moderat und
wirklichkeitsnäher an, ohne die asketischen Radikalismen und die Konzentration auf den Akt der unio mystica des jüngeren Seuse. "Von einem weltlich
gesinnten Leben findet Seuse durch seine erste Bekehrung zu strenger Askese. Obwohl er diese über 22 Jahre übt, kann er darin nicht zu vollkommener *gelazenheit* finden. In einer zweiten Bekehrung läßt er von den selbstge-
setzten Leiden und übt sich im geduldigen Ertragen aller Heimsuchungen.
Als er diesen Weg lange genug gegangen ist, kann er zum Lehrer anderer
werden."[75]

FISCHER, Gottfried: *Geschichte der Entdeckung der deutschen Mystiker Eckhart, Tauler und Seuse im XIX. Jahrhundert.* Freiburg i. Ue. 1931 (Diss.)

[70]. Meister Eckhart, Johannes Tauler und Heinrich Seuse haben sich selbst noch nicht als My-stiker bezeichnet. Vgl. HAAS (1973), S. 144 f.

[71]. "So hatte der Meister (Eckhart) **Schüler**, aber er bildete keine **Schule**." RUH, Kurt: Alt-deutsche Mystik: Ein Forschungsbericht. In: *Wirkendes Wort* 7 (1956/57), S. 135-146 u. 212-231, hier S. 220

[72]. COGNET (1980), S. 143

[73]. BIHLMEYER (*Heinrich Seuse: Deutsche Schriften*), S. 123[*]

[74]. Zum Verhältnis Taulers zu Seuse vgl.: GANDILLAC, Maurice de: De Johann Tauler a Hein-rich Seuse. In: *Etudes Germaniques* 5 (1950), S. 241-256. Zu Seuse selbst hilfreich in der philologischen und theologischen, nicht aber ausdrücklich *mystisch-theologischen* Per-spektive: FILTHAUT, Ephrem M. (Hrsg.): *Heinrich Seuse. Studien zum 600. Todestag 1366-1966.* Köln: Albertus Magnus, 1966

[75]. PLEUSER, Chr. (1967), S. 149

KARCH [76] glaubt, aus dem Textbestand Taulers folgern zu müssen, daß im Unterschied zu SEUSE, Tauler die *unio mystica* nicht selbst belegt.[77] "Wie man sieht, erfolgt bei ihm (Seuse) die zweite Bekehrung viel früher als bei Tauler, und Seuse wird der Zeit und der Dauer nie soviel Bedeutung zumessen wie dieser."[78] Stilistische Unterschiede dürften jedoch nicht zum Beleg von theologischen Unterschieden herangezogen werden: "Im Ganzen spricht Seuse überhaupt wenig von Finsternis, viel weniger als Tauler, während der Lichtstellen viele sind. ...starke Hinwendung zum Positiven..."[79]

- Tauler und Meister Eckhart [80]

Aufschlußreicher ist jedoch das Verhältnis von Tauler zu seinem Lehrer Eckhart.[81] Die bisherige Forschung ist hinsichtlich des theoretischen Zusammenhangs zwischen Eckhart und Tauler vorsichtig und schwankend gewesen. "Die neuplatonische Einheitsmystik Eckharts im christlichen Kleid wird bei Seuse (und Tauler) zur christozentrischen Einheitsmystik mit Einschluß neuplatonischer Denkstrukturen."[82]

---

[76]. KARCH, L.: *Das Bild vom Menschen bei Tauler und Thomas a Kempis unter besonderer Berücksichtigung seiner Stellung zu Gott.* Würzburg 1947 (Diss.), S. 8

[77]. Dem stimmt jedoch die übrige Zahl der Autoren nicht zu.

[78]. COGNET (1980), S. 133

[79]. HIPPEL, Gabriele von: *"Licht" und "Finsternis" in der Sprache Meister Eckharts: Eine Studie zu Meister Eckhart; Angeschlossen ein besonderer Vergleich mit Tauler und Seuse.* Bonn 1953 (Diss. phil.), S. 174

[80]. Maßgebliche Literatur zu Eckhart mit z. T. ausgezeichneten Bibliographien: BECKMANN, Till: *Daten und Anmerkungen zur Biographie Meister Eckharts und zum Verlauf des gegen ihn angestrengten Inquisitionsprozesses.* Frankfurt a.M.: Rita G. Fischer, 1978; HERNANDEZ, Julio A.: *Studien zum religiös-ethischen Wortschatz der deutschen Mystik: Die Bezeichnung und der Begriff des Eigentums bei Meister Eckhart und Johannes Tauler.* Berlin 1984 (Philologische Studien und Quellen, H. 105); RUH, Kurt: *Abendländische Mystik im Mittelalter.* Stuttgart: J.B. Metzlersche Verlagsbuchhandlung, 1986 (germanistische Symposien-Berichtsbände, 7 - Symposion Kloster Engelberg 1984)

[81]. "Ein Blick auf die geistige Nachfolge Eckharts zeigt, daß seine fundamentalmystische Position von seinen besten Schülern Tauler und Seuse zwar noch verstanden, aber - unter Wiederaufnahme der psychologischen Gesichtspunkte der alten Kontemplationsmystik - zuerst sachte bei Tauler, mit einiger Radikalität beim Seuse der "Vita" und schließlich in Schrankenlosigkeit in den diversen Nonnenviten auf eine Neufassung empfindungsgeladener Passions- und Liebesmystik hin umgeformt wird, die eine breite Terminologie der inneren Sinne und Organe der Erfahrung entwickeln." HAAS (1974), S. 102

[82]. HAAS, Alois Maria: Thema und Funktion der Selbsterkenntnis im Werk Heinrich Seuses. In: *Freiburger Zeitschrift für Philosophie und Theologie.* 17 (1970), S. 84-138, hier S. 99

Tauler übernimmt die Kernpunkte der Mystik Eckharts:

    a) negative Theologie aus der Spekulation des Pseudo-Dionysius,

    b) die Gottesgeburtslehre,[83]

    c) die Seelengrundspekulation,

    d) die Aufwertung des tätigen Lebens.[84]

WEILNER glaubt, gerade in der unmittelbaren Erlebnisnähe der neuplatonischen Sehweise den Punkt gefunden zu haben, von welchem sich der Empiriker Tauler angezogen fühlte.[85]

Eckharts Mystik erwächst aus der theologischen Betrachtung der Seinsstruktur, Taulers Mystik ist von der Erfahrung der Seele in deren dialogischer Existenz zu Gott geprägt.[86] Dieser Ansatzpunkt der Erfahrung steht jedoch nicht auf dem Boden subjektiver Empirie, sondern ist theologisch grundgelegt. Taulers Lehre weist sich gegenüber der Eckhartschen Mystik konkreter, realistischer und psychologischer aus.[87]

Gerade bezüglich der Seelengrundspekulation deutet sich jedoch ein tiefgreifender Unterschied und gleichzeitig die Eigenständigkeit Taulers an.

Alles, was Eckhart über den *Grund der Seele* sagt, meint das Gottsein der Seele in ihrer tiefsten Schicht. Eine so intensive Überzeugung von der Immanenz Gottes in der Seele und von der Intensität beider im Akt der *unio mystica* hat Tauler nicht.[88]

Tauler weiß um die persönliche Struktur seiner Zuhörer und zeichnet sich durch sein persönlicheres Reden von der Erfahrung gegenüber Meister Eck-

---

[83]. Meister Eckharts Logostheologie ist zugleich Trinitätstheologie. Vgl. WINKLHOFER, Alois: Die Logosmystik des Heinrich Seuse. In: FILTHAUT, Ephrem M. (Hrsg.): *Heinrich Seuse. Studien zum 600. Todestag 1366-1966.* Köln: Albertus Magnus, 1966, S. 213-232, hier S. 214. Zur Gottesgeburtslehre unbedingt heranzuziehen: RAHNER, Hugo: Die Gottesgeburt: Die Lehre der Kirchenväter von der Geburt Christi im Herzen der Gläubigen. In: *Zeitschrift für katholische Theologie* 59 (1935), S. 333-418; SUDBRACK, Josef: Die Lehre von der dreifachen Gottesgeburt. In: *Geist und Leben* 38 (1965), S. 405-410

[84]. MIETH (1969), S. 239

[85]. WEILNER (1961), S. 52 f. ...was ihn mit Meister Eckhart verband, ohne daß er dessen spekulatives Interesse am Platonismus teilte.

[86]. MIETH (1969), S. 252

[87]. HAAS (1979), S. 175

[88]. GRUNEWALD (1930), S. 8

hart als der "Erfahrenere", der "**Lebe**meister" aus (im Gegensatz zum gelehr-
ten Professor, dem "**Lese**meister" Meister Eckhart).[89]

1.3.3. Der <u>Prediger</u> Tauler

Johannes Tauler hat nie philosophische oder theologische Traktate verfaßt.
Sein Lebenswerk ist uns ausschließlich in der Form der mystischen, mittelhochdeutschen Predigt überliefert.[90]
Damit ist schon ein besonderes methodisches Vorgehen gefordert: es ist un-
erläßlich, beim Gang der Untersuchung der Eigenart der Predigt im allgemeinen (als Sprachgeschehen in der Verkündigung) und der mittelhochdeutschen - hier vor allem der dominikanischen -[91] Predigt im besonderen
gerecht zu werden.
Würde man methodisch die Predigten Taulers wie ein systematisches Lehr-
stück untersuchen, wäre eine Verzerrung nicht zu vermeiden.[92]

---

[89]. SUDBRACK, Josef: *Wege zur Gottesmystik*. Einsiedeln: Johannes, 1980 (Sammlung Horizonte. Neue Folge 17), S. 21. "...sein (gemeint ist Meister Eckhart) grenzenloser, immer
wieder zu Übersteigerungen und Paradoxen greifender Ausdruckswille, der in adeliger
Einsamkeit auf die vielen, die ihn nicht verstanden, ja ihn mißverstehen mußten, nicht
glaubte, Rücksicht nehmen zu müssen." ISERLOH (*HKG*) III/2, S. 469

[90]. "Eine Breitenwirkung konnte seit dem 13. Jahrhundert vermutlich nur von deutschen Texten ausgehen" KÖPF, Ulrich: Bernhard von Clairvaux in der Frauenmystik. In: DINZEL-
BACHER, Peter (Hrsg.); BAUER, Dieter R. (Hrsg.): *Frauenmystik im Mittelalter*. 1. Auflage. Ostfildern: Schwabenverlag AG, 1985, S. 48-77. Hier S. 59. Zum Wortschatz Taulers siehe: KIRMßE, Curt: *Die Terminologie des Mystikers Johannes Tauler*. Leipzig 1930.
(Diss.); KORN, Adolf: *Das rhetorische Element in den Predigten Taulers*. Münster 1927.
(Diss.); SCHEEBEN, Heribert Christian: Über die Predigtweise der deutschen Mystiker.
In: RUH, Kurt (Hrsg.): *Altdeutsche und altniederländische Mystik*. Darmstadt: Wissenschaftliche Buchgesellschaft, 1964 (Wege der Forschung Bd. XXIII)

[91]. "So ist denn die dominikanische Predigt in einem doppelten Sinn nicht voraussetzungslos:
Sie ist erstens begründet in der subjektiven Glaubenserfahrung und zweitens befestigt in
der wissenschaftlichen Reflexion dieser Erfahrungsdaten." HAAS, Alois Maria: Die Problematik von Sprache und Erfahrung in der deutschen Mystik. In: BEIERWALTES, W.
(Hrsg.); BALTHASAR, Hans Urs von (Hrsg.); HAAS, Alois Maria (Hrsg.): *Grundfragen
der Mystik*. Einsiedeln: Johannes-Verlag, 1974, S. 73-104, hier S. 81. Vgl. auch:
BALTHASAR, Hans Urs von: Zur Ortsbestimmung christlicher Mystik. In: BEIERWAL-
TES, W.; BALTHASAR, Hans Urs von; HAAS, Alois Maria; (Hrsg.): *Grundfragen der Mystik*. Einsiedeln: Johannes, 1974, S. 37-71

[92]. "Das spirituell in Gebet, Betrachtung und Kontemplation Erarbeitete und Erfahrene soll in
Gestalt der Predigt weitergereicht werden. Man wird sich grundsätzlich hüten müssen,

Um den Eigen- und Stellenwert einer mittelalterlichen Predigt ein wenig zu verdeutlichen, sei kurz auf Sinn, Zweck und Eigenart der Taulerschen Predigt hingewiesen.[93] Die uns überlieferten 83 Predigten sind in einem relativ kurzen Zeitraum von Zuhörern mitgeschrieben und in verschiedenen Mundarten redigiert worden.[94]
Tauler hat sie **nach** seiner Lebenswende gehalten. Nicht eine einzige Predigt ist uns erhalten, die er *bis* zum 40/50. Lebensjahr gehalten hat - und die werden sicherlich ohne Zahl gewesen sein. Taulers "Erfolg" beginnt eben erst nach jenem tiefgreifenden Lebensabschnitt, von dem noch ausführlich die Rede sein wird.

Tauler predigt als *Mystiker*: Die mystische Predigt hat einen tiefen Einfluß auf Spiritualität und Sprachgebrauch über Jahrhunderte ausgeübt. Dabei erstreckte sich ihre prägende Kraft nicht nur auf elitäre Zirkel der geistigen Elite, sondern auf alle Volksschichten. Über die Zuhörerschaft Taulers besteht jedoch keine Sicherheit.[95] Es ist aber anzunehmen, daß Tauler sowohl vor einem rein klösterlichen, als auch vor einem durch Laien ergänzten Publikum gepredigt hat.[96] Erschwerend kommt hinzu, daß keinerlei Aufzeichnungen über Ort und Zuhörerschaft einer jeden Predigt erhalten sind.[97]

---

diesen Erfahrungsschatz in einem rein subjektiv-psychologischem Sinne zu deuten - es gibt durchaus die Möglichkeit "objektiver" Erfahrung in Christus und der Kirche!" HAAS (1974), S. 80. Vgl. hierzu: BALTHASAR, Hans Urs von: *Herrlichkeit*. Bd.I. Schau der Gestalt. Einsiedeln 1961, S. 248)

[93]. Führen Untersuchungen wie: SIEGROTH-NELLESSEN, Gabriele von: *Versuch einer exakten Stiluntersuchung für Meister Eckhart, Johannes Tauler und Heinrich Seuse*. München: Wilhelm Fink, 1979 (*Medium Aevum* 38) wirklich weiter?

[94]. Aus Gründen, die wir später noch sehen werden. Vgl. PLEUSER (1967), S. 41. Dadurch, daß die mundartlichen Ausgaben eine teilweise bessere Qualität besitzen, läßt sich folgern, daß Tauler diese Ausgaben z.T. selbst redigiert hat. Vgl. COGNET (1980), S. 98

[95]. GRUNEWALD (1930), S. 1

[96]. GIERATHS (1961), S. 422 ("Seine Predigt ist mehr aristokratisch, seine Zuhörer sind die auserwählte Schar der Gottesfreunde") übersieht die Spiritualtätigkeit Taulers in Nonnenklöstern.

[97]. Da uns von Tauler keine Predigt in lateinischer Sprache überliefert ist, kann das gebräuchliche Unterscheidungskriterium von *sermones ad populum* (in deutscher Sprache) und *sermones ad clerum* (in lateinischer Sprache) nicht angewendet werden. Im übrigen bildeten die Beginen wohl ein ständiges Zuhörerpublikum in den Predigerkirchen, wozu auch noch gelegentliche Vorträge, Kollationen in den Beginenhäusern kamen." FILTHAUT (1966), S. 29

Über Vermutungen wird man nicht hinauskommen. Gesichert ist jedoch, daß er einen Großteil seiner Predigten vor Nonnenkonventen gehalten hat.[98] Tauler beschränkt sich in seinen Predigten nicht auf "Quisquilien monastischen Wohlverhaltens".[99]

Vergegenwärtigen wir uns: "1277 unterstanden dem Predigerorden 58 Frauenklöster, davon allein in der deutschen Ordensprovinz 40; bei etwa 53 Brüderkonventen in der Teutonia und 414 im ganzen Orden... Dem ganzen Orden unterstehen 1303 insgesamt 141 Schwesternklöster, davon der Teutonia allein 65 bei nur etwa 48 Männerkonventen. Schon diese Zahlen erweisen die seelsorgliche Belastung, die aus der Betreuung dieser zahlreichen Klöster erwuchs, aber auch die Notwendigkeit einer besonderen seelsorglichen Betreuung."[100]

Tauler hat mindestens alle 14 Tage gepredigt, und zwar in Nonnenkonventen, bei denen schon lange ein zweiwöchentlicher Kommuniontag üblich war und ein häufiger Kommunionempfang eingeführt werden sollte.[101] In diesen Nonnenkonventen findet Tauler höchste Erscheinungsformen mystischen Lebens vor. Einerseits ist das für ihn von Vorteil, weil er unbefangen mystisches Gedankengut verwenden kann - ohne Angst, mißverstanden zu werden.[102]

Andererseits ist diese Zielgruppe auch nicht unproblematisch: Ein Blick in die Nonnenviten und Klosterchroniken dieser Zeit zeigt, daß sich das Glaubensleben der Ordensfrauen zu extravaganten, skurrilen Formen entwickelt. Das "normale" Klosterleben war reizlos geworden. Es gehörte einfach zum

---

98. "Man muß scharf trennen, wem gepredigt wurde: sprach ein Geistlicher vor seinen Ordensbrüdern, so verwandte er im Allgemeinen die lateinische Sprache, predigte er den Laien (vulgaris populus), so sprach er deutsch... Das ganze Mittelalter hindurch wurde zwischen sermones ad populum und ad clerum genau unterschieden." WEITHASE (1957), S. 46

99. HAAS, Alois Maria: *Nim din selbes war: Studien zur Lehre der Selbsterkenntnis bei Meister Eckhart, Johannes Tauler und Heinrich Seuse.* Fribourg 1971 (Dokimion 3), S. 85

100. FILTHAUT (1966), S. 293. Vgl. DENIFLE, Heinrich S.: Über die Anfänge der Predigtweise der deutschen Mystiker. In: *Archiv für Literatur- und Kirchengeschichte des Mittelalters.* 2 (1886), S. 641 ff.

101. Wöchentlich oder zweimal wöchentlich - öfter jedoch nicht. Vgl. Pleuser (1967), S. 42 f., Anm. 37. *Darum sollen alle Menschen...oft und zu angemessener Zeit diese lebendige Speise empfangen können.* (Übers. HOFMANN (1979), S. 231, 32. Predigt)

102. Vgl. WEILNER (1961), S. 42

guten Ton, außergewöhnliche Erscheinungsformen vorweisen zu können. Sicherlich wird man zugute halten müssen, daß diese Nonnenviten im Dienste der Erbauung und Veranschaulichung eines heiligmäßigen Lebens standen. Es kam wohl sehr auf die Verantwortung des Seelsorgers an, ob er diese Vorbedingungen richtig einzuschätzen wußte. Und darauf, ob er seine eigene prägende Kraft auf diese Ordensfrauen dementsprechend verantwortungsbewußt einsetzte. Eine so nüchterne Persönlichkeit wie Tauler war wohl hier am rechten Platz.

- Zum Aufbau der Predigt

Der Grundzug der mittelalterlichen Predigt ist meist ruhig und belehrend; beliebtes Stilmittel ist die Allegorie.[103] Eine mittelalterliche Predigt hat in der Regel folgenden Aufbau:[104]

a. **Eingang**   Gebetsformel (kann auch nach der Lectio erfolgen) Lectio des Predigttextes (Thema)

b. **Exordium**   enthält das Prothema und dessen Entfaltung (eventuell eine erste Divisio des Themas); kann mit einem Gebet abschließen.

c. **Divisio**   Unterteilung des Themas in die einzelnen Punkte der Behandlung (auch Expositio genannt)

d. **Tractatio**   Auslegung der einzelnen Punkte durch **argumenta, auctoritates und exempla vel narrationes.**

e. **Admonitio** Ermahnungen der Gemeinde (oft zu einer breiten Paränese entfaltet)

f. **Gebetsschluß**

---

[103]. Vgl. WEITHASE (1957), S. 46. Zum wöchentlichen Kommunionempfang äußert sich auch Heinrich Seuse: *Es ist besser von minnen zuo gan, denne von vorchten von stan; es ist besser alle wuchen einest zuo gan mit einem tiefen grunde rehter demuetkeit, denne einest in dem jare mit einem überhebenne in sin selbes billicheit.* BÜCHLEIN DER EWIGEN WEISHEIT XXIII 302,1-4: "Es ist besser, aus Liebe (zu mir) zu kommen, als aus Furcht wegzubleiben; Es ist besser alle Woche einmal (zu mir) zu kommen in der Haltung tiefer, rechter Demut, als einmal im Jahre mit überheblichem Gefühl der Selbstgerechtigkeit." (Übers. HOFMANN (1986), S. 305)

[104]. Vgl. HANSEN, Monika: *Der Aufbau der mittelalterlichen Predigt unter besonderer Berücksichtigung der Mystiker Eckhart und Tauler.* Hamburg 1972 (Diss.), S. 30 ff.

Das für die Scholastik streng geltende Schema wird für Meister Eckhart und besonders für Tauler nur noch bedingt gelten können. Johannes Tauler geht hier selbstständige Wege.[105]

Das Fehlen eines ausgewogenen Aufbaus läßt sich nicht nur aus der Fühl- und Denkweise des Mystikers, sondern auch aus der Art der Vorbereitung erklären: Tauler scheint keine Predigt vorher niedergeschrieben zu haben. Er setzt sich ausschließlich meditativ mit dem Thema auseinander.[106] Er zitiert die Hl. Schrift überwiegend aus dem Gedächtnis und assoziiert im Vortrag frei. Überhaupt war sein Umgang mit der Schrift überwiegend von deren Gebrauch in der Liturgie her geprägt.[107] Darüber hinaus gebraucht er jedoch Vokabular und Bildmaterial, das Gemeingut seiner Zeit war.[108] Und zwar deshalb, weil er bei seinen Zuhörern aller Volks- und Bildungsschichten denselben Erfahrungshorizont voraussetzen konnte. Durch den Gebrauch der Metaphorik erwächst der anschauliche, sympathisch anmutende Charakter seiner Predigt. Der Bildgehalt bot den Zuhörern eine Möglichkeit zur raschen Erfassung des Gemeinten und weckte ihre Imaginationsfähigkeit. Andererseits hat die Redeweise Taulers, die immer wieder auf die grundlegenden Inhalte insistiert, sie von allen Seiten beleuchtet und "durchkäut", einen nach heutigem Empfinden spröden und monotonen Charakter. In der Verwendung einzelner rhetorischer Mittel ist er relativ sparsam.[109] Da bei ihm

---

[105]. WEITHASE (1957), S. 65: "Taulers Predigten lassen noch stärker als Meister Eckharts Predigten einen strengen, konsequent durchgeführten Aufbau vermissen. Am Anfang...scheint es so, als ob er einen bestimmten äußeren Aufbau anstrebe, aber schon bald nach dem Beginn seiner Rede hat er sich weit vom angeschlagenen Thema entfernt."

[106]. "Vielleicht erklärt sich aus der meditativen Vorbereitung Taulers Ringen mit der Sprache, das Suchen nach dem ausdrucks- und gefühlsstarken Wort." WEITHASE (1957), S. 63

[107]. Allein vom Stundengebet her dürfte die häufige Zitation der Psalmen erklärbar sein. Vgl. PLEUSER (1967), S. 48 f.

[108]. Was aufzuzeigen Antoinette VOGT - TERHORST (1977/1920) gelungen ist.

[109]. "Die Wirksamkeiten solcher Predigten ist sehr stark an die lautliche Gestaltung gebunden, das Ringen und Suchen nach dem gefühlsträchtigen Wort drückt sich im Klang der Sprechstimme aus, aber gerade hier muß die Überlieferung versagen... Ein Stilelement beweist mittelbar die Mithilfe des Klanges an der Wirksamkeit von Taulers Predigten: hier findet sich ein lautliches Phänomen: an den Höhepunkten des Gehaltes häufen sich dieselben Laute. Dadurch erhalten die Klanggestalten etwas Eindringliches, etwas Faszinierendes, das den Zuhörer in die Gefühlslage, die dieser Laut zu symbolisieren scheint, bannt." WEITHASE (1957), S. 63

das Dichterische über dem Rhetorischen rangiert, gelang es ihm, dort gefühlsmäßiges Erleben hervorzurufen, wo das Verständnismäßig-Rhetorische mit seiner Überzeugungskraft nicht ausreichte.[110] Verlaufstechnisch schreitet er von einem Kernpunkt mystischer Betrachtungsweise zum nächsten fort, ohne daß immer ein Anschluß vorhanden sein muß.[111]

Das Kennzeichnende an der Predigt Taulers ist das Kreisen um ein Zentralthema, das von verschiedenen Blickwinkeln aus betrachtet, und durch zugehörige und verwandte Punkte ergänzt wird. Dieses Kreisen steigert sich vom Einfachsten zum Schwersten, von ruhiger Betrachtung zum bewegten Ringen um letzte religiöse Erkenntnisse.[112] Zahlreich sind die Forschungen, die sich mit dem Sprachstil der mystischen Predigt befassen.[113] Hierbei spielt eine nicht unwesentliche Rolle der Gebrauch der paradoxalen Formulierungen. Sie schließen sich vom Sprachsinn her zwar gegenseitig aus, jedoch bieten sie in ihrer Paradoxie die einzige Möglichkeit, umfassende Sprachschwierigkeiten in Form von Sprachspielen zu bewältigen.[114] Wir dürfen dabei annehmen, daß Tauler das, worüber er spricht, - näherhin, wenn es dabei um den Reifungsweg des inneren Menschen in der Liebe zu Gott geht -,

---

[110]. Z.B. in der Art der *subjektiven Evidenzerlebnisse* (Aha-Erlebnis!), wo die Sinnhaftigkeit eines Zusammenhangs erstmalig schlaglichtartig aufleuchtet und darin alle Schichten der Persönlichkeit berührt.

[111]. Vgl. HANSEN (1972), S. 59

[112]. Vgl. HANSEN (1972), S. 63; WEITHASE (1957), S. 66

[113]. Einführenden Überblick gibt: BAYER, Hans: Zur Entwicklung der religiös-mystischen Begriffswelt des Mittelalters. In: *Zeitschrift für deutsche Philologie* 96 (1977), S. 321-347

[114]. "In der "coincidentia oppositorum" ist Licht zugleich Finsternis und verliert damit seinen Charakter als hinweisendes Bild, gründend in der Sinnes-Analogie. Damit kann es von diesem Punkt an nicht mehr um das Problem der Erkenntnis gehen, denn die "coincidentia oppositorum" hebt die im Erkennen und Aussagen immer gegebene Dualität von Sehendem-Sprechendem und Gesehenem-Gesprochenen auf. Jedes Sprechen über das absolut Eine findet damit ein Ende. Auf dieser Stufe wird sichtbar, daß Erkenntnis selbst nur Stufe ist und dienenden Charakter erhält: Sie dient der Selbstverwirklichung." BOHNET - VON DER THÜSEN, Adelheid: *Der Begriff des Lichtes bei Heinrich Seuse.* München 1972 (Diss. phil.), S. 12. Über den letzten Satz wird man sich wohl streiten müssen!

selbst erlebt hat.[115] Er vermied es jedoch, seine persönlichen Erlebnisse allzu stark in der Predigt hervortreten zu lassen.[116]

Was will Tauler in seinen Predigten erreichen? Die von seiner Ordensspiritualität geforderte und sich nährende Intensität der Vermittlung (*cura monalium*) zielt auf den Heilsweg der einzelnen Seele. Dennoch: "...für Tauler (ist) die Predigt nicht bloßes Vehikel zur Promulgation sekundärer, oft bloß zivilisatorischer 'Tugenden'..., sondern (etwas, das) wenigstens immer der Intention nach - die ganze Fülle christlicher Daseinsmöglichkeiten in all ihren verschiedenen Ausdrucksformen und Inhalten impliziert."[117]

K. BERGER spricht von einer "neuen Geistigkeit" dieser Zeit. Ihre Träger, die das deutsche Wort in einer neuen und unerhörten Weise führten, stünden abgewendet von der Welt, die hinter ihnen und um sie herum zerfällt, verdämmert und untersinkt.[118]

Tauler ist vornehmlich Seelsorger; Ziel seiner Predigt ist "...nicht mehr Belehrung über die Heilstatsachen, Stärkung des Glaubens und Ruf zu christlichem Handeln, sondern Ziel ist vielmehr jetzt, die Gemeinde von all diesem fort über Askese und Läuterung zur reinen, von allem Dinglichen losgelösten Kontemplation und schließlich zur unio mystica zu leiten."[119]

Aber Tauler weiß auch Dieses. Weil jedem Menschen die ganze Bandbreite religiöser Erfahrung - also einschließlich Gottesferne und *unio mystica* - offensteht, versteht er es, ein Gespür für die Konstitution des Menschen auf seinem je eigenen Reifungsweg in der Liebe zu Gott hin zu entwickeln. Die

---

[115]. So u. a.: COGNET (1980), S. 102; WEILNER (1961), S. 52. Über die "Sprachnot" der Mystik, d. h. der Abstand zwischen Erlebtem und dessen Auswortung s. u. "Damit aber die Korrelation Prediger - Predigt - Hörender in jeder Hinsicht ein allen Auflösungstendenzen resistentes Bezugsnetz bilden kann, muß auch der Prediger an der Erfahrung, die er vermitteln will, partizipieren.
Als der Verantwortliche der Predigt-Information muß er die Erfahrung, die er bei dem Hörer intendiert, sogar verantworten;..." HAAS (1974), S. 79

[116]. WEILNER (1961), S. 34, Anm.16

[117]. HAAS (1971), S. 84

[118]. BERGER, Kurt: *Die Ausdrücke der Unio mystica im Mittelhochdeutschen*. Berlin: Ebering, 1935 (Germanische Studien Heft 168), S. 3

[119]. Vgl. auch PLEUSER (1966), S. 141: "Seuse gehörte wie Tauler zu den lästigen Mahnern, die eine Reform innerhalb des Ordens anstrebten, nicht durch äußere Regeln sondern durch Verlebendigung des Glaubens."

klare Einschätzung seiner Predigtgemeinde zeigt sich in den ethischen Forderungen, die er an die einzelnen Glieder der Gemeinde stellt.[120]
Tauler hat in seinen Forderungen und Ratschlägen den einzelnen Menschen im Blick. Er vermag *alle* Zuhörer zu fesseln, indem er ein System von Stufungen und Gattungen des religiösen Reifungsprozesses entwickelt. Er gibt dem Hörer die Chance, sich selbst einzuschätzen. Er belehrt die Menschen nicht hochmütig, sondern stellt sich an die Seite des suchenden Menschen und geht mit ihm gemeinsam auf diesem Weg.[121] Taulers Predigt von der Liebe ist theologisch begründet in seinem Gottes- und Menschenbild: Der Mensch wird mit seinem leibseelischen Gefüge in den Abgrund Gottes hineingenommen. Dort hat er Anteil am innertrinitarischen Liebesgeschehen. Die Seelenkräfte werden in der Begegnung mit Gott neu geformt und reif gemacht zur Sendung. In der Sendung zum Anderen hin konkretisiert sich die gnadenhafte Überformung.
Die Erfahrungsbreite von Liebe findet ihre Analogie im paradoxalen Gottesbild Taulers: dem dunklen Gott.

a) Gottes Wesen ist dunkel (nach Meister Eckhart)[122];
b) Gott ist für die Menschen dunkel, da überhell (Ansatz: die
überbeanspruchte menschliche Erkenntnisfähigkeit).

So wird Liebe sowohl lustvoll, hell, beglückend, als auch dunkel und schmerzhaft erfahren.[123]

---

[120]. Vgl. WENTZLAFF-EGGEBERT, Friedrich Wilhelm: *Studien zur Lebenslehre Taulers.* Berlin 1940 (Abhandlungen der Preußischen Akademie der Wissenschaften Jg. 1939), S. 41

[121]. "Durch diesen brennenden Drang der Mystiker, die Zuhörer mit sich in eine neue Welt zu nehmen, eignet diesen Predigten etwas Eindringliches, etwas bei aller Innigkeit des Gefühls Forderndes und Zwingendes." WEITHASE (1957), S. 63. Nicht zum Fach gehörig, dennoch gewinnbringend heranzuziehen: PIPER, Hans Christoph: Religiöse Kommunikation: Predigtanalysen. In: *Die Psychologie des XX. Jahrhunderts.* Bd. XV. Zürich 1979, S. 406-413

[122]. Vgl. SUDBRACK, Josef: Von der Helle und der Dunkelheit der Gotteserfahrung. In: *Geist und Leben* 50 (1977), S. 334-349

[123]. "...in dieser Sprengung und Entselbstung, die den Weg zum Du freilegt, liegt jenes kaum zu beschreibende Zwiegefühl aus Lust und Schmerz beschlossen, das zur zweipoligen, erlösenden Minne gehört." BOESCH, Bruno: Zur Minneauffassung Seuses. In: MOSER, Hugo (Hsg.); SCHÜTZEICHEL, Rudolf (Hsg.); STACKMANN, Karl (Hsg.): *Festschrift Josef*

Tauler war jedoch demütig genug zu wissen, daß es eine Gnade Gottes war,
wenn es ihm gelang, Worte zu finden, die in seinen Zuhörer *jene* religiösen
Erlebnisse wachriefen, die er ihnen vermitteln wollte.[124]
Die Chance für den *heutigen* Leser der taulerschen Predigten besteht wohl
darin, daß auch er sich in diesen Predigten verstanden sieht und umgekehrt -
von der gemeinsamen religiösen Erfahrung her, die als solche nicht dem
Wandel der Zeit unterworfen ist - den Prediger des Mittelalters besser versteht.[125]

1.4. Zusammenfassende Überleitung:
Taulers Eigenständigkeit

Im Laufe der Zeit war Tauler manch unterschiedlicher Interpretation ausgesetzt. So wird mancherorts von einer "völligen Abhängigkeit" Luthers von
Tauler gesprochen oder die These aufgestellt, die Reformation überhaupt sei
auf die Begegnung Luthers mit Tauler zurückzuführen.[126]
Was ist nun wirklich das Neue bei Tauler?
Eine Antwort sei hier kurz angedeutet, in den weiteren Ausführungen aber
ausführlicher zu umreißen versucht:

Quint: anläßlich seines 65. Geburtstages überreicht. Bonn: Emil Semmel, 1964, S. 57-68,
hier S. 57

[124]. Vgl. WEITHASE (1957), S. 63. "Die Absichten des Predigers, die er in der Predigt mit seinen Zuhörern verfolgt, müssen in einem gewiß nicht leicht aufschlüsselbaren, aber
nichtsdestoweniger deutlichen Rapport mit den Absichten stehen, die Gott mit dem
Prediger hat. Erst wenn dieser - sicher oft verschlüsselte - Bezug vorhanden ist, hat der
Prediger die Kompetenz, die ihn zu predigen befähigt." HAAS (1974), S. 79 f.

[125]. Vgl. WEILNER (1961), S. 55

[126]. MOELLER (1956), S. 1. Zum Thema hinzuzuziehen wären: SCHEEL, O.: *Taulers Mystik
und Luthers vorreformatorische Entdeckung.* Tübingen 1920 (Kaftan-Festgabe); MÜL-
LER, A. V.: *Luther und Tauler.* Bern 1918; MÜHLEN, Karl Heinz zur: *Nos extra nos:
Luthers Theologie zwischen Mystik und Scholastik.* Tübingen: Mohr, 1972; GHERARDINI,
Brunero: Lutero mistico? In: *Renovatio.* Genova, 15 (1980), S. 372-397; ISERLOH, Erwin: Luther und die Mystik. In: ISERLOH, Erwin: *Kirche - Ereignis und Institution. Aufsätze und Vorträge,* Bd. 2 (Reformationsgeschichtliche Studien und Texte, Suppl. 3/II),
2. Aufl. Münster 1987, S. 88-106; RÜHL, Artur: *Der Einfluß der Mystik auf Denken und
Entwicklung des jungen Luther.* Marburg 1960 (Diss. theol.)

MIETH [127] sieht Taulers Eigenständigkeit vor allem in zwei Punkten:

a) die starke Betonung der Gnadenhaftigkeit der *unio mystica*,

b) keine ontologische Grundlegung des mystischen Lebens. [128]

Kurz könnte man Taulers Lehre so zusammenfassen, daß der Gott, von dem er spricht, ein vom Menschen angestrebter und erlebter Gott ist. [129] Die Frömmigkeitshaltung, die sich daraus ergibt, erwächst nicht aus einer ausschließlich schau-mystischen Grundlage, sondern aus einer "viel schlichteren, unmystischen oder vormystischen Sphäre." [130]
"So ruht denn Taulers Mystik auf konkreten, anthropologischen und entwicklungspsychologischen Vorstellungen, welche die natürliche Funktion eines Regulativs für das geistliche Leben haben." [131]
Dies soll nun in den nächsten Kapiteln untersucht werden.
Der Transfer auf eine Möglichkeit des Redens in taulerschen Kategorien heute bleibt Teil 2 vorbehalten.

---

[127]. MIETH (1969), S. 246 f.

[128]. Was jedoch nicht bedeutet, daß Taulers Mystik nicht auf ontologischen Voraussetzungen beruht. S. dazu Kap. 2.2.

[129]. Vgl. WREDE (1974), S. 203

[130]. GRUNEWALD, Käte: *Studien zu Johannes Taulers Frömmigkeit.* Leipzig 1930. - Diss., S. 3.
...obwohl gerade diese Formulierung GRUNEWALDs nicht ohne Mißverständnisse genannt werden kann.

[131]. HAAS, Alois Maria: *Sermo mysticus: Studien zur Theologie und Sprache der deutschen Mystik.* Fribourg 1979 (Dokimion 4), S. 176

2. Bekehrung bei Tauler
(Voraussetzung und Elemente)

2.1. Die **lebensgeschichtliche** Dynamik der Reifung

Der religiöse Reifungsprozeß ist noch relativ wenig erforscht.[1]
Unter der Mystikern des Mittelalters ist Tauler derjenige, der als Kenner und
Deuter lebensgeschichtlicher Dynamik anzusehen ist und der in seinen Predigten den Reifungsprozeß in der Liebe zu Gott beschreibt. Von seiner Erfahrung und der seelsorglichen Situation ausgehend, versucht er, ein allgemeines Entwicklungsgesetz im geistlichen Fortschritt zu formulieren. Er weiß
um Höhen und Tiefen des Glaubenslebens und gestaltet aus diesem Wissen
heraus sein seelsorgliches Wirken. Deshalb verzichtet er darauf, seine Zuhörer "...auf eine allzu persönliche, einengende mystische Theorie festzulegen,
ihnen einen fix ausgebauten inneren Weg vorzulegen und entsprechende
Übungen zu diktieren."[2]
Tauler verknüpft die Lebenswende mit einem bestimmten Lebensalter und
stellt damit den gesamten Verinnerlichungsprozeß - in seiner ganzen Bandbreite, die eben auch die *unio* umfaßt - in den Gesamtzusammenhang des
menschlichen Lebenslaufes.

---

[1]. Versuche älterer Forschung haben entweder nur Gleichnischarakter (THOMAS VON AQUIN)
oder wurden mit unzureichenden Mitteln (GARRIGOU-LAGRANGE) unternommen
(z.B.: GARRIGOU-LAGRANGE, Reginald: La seconda conversione secondo il Beato En-
rico Susone e Taulero. In: *Vita Cristiana* 11 (1939), S. 168-178; GARRIGOU-LAGRANGE,
Réginald: *Die drei Bekehrungen und die drei Wege. Übertragen von M. Brigitta
zu Münster OSB.* Freiburg i. Br.: Herder, 1948; GARRIGOU-
LAGRANGE, Réginald: L'ascétique et la mystique: Leur distinction et l'unité de la
doctrine spirituelle. In: *La vie spirituelle.* Tome 1 (1919/1920), Paris, S. 145-165; GAR-
RIGOU-LAGRANGE, Réginald: La Théologie ascétique et mystique ou la doctrine spirituelle: Objet et méthode. In: *La vie spirituelle.* Tome 1 (1919/1920), Paris, S. 7-19). Vgl.
WEILNER (1961), S. 135

[2]. GNÄDINGER, Louise: Der Abgrund ruft den Abgrund: Taulers Predigt Beati oculi (V 45).
In: HAAS, Alois Maria (Hrsg.); STIRNIMANN, Heinrich (HRSG.): *Das "EINIG
EIN".* Freiburg (Ch.) 1980 (Dokimion Bd. 6), S. 167-208. Hier S. 203

2.1.1. Die geistliche Entwicklung des Menschen von seiner Jugendzeit bis zum Alter 40/50

Im Laufe der Kirchen- und Theologiegeschichte rückt an die Stelle der Beziehung Gottes mit der Glaubens**gemeinschaft**, dem Volk, der Menschheit (in der sich der Einzelne nur als Teil dieser Glaubens- und Schicksalsgemeinschaft versteht) die Beziehung Gottes zum **einzelnen** Menschen, seiner Seele und deren Bewußtsein.

Die persönliche Geschichte Gottes mit dem einzelnen Menschen erweist sich von dynamischer Natur.

Kurz umrissen könnte Taulers Auffassung vom Lebensweg des Menschen mit Gott und auf Gott hin so lauten: Die Wirklichkeit Gottes begegnet dem Menschen während seines Lebens in *gleich starker Intensität*.

> *Des Umstandes, daß man von Gott nicht berührt ist, darf man nicht Gott die Schuld geben, wie die Leute oft in ihrer Blindheit sagen: "Gott berührt mich nicht und treibt mich nicht wie andere Menschen." Gott berührt und treibt und mahnt und verlangt nach allen Menschen in gleicher Weise und will alle Menschen in gleicher Weise (an sich ziehen); aber sein Bemühen und sein Mahnen und seine Gaben werden gar ungleich empfangen und aufgenommen.*[3]

Der gesamtmenschlichen Struktur entsprechend wird jedoch diese Begegnung im Laufe des Lebens immer neu und immer anders **erfahren**. Mit ande-

---

[3]. (Übers. HOFMANN (1979), S. 140. 20. Predigt). *Kinder, die sache daz man nút beruert ensut, des endarf man Gotte keine schulde nút geben, also die lúte dicke blintliche sprechent: 'Got enruert mich noch entribet mich nút also ander lúte'. Got ruert und manet und gert alle menschen gelich und wil alle menschen gliche, sunder sin rueren und sin manen und sine goben die werdent vil ungelich enpfangen und genummen.* (V 20. Predigt, 82,12-17) Im Folgenden beziehe ich mich bei der Wiedergabe Taulers in mittelhochdeutscher Sprache auf die Ausgabe VETTERs: *Die Predigten Taulers:* aus der Engelberger und der Freiburger Handschrift sowie aus SCHMIDTs Abschriften der ehemaligen Straßburger Handschriften. Herausgegeben von Ferdinand VETTER. Berlin: Weidmann, 1910.) Bei der Übersetzung ins Neuhochdeutsche beziehe ich mich auf die anerkannte Übersetzung HOFMANNs: *Johannes Tauler: Predigten.* Vollständige Ausgabe Übertragen und herausgegeben von Georg HOFMANN. Einführung von Alois M. HAAS. Einsiedeln: Johannes, 1979. Die unterschiedliche Zählungen der verschiedenen Ausgaben sind mit berücksichtigt. (Die Vettersche Ausgabe wird mit der Abkürzung "V" versehen). Drucktechnisch bedingt, mußte ich mich bei der Zitation der mittelhochdeutschen Texte damit behelfen, daß ich hochgestellte Buchstaben nebeneinander geschrieben habe, z.B. ou, ov, ue, uo

ren Worten: In jeder Phase des Lebensweges wird Gott *anders* erfahren; aufgrund der sich wandelnden Erlebnisstruktur der Person wandelt sich die Begegnungswahrnehmung des Menschen und somit das, was wir *Gottesbild* nennen. Tauler versucht, diese Erkenntnis für seine Seelsorge fruchtbar zu machen. Er tut dies, indem er aus der klassisch-thomistischen Dreiteilung des geistlichen Fortschritts in *incipientes* (Anfänger), *proficientes* (Fortgeschrittene) und *perfecti* (Vollkommene) ein spirituelles "System" entwickelt, das den Reifungsweg des inneren Menschen zu Gott umreißen soll.[4] Tauler geht vom Grundsatz aus, daß sich der junge Mensch auf dem Gebiet der spirituellen Reifung üben soll; der ältere, reifere Mensch aber sich dem Wirken Gottes vorbehaltlos öffnen, *Gott erleiden* soll.

> *...junge, starke, ungeübte Menschen sich...in werktätiger üben sollten; denn die haben nötig, sich...zu üben durch manche gute Art und viele gute Werke, innerlich und äußerlich, wie man sie anweist.*[5]

So koppelt Tauler in der Regel *Jungsein* mit *Anfängersein*.[6] Den "Anfängern" weiß Tauler nur das zu sagen, was vor ihm alle Seelenführer unisono verkündeten: Die *Abkehr* von der Welt.

> *Das Herz des Menschen - das ist der niederste Grad - muß unbedingt von der Erde entfernt werden, von aller Liebe zu den irdischen und vergänglichen Dingen, von aller Lust an den Geschöpfen und der (menschlichen) Natur.*[7]

Seine Einweisung in den Weg beginnt auch nicht gerade ermutigend:

---

[4]. MIETH (1969), S. 249 betont, daß diese Dreiteilung zugleich für jeden Spiritual eine pädagogische und psychologische Hilfe war. WEILNER (1966), S. 135 stellt gleichzeitig diese Perspektive für *unsere Zeit* als unzureichend heraus.

[5]. (Übers. HOFMANN (1979), S. 344: 45. Predigt). *...junge starke ungeuebte menschen, das sich die ... in würklichkeit ensüllen ueben, wan die bedurffen das si sich vil groeslichen und vil vaste süllen ueben, und maniger guoter wise und vil guoter werk inwendig und uswendig, war si an gewiset werdent. (V 43. Predigt, 182,6-9)*

[6]. Vgl. auch Übers. HOFMANN (1979), S. 26: 2. Predigt

[7]. (Übers. HOFMANN (1979), S. 318: 42. Predigt). *Des menschen herze in dem aller nidersten grate das sol und muos von der erden von aller minne irdenscher und zergengklicher dinge gefueret sin und der lust der creaturen und der naturen. (V 63. Predigt, 342,27-30)*

*Freude an Gott zusammen mit der Freude an den Geschöpfen, das
ist unmöglich, und wenn du blutige Tränen weintest.*[8]

Gerade Novizen mit frischer Tonsur werden es wohl verstanden haben wenn
er sagt:

*Wie die Haare im Fleisch wachsen, so wächst in den oberen wie den
niederen Kräften die Anhänglichkeit der alten Gewohnheit; ... Wenn
nun diese bösen, unreinen Haare mit dem scharfen Schermesser ab-
geschoren sind, so wachsen sie wieder nach; so muß man mit neuem
Fleiß darangehen. ...Nun haften etliche auch an inneren Dingen, sodaß davon gleichfalls böse Haare wachsen, von denen sie nichts wissen.*[9]

Jedoch weiß er auch der Tatsache Rechnung zu tragen, daß gerade bei jungen Menschen die Chance besteht, sich vorbehaltlos Gott zu öffnen, da ihr
Gemütsgrund noch unverbildet ist.

*Darum sollten junge Leute sich mit allem Fleiß davor hüten, die Ge-
brechen in ihnen Wurzel fassen zu lassen, und sollten gleich zu Beginn ausreißen; das wäre leicht, während es später sehr schwer
fiele.*[10]

"Ihr Gemütsgrund ist noch wenig verbildet, weder durch Gewohnheitssünden
noch durch Scheinheiligkeit noch durch Eigensinn in geistlichen Dingen."[11]

---

[8]. (Übers. HOFMANN (1979), S. 425: 55. Predigt) *lust Gotz mit lust der creaturen, und schrůwest
du bluot, das enmag nút sin. (V 49. Predigt, 220, 29-30)*

[9]. (Übers. HOFMANN (1979), S. 428 f.: 55. Predigt) *als die har in dem fleische wachsent, also
wachset in den kreften, von den obersten in die nidersten, die anklebichkeit der alten ge-
wonheit: die sol man ab schern mit dem scharphen scharsach eines heiligen flisses; ... Als
nun dise boesen unreine har mit dem scharphen scharsache sint abgeschorn, so wachsent
dú har aber wider: so muos man aber dar mit einem nůwen flisse... Nu belibent och etliche
lúte an inwendigen dingen, das do inne och boese har wachsent, der si nút enbekennent.(V
49. Predigt, 222,26-28; 33-35; 223,16-17)*

[10]. (Übers. HOFMANN (1979), S. 441: 57. Predigt) *Das umbe solten sich junge lúte also flissekli-
chen hueten das der gebreste ir boesen wurzellen nút in si enkeme, und brechent den gebre-
sten mit dem ersten: so wer es liht ze tuonde engegen dem das es im dar nach wirt. (V 52.
Predigt, 236,18-21)*

[11]. WEILNER (1961), S. 167

Und es ist wohl auch zu erkennen, daß er (Gott) jungen Menschen gegenwärtig ist, die ihr Herz zwingen, wo sie doch von Natur wild und der Welt zugeneigt sind, sodaß sie sich festhalten und zähmen lassen und Gott nachfolgen...[12]

Nachdem die Unstetigkeit der Jugend einer größeren Ausgeglichenheit den Platz geräumt hat, warnt Tauler vor übermäßigem Eifer, der nur das Gegenteil eines gottgefälligen Lebens erreichen würde.[13] Nicht der (vermeintlich) spirituell Reiche ist Vorbild, sondern der seiner Armut Bewußte, der zur Demut Gereifte.[14]

Tauler bleibt grundsätzlich mißtrauisch gegenüber allem "...äußerlich Arrangierten, technisch und 'aszetisch', d.h. übermäßig 'Einspielbaren'. ...(Dies)...ist gerade das besondere Vermögen des Aszetikers Tauler, der noch in der sublimsten Askese die reale Möglichkeit eines dürftigen Alibis für ein unbekehrtes Herz oder -in Taulers Sprache- für einen unbeackerten Grund sieht."[15]

Maßstab des geistlichen Lebens bleibt für ihn das Hinschauen auf Gott und nicht irgendein Vollkommenheitsstreben. "Scharf wendet sich Tauler gegen alle eskapistischen Tendenzen einer natürlichen Mystik, die nur immer tiefer in die Verstrickung des eigenen Ich bis zu dessen transzendenzloser Vergöttlichung führen würde."[16]

Die Reifung geht *nicht linear* voran. Die lebensgeschichtliche Dynamik weist um das vierzigste Lebensjahr ein Klimakterium auf, das es genauer zu betrachten gilt.

Die Zahl 40 bzw. 50 taucht bei Tauler bemerkenswert oft auf. Jedesmal scheint damit ein persönliches Erleben im Hintergrund zu stehen. Er sieht dort eine Gelenkstelle des Lebensganzen.

---

[12]. (Übers. HOFMANN (1979), S. 87 f.: 12. Predigt) *und ist ouch wol zuo merckende daz er in gegenwertig ist, do sich junger lúte hertze twinget, die von naturen wilde sint und geneiget zuo der welte sint, daz sú sich múgent lossen zemmen und vohen, und volgent Gotte noch...*(V 12. Predigt, 60,2-5)

[13]. Tauler wird hier wohl auch die überstrenge Askese des jungen Seuse vor Augen gehabt haben.

[14]. Vgl. WEHR, Gerhard: *Deutsche Mystik: Gestalten und Zeugnisse religiöser Erfahrung von Meister Eckhart bis zur Reformationszeit.* Gütersloh: GTB, 1980 (GTB 365), S. 66

[15]. HAAS (1971), S. 91

[16]. HAAS (1971), S. 81 f.

*Doch die Zeit, in welcher der Mensch noch nicht vierzig Jahre alt ist,
soll er nicht, weder nach innen noch nach außen, zuviel dem Frieden, dem Verzicht oder auch der Herrschaft (über sich selbst) vertrauen...* [17]

Tauler präzisiert diese Andeutung:

*Und einen Augenblick so gelebt, wäre nützlicher als vierzig Jahre
nach eigenem Gutdünken... - Oh, womit geht ihr um und verliert eure
edle wonnigliche Zeit und versäumt das liebliche lautere Gut, das in
euch ohne Unterlaß könnte und sollte geboren werden, und lauft
diese langen Jahre wie in einem Kreis herum und kommt nicht voran,
und nach manchem Jahr eures Lebens seid ihr nicht weiter in wahrer
Vollkommenheit als in dem ersten, da ihr begann.* [18]

Manche Stellen, bei denen er auf seine eigene Lebensgeschichte anspielt,
sind dunkel, aber von nicht weniger starker Ausdruckskraft:

*Da liest man von einem, der im Wald auf allen vieren (um Gott na-
hezukommen) und fand (doch) nie göttlichen Trost.* [19]

Seinen eigenen Glaubensweg so zu beschreiben, zeugt von Humor und Demut.

---

[17]. (Übers. HOFMANN (1979), S. 626: 84. Predigt) *Wer noch denne das ime ein nehers gezoeuget
und bekant wurde, doch alle die wile das der mensche under sinen vierzig joren ist, so ensol dekeiner innewendige noch ussewendige zuo vil friden noch lidekeiten und richsenen
zuo gentzlichen getruwen.* (V 79. Predigt, 423,12-15)

[18]. (Übers. HOFMANN (1979), S. 67 f.: 9. Predigt) *wer in disen ein púntelin gelebet nützer dan
vierzig jor in eigen ufsetzen. ... O womitte gont ir umb und verlierent úwer edel wunnecli-
ches zit und versument dis minncliche luter guot, daz in úch moehte und solte one underlos gebom werden, und gont dise lange jor umb rechte also in eime loeffele und kum-
ment nút fúrbaz, und über manig jor so ir gelebent, so sint ir also nahe als des ersten do irs
anevingent, in ware vollekomenheit;* (V 9. Predigt 46,22-23; 25-30)

[19]. (Übers. HOFMANN (1979), S. 312: 41. Predigt) *Also liset man von einem, gieng in dem walde
viezig jor uf henden und uf fuessen, und stot von ime das er nie goetlichen trost enbe-
fúnde...* (V 41. Predigt 174,8-9)

Der Mensch tue, was er wolle, und fange an wie er wolle, er kommt niemals zum wahren Frieden, noch wird er dem Wesen nach ein Mensch des Himmels, bevor er an sein vierzigstes Lebensjahr kommt. Bis dahin ist der Mensch mit so Vielerlei beschäftigt, und die Natur treibt ihn hierhin und dorthin, und manches ist, was die Natur (in ihm) oft beherrscht, während man wähnt, er sei ganz und gar Gott, und er kann nicht zu wahrem, vollkommenen Frieden kommen noch ganz des Himmels werden vor jener Zeit. Dann soll der Mensch noch zehn Jahre warten, ehe ihm der Heilige Geist, der Tröster, in Wahrheit zuteil werde, der Geist, der alle Dinge lehrt.[20]

Ungeachtet er im Alter von vierzig Jahren zur Besonnenheit gekommen ist und himmlisch und göttlich geworden und seine Natur einigermaßen überwunden hat, braucht er doch zehn Jahre und ist um die fünfzig herum, ehe ihm der Heilige Geist in der edelsten und höchsten Weise zuteil werde, eben dieser Heilige Geist, der ihn alle Wahrheit lehrt. In diesen zehn Jahren, in denen der Mensch zu einem göttlichen Leben gelangt ist und seine Natur überwunden hat, wird er sich in sich selbst kehren, sich einsenken, einschmelzen in das reine, göttliche, einfache innere Gut, wo das edle Seelenfünklein eine gleiche Rückkehr und ein gleiches Zurückfließen in seinen Ursprung hat, von dem es ausgegangen ist.[21]

Auch den alten Menschen verliert Tauler nicht aus dem Blick. Humorvollgütig weiß er um die Schwächen des altgewordenen frommen Menschen. Es spricht keine unbarmherzige Strenge gegenüber Laxheit aus seinen Worten,

---

[20]. (Übers. HOFMANN (1979), S. 136 f.: 19. Predigt) *Der mensche tuo was er tuo und lege es an wie er welle, er enkummet niemer zuo worem friden noch entwurt niemer ein wesenlich himmelsch mensche, es ensi denne daz der mensche kumme an sine vierzig jor. Es ist so maniger kummer mit dem menschen, und tribet in die nature nu har nu dar, und ist manigerleige daz die nature dicke do regnieret, do man wenet das es zuomole Got si, und kan der mensche nút so zuo worem vollekomenen friden kummen noch zuomole himelsch werden, e der zit. Danne sol der mensche zehen jor beiten hernoch e im der heilige geist, der troester, in der worheit werde, der geist der alle ding leret.* (V 19. Predigt 79,21-29)

[21]. (Übers. HOFMANN (1979), S. 137: 19. Predigt) *noch dan das er ist in ein gesastekeit kummen an sine vierzig jor und himmelsch und goettelich worden ist und naturen etlicher mossen überkummen ist, noch dan gehoeret do zehen jor darzuo, das der mensche kummen ist an sine fünfzig jor, e danne ime der heilige geist in der hoehsten und in der edelsten wisen werde, der heilige geist, der alle worheit leret in den zehen joren, do der mensche kummen ist in ein goettelich leben und die nature überwunden ist, denne er in zehen joren sol der mensche haben eine inker und ein insincken, ein insmelzen in daz luter goetteliche einveltige indewendige guot, do daz edele indewendige fünkelin hat ein gelich widertragen und ein gelich widerfliessen in sinen ursprung do es usgeflossen ist.* (V 19. Predigt, 80,5-14)

sondern eine nachsichtige Ehrfurcht und Anerkennung eines langen geistlichen Lebensweges, wenn er sagt:

> *Widerfährt es dir, daß du während deiner Einkehr ein wenig schläfst
> oder wider Willen einnickst, beunruhige dich nicht; eine schlum-
> mernde Einkehr ist oft besser als viele äußere mit den Sinnen faßbare
> Übung im wachen Zustand. Beginn von neuem: 'Auf das Herz zu
> Gott'!*[22]

In allen beschreibt Tauler hier eine allgemeingültige lebensgeschichtliche
Dynamik. Diese Wende wird von Tauler-Forschern unterschiedlich interpretiert.[23] Den Deutungen als Bekehrung, Umbruch, Durchbruch, *kehr*, *übervart*, midlife-crisis und dergleichen wird noch später Beachtung gewidmet
sein.

Zum besseren Verständnis sei kurz auf den Deutungshintergrund der Zahl
Vierzig/Fünfzig eingegangen, die augenscheinlich eine wichtige Rolle spielt.

2.1.2. Exkurs:
Die Bedeutung der Zahl 40/50 bei Tauler

An dreiundzwanzig Stellen in den Predigten Taulers erscheint das Motiv der
Zahl 40 bzw. 50. Tauler-Rezensoren versuchen dies vorwiegend historisch-
biographisch zu deuten. Sie vermuten bei Tauler selbst um das vierzigste Lebensjahr herum ein dramatisches Bekehrungserlebnis. Diese einseitige histo-

---

[22]. (Übers. HOFMANN (1979), S. 613: 80. Predigt) *Liebes kint, sloffest du und nickest wol enwe-
ning in dinem inkere dines undankes, des wirt gar guot rat. Es wirt dicke besser ein slum-
merent inkeren wan vil weckerliche uswendige sinneliche uebunge. Heb aber an: 'Sursum
corda!'* (V 71. Predigt, 386, 14-17) Seuses Aufforderung im 9. Kapitel seiner Vita: "sursum corda" ist eher flammender Impuls als behutsame Ermutigung!

[23]. COGNET (1980), S. 102: "Er (Tauler) scheint anzunehmen, daß der Mensch kaum vor seinem vierzigsten Lebensjahr den Weg zur Vollkommenheit einschlagen und kaum vor
dem fünfzigsten Altersjahr eigentliche mystische Gnaden erhalten könne." WEHR
(1980), S. 62: "...um das vierzigste Lebensjahr eine innere Bekehrung erlebt habe, gemeint ist eine Verstärkung seines Innenlebens und seiner spirituellen Vollmacht."
WEILNER (1961), S. 241: "Über alle möglichen Ausnahmefälle hinweg hält Tauler daran
fest, daß normalerweise um die vierziger Jahre der Mensch aus der Peripherie
ins Zentrum, aus der Weite in die Tiefe gerufen ist, eben zu einem Leben aus dem
Grunde."

rische Deutung ist für sich genommen unbefriedigend. Neuere Tauler-For-
schungen [24] lehnen daher eine solche Deutung ab und betonen, daß es sich
beim Motiv der 40/50 Jahre um ein allgemeines Gesetz des menschlichen
Lebenslaufes handele und daß Tauler gerade dies hatte beschreiben wollen.[25]

Wenn das 40/50-Motiv nicht nur eine persönliche Grundlegung bei Tauler
besitzt, sondern allgemeine Gültigkeit beanspruchen darf, müssen menschliche Urerfahrungen aufgezeigt werden, die eine universale Aussage zur lebensgeschichtlichen Dynamik begründet erscheinen lassen.

Nicht nur bei Tauler, sondern auch bei anderen Mystikern seiner Zeit (z.B.
Heinrich Seuse) kommt das vierzigste Lebensjahr als Jahr der eigentlichen
Bekehrung vor.

> Lebens- und Glaubensgeschichte sind eng miteinander verknüpft. Auch
> an den Frömmigkeitsformen Heinrich Seuses ist dies abzulesen.
> Wie unter einer alten Haut, die zu eng geworden ist, wächst ein gereif-
> tes Verständnis von einem Leben aus der Gnade.
> Während bei anderen Mystikern - wie auch bei Tauler - das 40. Le-
> bensjahr als Gelenkstelle der Lebens- und Glaubensentwicklung auf-
> taucht, finden sich bei Seuse zwei Punkte in seiner Biographie, die
> einen Umbruch bezeichnen.
> Die erste Gelenkstelle bildet die *geswinde ker*, etwa im 18. Lebensjahr.
> Seuse bezeichnet mit diesem Geschehen in der Retrospektive die
> Wandlung des kindlichen und jugendlichen Gottesbildes.
> Kaum ein anderer Mystiker beschreibt diesen Umbruch näherhin.
> Die zweite Gelenkstelle ist bei Seuse um das 40. Lebensjahr anzu-
> setzen. ...*eyn geistlich mensche lebet drissig ader viertzig jare und get alsus
> vriesen und clagen...*[26]

---

[24]. Beispielsweise WEILNER und SUDBRACK.

[25]. WEILNER (1966), S. 326

[26]. PREDIGTEN, II. Predigt 516,6-7. BIHLMEYER, Karl (Hsg.): *Heinrich Seuse: Deutsche
Schriften.* Im Auftrag der Würtembergischen Kommission für Landesgeschichte. Hsg. v.
Dr. Karl BIHLMEYER. Stuttgart 1907 (Unveränderter Nachdr. Frankfurt: Minerva,
1961). Ähnlich wie bei Tauler ist auch bei Seuse davon auszugehen, daß er hier auf
seine eigene Lebensgeschichte Bezug nimmt.

Nach den überstrengen Torturen seines Bußlebens ist seine Gesundheit zugrundegerichtet. Und doch findet er in seinen Bußübungen keinen Frieden, keine Erfüllung. Er wirft seine Marterwerkzeuge weg und beginnt einen neuen Lebensabschnitt.
Seuse vermeidet es allerdings, diesen Umbruch als eigene Erkenntnis zu propagieren. Gott selbst habe ihm dies in einer Vision befohlen.

Es ist unumstritten, daß die Zahl 40/50 auch eine *eigene persönliche Erfahrung* Taulers widerspiegelt.
Andererseits ist eine (mögliche und wahrscheinliche) *allegorische* Bedeutung der vierzig Jahre zu bedenken. Christus war vierzig Tage in der Wüste, bevor er versucht wurde und danach sein öffentliches Wirken begann.
Weitere Symboldeutungen der Zahl vierzig könnten zur Untersuchung herangezogen werden.[27]
Die deutschen Mystiker, die so sehr von der allegorischen Schriftauslegung geprägt sind, könnten aus der Hl. Schrift Ansatzpunkte für das vierzigste Lebensjahr als Gelenkstelle des Lebens gefunden haben. Schließlich dürfte Taulers Eingebundenheit in Theologie und kirchlichem Leben eine weitere Deutung zulassen: Das Verquicktsein von persönlichem Lebens- und Glaubensschicksal mit biblischem Zeugnis. Die Botschaft der Schrift ist *forma* der lebensgeschichtlichen *materia*: "...gerade diese biblische Allegorese der Vierzig-Fünfzig-Tage, wodurch die innere Geisterfahrung an das Wort der Schrift gebunden wird, läßt uns noch deutlicher spüren, wie tief auch die Gotteserfahrung Taulers in das Geheimnis des dreifaltigen Lebens hineinragt."[28]
Halten wir uns folgende Entwicklungsstränge vor Augen:

1. *allgemeine Erfahrung*
(Die menschliche Urerfahrung, daß sich in diesem Lebensabschnitt eine Gelenkstelle des Lebensganzen verbirgt.)

---

[27]. (Übers. HOFMANN (1979), S. 136-37: 19. Predigt) Vierzig Tage Wartezeit bis zur Himmelfahrt, 10 Tage Wartezeit bis zur Geistsendung.
[28]. SUDBRACK (1980), S. 153

2. *allegorisch-symbolische Deutung*
> (Von den Belegen der Hl. Schrift zur Zahl 40 wird deren ex-
> egetischer Ertrag verwertet.)

3. *Taulers persönliche Erfahrung*
> (Diese Erfahrung Taulers, die einen wie immer gearteten
> Durchbruch um die vierzig zur Grundlage hat, mag mit in
> die Deutung hineingeflossen sein.)

2.1.3. Die <u>bekumberung</u> des Gemütsgrundes

Tauler beobachtet bei sich und bei anderen eine Besonderheit, die dem geistlichen Reifungsprozess zuwiderzulaufen scheint: Auch bei gutmeinenden Menschen bedeutet Älterwerden nicht gleichzeitig Frömmerwerden.
Es lassen sich sogar Anzeichen dafür finden, daß der älter werdende Mensch einer großen Gefährdung ausgesetzt ist.

> *So findet man Leute, die immer auf gute äußere Art in den Werken und in der Haltung sehen; wenn die gut ist, so ist alles getan; der Grund aber ist zugleich von den Geschöpfen eingenommen und in schädlicher Weise ergriffen, und in dieser Einstellung beten sie viele Psalmen.*[29]

"Der Mensch, auch der gutwillige Fromme, droht sich mit den Jahren immer mehr an die Mannigfaltigkeit der Weltdinge zu verlieren, ohne daß er es merkt; ja er glaubt sogar, sich selber darum um so intensiver zu besitzen."[30]
Die so angedeutete Haltung ist zum großen Teil die Kehrseite der gewohn-heitsmäßigen Ausübung des Glaubens - und aller Lebensvollzüge.
Tauler nennt diesen neuen Lebensabschnitt *bekumberung*. Was ist gemeint?
Uns ist der Ausdruck "bekümmert" geläufig. Hinter einem "bekümmerten Gemüt" verbirgt sich aber doch mehr als nur Melancholie und Weltschmerz.

---

[29]. (Übers. HOFMANN (1979), S. 62: 9. Predigt). *Also vindet man lúte die als sehent uf usswen-dig guote wise in den werken und in der haltunge, so die guot ist, so ist alles geton, aber der grunt ist zuomole bekumbert mit den creaturen und schedelichen bevangen, und in disem lesent sú vil seltere.* (V 9. Predigt, 42,3-7)

[30]. WEILNER (1961), S. 231

Uns begegnet die "Bekümmertheit" bei Tauler in sehr viel differenzierter Form.

Infolge großer und kleiner Vergötzung relativer Werte - sowohl im Bereich von *Welt* als auch *Gott* - ist der Kontakt zu den Grundlagen des geistlichen Lebens [31] geschwunden. Frömmigkeitsübungen werden nur noch aus Gewohnheit verrichtet und erwachsen nicht mehr aus einem lebendigen Glauben.[32] Der Gemütsgrund ist *bekumbert* durch Bilder, die dort nicht hineingehören, geschöpfliche Bilder, die von Gott ablenken.

Wenn Gott mit seiner Berührung und seinen Gaben kommt, findet er bei vielen Menschen seine (Wohn)statt besetzt; andere Gäste findet er dort, muß umkehren, kann nicht hinein; wir lieben anders und verlangen nach anderem;[33]

So kann der Mensch Gott kaum *einen lutern unbekumberten grunt erbieten* [34].
Überfluß und Überdruß der Lebensführung sowie energielose Gleichgültigkeit den eigenen Gebrechen gegenüber führt zum strukturlosen Dahinleben. "Frucht" davon ist eine Anfälligkeit, die den Menschen widerstandslos gegenüber den Ansteckungen der Weltdinge macht.

Findet sich eine Gelegenheit zu solchen Fehlern, zu denen er neigt, so vergeht er sich, indem er zu viel redet, trinkt oder ißt oder indem er sich unangemessener Freude oder übertriebener Geschäftigkeit (bekumbernisse !) überläßt. ... Wäre solch ein Mensch aber heute wieder so achtlos und ließe sich, wie etwa durch Schwätzereien, Zeitvergeudung oder Geschäftigkeit (bekúmbernisse!) zerstreuen, so hinderte ihn das sehr ..; ein Hindernis (käme so) zum anderen.[35]

---

[31]. dem eigenen Seelengrund und dem Abgrund Gottes...

[32]. Vgl. WEILNER (1961), S. 205

[33]. (Übers. HOFMANN (1979), S. 140: 20. Predigt) *So Got mit sinen beruerungen und mit sinen goben kummet zuo vil menschen, so vindet er die stat bekúmbert und vindet ander geste do und muos widerkeren und enmag nút in, wir minnent und meinent anders;* (V 20. Predigt, 82,17-20)

[34]. (V 12. Predigt, 59,18-19)

[35]. (Übers. HOFMANN (1979), S. 239; 240: 33. Predigt) *Also er denne kummet zuo der ursachen diser dingen do ime zuo ist, so übertrittet er sich, es si an zuo vil klaffende oder an zu vil trinckende oder an zuo vil essende oder an zuo vil gemuetekeit oder an zuo vil bekúmbernisse; ... unde wolte der mensche aber hute unbehuet sin, das er hiemitte zerstrovwet wurde, es were mit klaffende, mit zit verlierende oder mit bekúmbernisse, daz hinderte zuo sere, eine hindernisse uf das andere.* (V 33. Predigt, 128,7-10; 22-24)

"Indem die Seelenkräfte gewissermaßen nach außen davonlaufen, hinein in die Mannigfaltigkeit der Weltdinge, lenken sie von der geheimen Verdorbenheit des Gemütsgrundes ab. Dieser verbleibt ungestört und unbeachtet seiner 'Bekumberung'."[36]

Bekumbernisse sind und machen "häßlich". Das Gefäß, der Grund, will in lediger, makelloser Schönheit hergerichtet sein: eine ästhetische Forderung, die den Menschen in seiner ursprünglichen Würde anspricht. Anschauliches Bild dafür ist der Vogel, der, in die Freiheit entlassen, diese Freiheit zu ergreifen versteht.

*Entleere deinen Geist (von den Geschöpfen), mache dich frei von unnützen Beschäftigungen (*itale bekúmbernisse* ist schlecht übersetzt. Es geht um die bekumberung, die häßlich (*ital*) ist und macht.) denn das Feuer steigt nicht so leicht nach oben, noch fliegt ein Vogel so leicht (durch die Luft), als ein lediger Geist aufsteigt zu Gott.*[37]

Tauler gebraucht zur Beschreibung der schlimmen Folgen der *bekumberung* (im Sinne eines dynamischen Geschehens) zwei Bilder: *einmal* das des unerlaubten Ruhens auf dem Weg zum Ursprung, zum *anderen* das des Kleben- und Haftenbleibens und damit Widerstandes gegenüber dem "ziehenden" Gott.[38] Im Zustand der *bekumberung* erlebt der Mensch eine innere und äußere Unruhe, die zunächst einen Verdrängungsmechanismus darstellt, denn die *bekumberung* kann nicht "tatenlos" durchlebt werden.[39]

---

[36]. WEILNER (1961), S. 153 f.

[37]. (Übers. HOFMANN (1979), S. 282: 38. Predigt) *Mache din vas lidig und halt dich fri von italen bekúmbernisse, wan es enwart dem füre nie als natúrlich uf ze gande nach einem Vogel als licht ze fliegende als einem rechten lidigen gemuete uf ze gonde in Got.* (V 38. Predigt, 149,30-32)

[38]. Vgl. WEILNER (1961), S. 168

[39]. Es seien hier die Mechanismen der Psyche während des Erinnerungsprozesses aufgezeigt: "...man sich den Widerstand des 'bekumberten' Gemütes niemals als eine *vollkommene* Abdichtung gegenüber der Seelengrunddynamik vorstellen darf. Diese durchbricht vielmehr gelegentlich immer wieder die Abschirmung des Gemütsgrundes und gelangt in Gestalt von mehr oder minder erfolgreichen Erleuchtungen und Antrieben zum Bewußtsein. Und wo immer ihr dies nicht gelingt, da rächt sie sich für ihre Frustration durch einen nicht näher bestimmbaren 'Druck' auf das widerstrebende Gemüt, der vom Menschen dann auch als unverständliche 'Bedrücktheit' empfunden wird. ... Gleichzeitig entwickelt der Gemütsgrund selbst eine Art *Sekundär-Entelechie* als erlebnismäßigen Ausdruck seiner inneren Verfaßtheit. Diese Sekundär-Entelechie tritt nun in Konkurrenz mit all jenen Ausstrahlungen der Seelengrundentelechie, denen es gelang, die Ab-

"Wenn die Unruhe sich zu erheben beginnt, bleibt ihr zunächst ihr Ziel noch verborgen, obwohl sie schon ganz unter dessen Einfluß steht. Erst indem sie vielfältige Erfahrungen mit sich macht, enthüllt sich ihr allmählich ihr Innerstes."[40]

Was ist die Ursache der *bekumberung* ?

Tauler nennt hier die Eigensucht, deren psychologischer "Ort" tief im Innern des Menschen verborgen ist, die sogar dem direkten Zugriff entzogen ist. Ihren ontologischen Sitz hat die Eigensucht nach Tauler in der Natur des Menschen.[41]

Falsche Minne, die auszukosten versucht, was die Welt zu versprechen scheint, führt in die *bekumberung*. Die Bildwerdung der Weltdinge im Grund "ver-bildet" ihn.

Wenn du mit aller Kraft dich der Hinneigung und der Beschäftigung mit den Geschöpfen entledigt, abgezogen und hinaufgehoben hast (zu Gott), so kann es sein, daß dich die Bilder der Dinge hindern und du dich nicht so verhalten kannst wie wohl möglich wäre.[42]

So wie das Wasser jede Glut auslöscht, so wird die *bekumbernis* jeden glimmenden Liebesdocht unweigerlich auslöschen.

da wird ... der Mensch gehindert, die Vollkommenheit (adel)...aufzunehmen; die Liebe erkaltet und erlischt.[43]

---

schirmung zu durchbrechen und zum Bewußtsein zu gelangen. Dieser Vorgang zeitigt das Erlebnis eines formellen *inneren Widerstreites*, den Kampf zweier 'Willen' in uns, der in der aszetischen Literatur aller Jahrhunderte in mannigfaltigen Formulierungen seinen Niederschlag fand." WEILNER (1961), S. 161

[40]. WEILNER (1961), S. 170. Es sind hierbei zwei Arten der Unruhe zu unterscheiden: "Gott ist im Seelengrund in dessen gerichteter Unruhe anwesend, vom Gedächtnis 'behalten'; im Gemütsgrund und dessen tastender Unruhe jedoch ist er abwesend, vom Gedächtnis mit Hilfe der Seelenkräfte erst wieder schrittweise 'wieder zu erkennen'. Unter beiden Gesichtspunkten ist es das Erlebnis einer letzten Unruhe, die den Menschen, auch den relativ Vollkommenen, nie an ein Ende kommen läßt." WEILNER (1961), S. 169

[41]. Vgl. WEILNER (1961), S. 145

[42]. (Übers. HOFMANN (1979), S. 282-83: 38. Predigt) *Als du dich alsus abzúhest von allem dinen vermúgende und gezogen hast von minnen und bekomernisse aller creaturen und dich uf getragen hast, so ist denne dar úber das dich die bilde der dinge hinderent und du dem nút getuon enkanst, als wol múglich ist.* (V 38. Predigt, 150,5-8)

[43]. (Übers. HOFMANN (1979), S. 250: 34. Predigt) *So wirt der mensche gehindert daz er nút enpfenglich ist dez adels, und die hitze der minne wurt verloeschen und verkaltet.* (V 60. Predigt (60 g), 320,26-27)

Die *bekumberung* verätzt und vergällt Ansätze eines erlösten Lebens bereits im Keim.

Über die Erfahrung der Unruhe hinaus vollzieht sich im Menschen ein Läuterungsprozess - der jedoch nicht gleich als solcher erkannt und gedeutet wird -, welcher die Seele in ihrer Tiefe trifft und ein Gefühl der Trostlosigkeit und Schuld entstehen läßt, dessen Urheber Gott selbst zu sein scheint.[44]

Tauler muß an sich und an anderen die schmerzhafte Erfahrung machen, daß der Ablauf des Lebens beinahe gleichbedeutend ist mit einem Prozess zunehmender *bekumberung* - selbst bei Menschen guten Willens - , wenn nicht eine Krise, ein Umbruch die Katastrophe verhindert.[45] Dabei ist ein unbekumberter Grund die einzige würdige Stätte zur *geistlichen Hochzeit* im Seelengrunde, die der Mensch Gott anbieten kann.

> *...daß wir Gott allein lauteren Herzens erstreben und er Feier (hochgezit !) halte in uns und wir mit ihm dahin gelangen, einen ungestörten Grund zu besitzen, in dem nur Gott sei, ganz lauter.*[46]

2.1.4. Die Krise der Lebensmitte

Eine mehr oder weniger ausschließliche Orientierung an der Umwelt bzw. eine auf den äußeren Vollzug beschränkte Frömmigkeit besitzt keine sinnstiftende Wirkung für den Menschen. Diese Extraversion - gleichzeitig unter Vernachlässigung und Aufgabe der Orientierung am eigenen Inneren - führt zu Stillstand und Krise.

Tauler beschreibt diese Krise anschaulich mit dem Bild des *umgekehrten Hauses*. Das Haus, in das der Mensch einkehren muß, ist sein *Grund*. Er soll Gott dort, in seinem Innern suchen. Gleichzeitig geschieht Folgendes:

---

[44]. Vgl. COGNET (1980), S. 120

[45]. Vgl. WEILNER (1961), S. 168

[46]. (Übers. HOFMANN (1979), S. 84: 12. Predigt) *daz wir unsern Got alleine luterlichen meinent und das er in uns hochgezit mache und wir mit ime habent ein unbekumberten grunt, der nút inne enhabe denne Got luterlichen;* (V 12. Predigt, 57,35-37)

Sobald der Mensch in dieses Haus kommt und Gott da sucht, so wird das Haus umgekehrt, und dann sucht Gott ihn, (den Menschen) und kehrt das Haus um und um, wie einer, der sucht: das eine wirft er hierhin, das andere dorthin, bis er findet, was er sucht.[47]

Im buchstäblichen Sinn schafft Gott Unordnung: nichts bleibt an seinem Platz, alles im Innern des Menschen wird ver-rückt.

Darin (nun) besteht das Umkehren dieses Hauses und die Art, in der Gott den Menschen sucht: alle die Weisen, solche und andere, welcher Art sie auch seien, in der Gott sich dem Menschen darstellt, werden dem Menschen, sobald Gott in dieses Haus, in diesen inwendigen Grund kommt, völlig entzogen, und alles wird so völlig umgekehrt, als ob er es nie besessen hätte. Und wieder und wieder werden alle die Weisen, die Lichter, alles, was da je gegeben, geoffenbart ward oder sich zutrug, bei diesem Suchen um und um gekehrt.[48]

Alle Werte, nach denen der Mensch bis jetzt sein Leben ausgerichtet hat, werden relativiert. Da keine neuen Inhalte an die Stelle der Alten treten, muß diese Spannung der Leere und Orientierungslosigkeit zunächst aber ausgehalten werden.

Tauler deutet an, daß diese Krise in ihrer Schmerzhaftigkeit eine überaus positive Funktion besitzt:

In solcher Umkehrung wird der Mensch, könnte er sich ihr überlassen, so unaussprechlich weit geführt, weiter als all in den Werken, Weisen und Vorhaben, die je und je erdacht oder gefunden wurden.[49]

---

[47]. (Übers. HOFMANN (1979), S. 274: 37. Predigt) *als der mensche in kumet in dis hus und Got gesuocht hat in disem innersten grunde, so kumet Got und suocht den menschen und kert das hus alzemole umb und umbe.* (V 37. Predigt, 144,18-20)

[48]. (Übers. HOFMANN (1979), S. 274: 37. Predigt) *Dis umbe keren dis hus und dis suochen das Got den menschen hie suochet, das ist alle die fürwúrfe und die engegenwúrfe in aller der wise im Got hie für gehalten wirt, als er in disen inwendigen grunt kumet, in dis hus, dass im das alzemole als gar benomen wirt, und wirt als gar umbekert als er es nie engewunne; und aber, alle die wise, alle die liechter, und in allem dem das do gegeben wirt und geoffenbart wirt oder ie sich für getruog, das wirt in disem suochende alzemole umgekert.* (V 37. Predigt, 144,26-32)

[49]. (Übers. HOFMANN (1979), S. 275: 37. Predigt) *In diser umbekerunge do wirt der mensche so unsprechelichen verre gefuert, ob er sich her in gelossen koende, denne in allen den werken und wisen und ufsetzen die ie oder ie erdocht oder ie funden wurden.* (V 37. Predigt, 145,1-4) "Das Kennzeichen der neuen Einkehr ist - sehr zum Unterschied von den

In ihrer kathartischen Funktion steht diese von Tauler beschriebene Krise in der Terminologie der klassischen Mystik: Der geistliche Reifungsweg zur *vita illuminativa* (zum erleuchteten, gottbegnadeten Leben) führt notwendig über das Stadium der *vita purgativa*, dem Läuterungsprozeß.[50]

Mit einem für jene Epoche ungewöhnlichen Scharfblick beobachtet Tauler also den Umbruch, den seelischen Strukturwandel im Alter von 40/50 Jahren, bei dem alle bisherigen Lebensinhalte radikal infrage gestellt und auf ihre Tragfähigkeit hin überprüft werden. Diese Krise bietet die große (und wahrscheinlich letzte) Chance zur wesentlichen Verinnerlichung und -unter Umständen- zur mystischen Begnadung.[51]

2.1.5. Zusammenfassung

In der Betrachtung der lebensgeschichtlichen Dynamik der Reifung begegnet uns die zweite Lebenshälfte mit unübersehbarer Prävalenz.

Das Alter von 40/50 erweist sich als Schlüsselstelle des geistlichen Reifungsprozesses. Hier spitzt sich in der *zweiten Bekehrung* dieser Prozess -u.U. dramatisch- zu.

Wir sahen (und werden sehen), daß sowohl der psycho-physische wie der geistliche Reifungsweg zwei mögliche Verläufe besitzt: Die geistliche Entwicklung eines Menschen in der Jugendzeit bis zum Alter 40/50 steht unter den Vorzeichen eines **linearen** Reifungswegs. Ebenso findet sich auch der Gesichtspunkt eines **konzentrischen** Weges.

Merkmalen aller ähnlichen Übungen - eine tiefgreifenden Krise sowie ein...Erlebnis der Passivität, bedingt durch einen fühlbaren Wechsel der FÜhrungsrolle innerhalb des ganzen (innerseelischen) Geschehens." WEILNER (1961), S. 174

[50]. Tauler beweist in diesem Zusammenhang eine tiefe Einsicht in seelische Strukturen. Die in der Krise erfahrenen Unzulänglichkeiten und Begrenztheiten, Schwächen und Sünden im eigenen Leben müssen behutsam angegangen werden. Mit einem "feurigen Willensentschluß" oder hurtigem Zupacken ist nichts gewonnen. "Sie (die Krisen) zu erkennen, sie als zu uns gehörig anzuerkennen, unter ihnen buchstäblich zu leiden - das alles ist nur der Anfang eines oft lang andauernden Läuterungsprozesses, dessen Gründlichkeit allein ihre wirkliche Vernichtung garantiert." WEILNER (1961), S. 159

[51]. WEILNER (1961), S. 238 bzw. WEILNER (1966), S. 330

Hierbei gehen wir von Phasen der menschlichen Entwicklung aus, in denen gewisse Mechanismen immer wiederkehren; so wird der Reifungsprozess nie beendet, sondern stößt innerhalb vorgegebener Intervalle immer wieder an eine Grenze, die in krisenhafter Anstrengung überwunden werden muß, um eine neue, höhere Seinsweise zu erlangen.[52] Diese beiden Gesichtspunkte des linearen und konzentrischen Reifungsweges sind grobe Verständnishilfen. Es ist nicht gesagt, daß sie einander ausschlössen. Die Komplexheit des menschlichen Persongefüges verbietet es, daß wir mit einem entweder/oder argumentieren. Wir weisen nach, daß jene beiden Gesichtspunkte in einem Spannungsverhältnis stehen und gleichzeitig im Menschen wirkmächtig sein können.[53]

[52]. WEILNER (1966), S. 129 ff.
[53]. GRUNEWALD (1930), S. 15

2.2. Ontologische Struktur

2.2.1. Das Menschenbild Taulers

Wie muß der Mensch, wie muß Gott sein, damit eine Begegnung zustande-
kommen kann?
Welches sind die geistigen und seelischen Voraussetzungen dafür in der
Struktur des Menschen, daß sich ein solcher Einbruch der Transzendenz
vollziehen kann?[54]
Eine theologische Grundlegung des christlichen Lebensweges bei Tauler
kann erst dann geschehen, wenn die ontologische Struktur und ihre ge-
schichtliche Ausfaltung mitbedacht werden.[55]

2.2.1.1. Vorgeschichte und Übernahme

Tauler betont über alle verschiedenen Aspekte seines Menschenbildes die
Einheit des Menschen in seinen geistseelischen und körperlichen Vollzügen.
"In der Lebenslehre (Taulers) bildet der innere Mensch das spirituelle Prinzip des äußeren Menschen."[56]
Wenn wir im Folgenden die Begriffe **Geistseele** und **Leibseele** verwenden,
bedarf es einer Vorbemerkung zum Verständnis: Die Einheit des Menschen
birgt eine zweifache Ausrichtung des menschlichen Personkerns.
Leibseele meint die Qualität des Ichs als Empfindungs-Ich und sinnliches Ich,
das auf die Welt hin geöffnet ist. Die Dominanten im Spannungsgefüge dieses "unternormalen" Bewußtseins bilden die Vorstellungen, Instinkte, Phantasie, Empfindungen und Triebe.

---

[54]. Fragestellung nach BENZ, Ernst: Der Mensch als imago dei. In: *ERANOS - Jahrbuch 1969: Sinn und Wandlungen des Menschenbildes.* Bd. XXXVIII. Zürich 1972, S. 297-330, hier S. 303

[55]. Wir haben als Betrachter der mittelalterlichen Mystik eine Tatsache zur Kenntnis zu neh-men: Johannes Tauler hat Gedankengänge wie Ontologie, Dialogie oder Begegnung wohl kaum reflexiv nachvollzogen. Sie sind auf dem Hintergrund moderner Diskussion konzipiert worden und bedürfen dauernder Kontrolle durch die Aussageintention Tau-lers.

[56]. WEILNER (1961), S. 83

Geistseele dagegen als Geöffnetheit zur Geistinnenseite des Menschen meint

1. das "übernormale" Bewußtsein unter Wirkung der Dominanten
Verstand, Wille und Gedächtnis;

2. bei Tauler: die Einheit von **Grund** und **Gemüt**.[57]

Tauler gewinnt sein Bild vom Menschen sowohl aus der Tradition (somit erhalten wir das, was Tauler in seiner Lehre hinein übernimmt) als auch aus seinem persönlichen Erfahrungswissen. Beide Stränge sollen kurz dargestellt werden.

Die Struktur der Taulerschen Seelenauffassung läßt sich zunächst in der philosophischen und theologischen Tradition festmachen.

Insgesamt zeigt sich das Verständnis der **Geistseele** in seinen verschiedenen Deutungsphasen wie folgt:

1. *Aristotelismus:*

Die Leibseele wird unterteilt in eine Pflanzliche, Sinnenhafte und Geistige. Sie ist Endursache der Formen des Lebendigen und erkennendes Grundprinzip.

2. *thomistisch:*

Über Aristoteles hinaus als unterste Form der rein geistigen und oberste der körperlichen Substanzen, zugleich als Ort der Gnade und *essentia animae*, aus der die *potentiae animae* erfließen, ferner als Vermögen des Ich- und Selbstbewußtseins.

---

[57]. Vgl. hierzu: SALMANN, Elmar: *Gnadenerfahrung im Gebet: Zur Theorie der Mystik bei Anselm Stolz und Alois Mager.* Münster 1979 (Diss. theol.), S. 156-212. Die Aufarbeitung dieser Diss. sowie der persönliche Kontakt zum Autor waren ein großer Gewinn.

3. *Platonismus*

Unterscheidung eines niederen und eines hohen Teiles des Menschen (mögliche Trennung von tierhaftem Leib und der der Ideenwelt zugewandten Seele). Geistseele als gottnaher Geist, der losgelöst vom Leib sein eigentliches Dasein findet; im Unterschied zur Leibseele mit ihrer Gebundenheit an Sinne, Phantasmata, Diskursivität.[58]

4. *paulinisch-theologisch*

als Ort des Gnadenempfangs, Begegnungsstätte zwischen göttlichem und menschlichem Geist, Ort erster Gotteserfahrung und Ursprung des Willens.

5. *mystisch-theologisch*

Fähigkeit zur reinen Selbstwahrnehmung und zur passiven Berührung mit dem göttlichen Geist, da die Geistseele Ebenbild des dreifaltigen Lebens ist.

6. *Stoa*

"Die eher moralpsychologische Konzeption des Hegemonikon als sittliches Grundvermögen der Einführung in das Weltganze."[59]

---

[58]. "Der Geist aktuiert sich bei Platon in der Grundtendenz hingebenden Strebens zum Absoluten und nimmt darin die volle Erkenntnis der Ideen als Bedingung der Möglichkeit konkreten Erkennens vorweg. Im Neuplatonismus tritt dann das überrationale Vorerlebnis des im Streben mit dem göttlichen Einen geeinten Geistes hinzu (Ekstasis)." SALMANN (1979), S. 174

[59]. "Als Feuerfunke Gottes ist es (Das Hegemonikon) Urfeuer der Seele, Ort der Geburt des Logos im Menschen, Apex (wurzelseelische Grundkraft), der sich dann in die verschiedenen Seelenkräfte differenziert." SALMANN (1979), S. 174. Zum *apex mentis*- Begriff vgl. IV NKA, Endre von: Apex mentis. Wanderung und Wandlung eines stoischen Terminus. In: *Zeitschrift für katholische Theologie* 72 (1950), S. 129-176

Die Gemeinsamkeit dieser Traditionen besteht in

- der strengen Unterscheidung von Geist- und Leibseele,
- deren dynamischer Wechselbeziehung,
- verschieden ausgeprägter Vorherrschaft der Geistseele über die Leibseele,
- der Ausgerichtetheit der Geistseele auf das Göttliche.[60]

Welches Verständnis fließt in das taulersche Menschenbild ein und welche Eigenständlichkeiten kennzeichnen es?
Wir können hier nicht den ganzen Werdegang der Persönlichkeitsdeutung durch die Zeit wiedergeben, sondern beschränken uns auf die Geistseele in ihrem Bezug zur mystischen Erfahrung und dem geistlichen Reifungsprozess. Hierbei kann die Geistseele von zwei grundlegend verschiedenen Blickwinkeln betrachtet werden.

1. Vom *aktiven* Verhalten der Geistseele Gott gegenüber (genauer: dem Wirken des Hl. Geistes gegenüber). "Eine eher intellektualistisch-enstatische Konzeption der Geistseele...als Ort der Schau der Wahrheit, Inbild des dreifaltig-gelichteten Lebens."

2. Vom *passiven* Verhalten der Geistseele Gott gegenüber: "...Geistseele als Spitze des Willens, als Zentrum der Selbstverwirklichung in der Gleichförmigkeit mit dem Willen Gottes." Hier offenbart sich der "willentlich-dunkel-ekstatische Charakter geistseelischen Seins."[61]

...denn der Mensch verhält sich, als ob er drei Menschen wäre und ist doch (nur) einer. Der erste ist der äußere, tierische, sinnliche Mensch; der zweite der geistige mit seiner Erkenntniskraft; der dritte der sich aus sich selbst neigende Seelengrund, der oberste Teil der Seele, das Gemüt.[62]

---

[60]. Vgl. SALMANN (1979), S. 174

[61]. SALMANN (1979), S. 169. Letztere Denktradition findet sich vornehmlich bei JOHANNES VOM KREUZ.

[62]. (Übers. HOFMANN (1979), S. 409: 53. Predigt. Ähnlich S. 481 f. und 537 f). *...wan der mensche ist rechte als ob er drü menschen si und ist doch ein mensche. Das eine das ist der uswendig vihelich sinneliche mensche; der ander das ist der vernünftige mensche mit sinen*

Hier übernimmt Tauler - in seinem Konzept vom sinnlichen, vernünftigen
und gemütshaften Menschen - das Dreierschema biblisch-neuplatonischer
Anthropologie.
Das Menschenbild der Mystiker gravitiert eindeutig nach der obersten
Schicht im Menschen (entsprechend welcher Deutungstradition auch immer)
bis zu einer geistigen Potenz, die **hinter** den bewußten Seelenkräften liegt.[63]
Hier wäre der Quellpunkt der Liebe zu postulieren, die nicht von bewußten
und steuerbaren Mechanismen der Seele abhängt. Dieser obersten Kategorie
entspricht bei Tauler der gemütshafte Mensch. Taulers Eigenständigkeit be-
steht u.a. darin, daß er jenen gemütshaften Menschen noch einmal in die
Spannung zwischen "Grund" und "Gemüt" stellt.
Und gerade wo der Begriff "Grund" erscheint, beginnt Taulers genuines Verständnis der Binnenstruktur des Menschen.[64]

2.2.1.2. Dargestellt am Beispiel der Selbsterkenntnis

Welche Voraussetzungen bestehen im Menschen, wenn der Prozess **Selbsterkenntnis** abläuft? Die Zusammenschau von ontologischen Strukturen und
verlaufstechnischer Beschreibung ermöglicht ein Beispiel von Taulers "ange-
wandtem Menschenbild".

Selbsterkenntnis ist ein Prozess einer von der Vernunft gesteuerten Selbst-
beobachtung.[65]

---

vernünftigen kreften; der dritte mensche das ist das gemuete, das oberste teil der selen. (V
64. Predigt, 348,21-25) WEILNER verwirft die Deutung eines metaphysischen Trichoto-
mismus in platonischer, manichäischer oder averrhoistischer Prägung. Er deutet die
Dreiteilung Taulers augustinisch-heilsgeschichtlich auf die "dreidimensionale(n) We-
sensbezüge zu Natur, Geist und Transzendenz." WEILNER (1961), S. 84

63. Vgl. WEILNER (1961), S. 86
64. Vgl. WREDE (1974), S. 182: Hier genau verläßt Tauler den Boden des aristelischen Tho-
mismus.
65. HAAS (1971), S. 93: Diese besteht aus den Elementen Sammlung und Versenkung. Wenn
dies in äußerst intensivem Maß geschieht, ermöglicht diese Introversion eine hochgra-
dige Innenkontrolle des Menschen.

Diese Selbsterkenntnis hat bei Tauler ihren Platz ausschließlich im Hinblick auf das geistliche Wachstum und dem Streben nach Vollkommenheit - sie ist nicht Selbstzweck im Sinne einiger heutiger Psychologien. Daher lehnt Tauler den Typ jenes Intellektuellen ab, der die Dinge in ihrer Ordnung nicht ehrfürchtig und unbefangen hinzunehmen vermag.[66]

> *Kehrtet ihr euch zu euch selber, erkennet ihr eure Schwächen, klaget ihr sie Gott und bekennet ihr ihm eure Schuld, dann wäre alles gut: dafür wollte ich meinen Kopf lassen.* [67]

Bei Tauler entspricht dem theologischen Seinsentwurf die menschliche Haltung der *Demut*:[68]

> *...das läßt uns in tiefe Demut sinken und uns ganz Gott und allen Geschöpfen unterwerfen. Das ist eine Kunst, in der alle Künste beschlossen sind, deren man zu wahrer Heiligkeit bedarf: das wäre wahre Demut, die erläuternder Worte entbehren könnte, Demut nicht nur in Worten, nicht dem Schein nach, sondern in Wahrheit und im Grunde.* [69]

Selbsterkenntnis in Demut ist für ihn die einzig legitime Haltung des Menschen vor Gott. Demut begründet bei Tauler eine dialogische Erfahrung: ein totales Wegblicken von sich selber und Hinblicken auf Gott.[70]

---

[66]. Vgl. WEILNER (1961), S. 149

[67]. (Übers. HOFMANN (1979), S. 346: 45. Predigt) *Kertent ir zuo úch selber und bekantint úwer krankheit und klagetint ir es Gotte und bichtetint ir ime und sprechent denne úwer schulde, wan do mit wer es alles genuog; dis liesse ich minen kopf kosten.* (V 43. Predigt, 184,10-13)

[68]. Louise GNÄDINGER schreibt dazu (in einem Brief an mich vom 15.12.1981): "Gewiss gehorcht das mystische Sinken in den Abgrund, als Bewegung des Fallenlassens und Fallens einmal eingeleitet, dem Gesetze der Schwerkraft, wonach das Fallen nicht wieder in ein Aufsteigen umschlagen kann Untem am Grund war Gott mit seiner Gnade je schon ein Wartender; er kam zuvor. Dass er immer da war, muss realisiert und erfahren werden. Und es wird im Fallen der taulerschen Demut unweigerlich erfahren, denn man kann nicht in einen Bereich ausserhalb Gott, man kann nur in Gott fallen."

[69]. (Übers. HOFMANN (1979), S. 113: 16. Predigt) *unde lert uns versincken in ein vertieffete demuetekeit und einen gantzen underwurf tuon under Got und alle creaturen. Dis ist ein kunst do alle künste inne beslossen sint der man zuo warer heilikeit bedarf; daz were ware demuetikeit sunder alle glose und nút in den worten oder in dem schine, sunder in der worheit und in dem grunde.* (V 16. Predigt, 75,27-31)

[70]. SUDBRACK (1980), S. 141 f. "Die Taulersche Selbsterkenntnis ist - im Gegensatz zu vielen Zitationen, zu denen man ihn mißbraucht - keine Selbstfindung im Sinne von innerer

Zu warnen ist vor einer Fehldeutung des Begriffes Nichtigkeit. Wer die deutschen Mystiker nicht vom mystischen, sondern vom metaphysischen Standpunkt aus auffaßt, kann zu keinem anderen Schluß kommen, daß die Nichtigkeit die Vernichtung der menschlichen Persönlichkeit sei.[71]

Dieser Tiefe (dem Abgrund Gottes) sollen die Menschen in der Weise nachgehen, daß sie ihr mit (ihrer eigenen) Tiefe begegnen, das heißt der bodenlosen Tiefe unergründlicher Selbstvernichtung. Könnten sie, anders gesagt, zu einem lauteren Nichts werden, das dünkte sie recht und billig. Das kommt aus der Tiefe und der Erkenntnis ihres Nichts.[72]

Obwohl doch der *grunt* die einzig angemessene Wohnstatt für Gott ist, das einzig Vorzeigbare, ist für Tauler keinerlei Bewußtsein von Würde oder gar Überheblichkeit angesagt. Im Gegenteil: Der Grund des Menschen ist häßlich.

In diese einsame, stille, freie Gottheit trag deinen unnützen, häßlichen Grund, in Gottes Einsamkeit deinen Grund, der überwachsen ist mit Unkraut...[73]

Andererseits kennzeichnet Taulers Rede von der Nichtigkeit eine bittere Härte. In Taulers negativer Kreaturontologie (*creatio ex nihilo*)[74] bedeutet das "Erkenne dich selbst": "Erkenne deine Nichtigkeit."

Sicherheit und von Ich-starkem Selbstbewußtsein. Selbsterkenntnis bei Tauler heißt zuerst Erkenntnis der eigenen Sündhaftigkeit und Nichtigkeit." SUDBRACK (1976), S. 179

[71]. Vgl. auch SUDBRACK (1980), S. 143

[72]. (Übers. HOFMANN (1979), S. 489: 63. Predigt) *Diser tieffi sol der mensche volgen in diser wise und begegen mit der tieffi, das ist ein grundelos abgründe eins vernichtendes irs selbes sunder grunt; das ist: moehtend si ze mole zuo eime luter nichte wurden, das düchte si billich und recht sin. Das kumet us der tieffi und bekentniss irs nichtes.* (V 67. Predigt, 367,32-368,2)

[73]. (Übers. HOFMANN (1979), S. 623: 83. Predigt) *Und in die wuesten stillen lidigen gotheit trag dinen italen wuesten grunt, in die wueste Gotz den grunt der da ist vol verwachsens unkrutz* (V 59. Predigt, 278,5-7)

[74]. Vgl. HAAS (1971), S. 121

Diese Selbsterkenntnis beinhaltet u. a.:

1. **Destruktion** (bzw. Relativierung) **von Erkenntnis**

   Der Erfahrungscharakter dieses Aspektes, der eine Destruktion allen äußerlichen Schulwissens angesichts des inneren, sterblichen, sündigen, schwachen und törichten Nichts meint, ist offensichtlich.[75]

2. **Aufweis von Schuld**

   Die Selbsterkenntnis hat nicht nur die objektive Rolle einer Demonstration dessen, daß das Geschöpf vor Gott nichts ist, sondern darüber hinaus - als tiefere Auslotung in elementar-religiöse Bereiche - die subjektive Zielsetzung eines deutlichen Aufweises des schuldhaften, von der Erbsünde sich herleitenden Nichts.[76]

3. **Vorwegnahme des Todes**

   So wie Gott durch die Menschwerdung, Leiden und Tod Christi "zu nichts" geworden ist, wird ein freiwillig unternommenes Nichtswerden des Menschen Leid und Tod exemplarisch vorwegnehmen.[77]

---

[75]. Vgl. HAAS, Alois Maria: Mystische Erfahrung im Geiste Johannes Taulers. In: *Internationale kath. Zeitschrift "Communio"* 5 (1976), S. 510-526. Hier S. 515. "Wesentlich an dieser Ausformung der Selbsterkenntnis ist deren apophatisch-paradoxer Charakter, der es nicht erlaubt, daß das Ich sich in sich selbst als ein gegenständliches Etwas erfaßt, sondern es zwingt, sich als ein Nichts zu definieren, wo es doch sich erkennend sein **eigen** nicht als eine Leerstelle begreifen möchte." HAAS (1971), S. 79

[76]. Vgl. HAAS (1971), S. 131

[77]. Vgl. HAAS (1971), S. 123

4. Glaubenserfahrung

Für Tauler ist die reflexive Erfahrung des eigenen Nichts in den tiefsten Schichten der Persönlichkeit die höchste Potenz dessen, was als Glaubenserfahrung bezeichnet werden kann; gleichsam deren mystische Erfüllung, soweit diese im Diesseits möglich ist.[78]

In all dem lehrt Tauler mit dem Sprechen von Nichtigkeit und Nichts keine Auflösung, sondern ein Hinschauen auf Gott. Als seelische Voraussetzung des Kontaktbewußtseins mit Gott und der Selbstannahme als Geschöpf ist ein hingebendes Vertrauen im Bewußtsein eigener Schwäche vonnöten - eben: Demut. Selbsterkenntnis ist für Tauler weniger **Vorgang** als **Erfahrung**, die sich im Grunde des Menschen jenseits aller Techniken und Theorien mystischer Versenkung vollzieht.

Da kommen dann etliche, die auch sagen: "Ich tue alle Tage dies oder das, das ist das Leben unseres Herrn", und solcher Worte mehr. Hieltest du von irgendeiner deiner Tätigkeiten oder Übungen irgend etwas, so als ob das einen Wert habe, so wäre dir viel besser, daß du nichts tätest und dich in dein lauteres Nichts kehrtest, in deine Untauglichkeit, dein Unvermögen, als daß du in großer Wirksamkeit stündest, innen oder außen, und du deines Nichts vergäßest.[79]

Ziel der Selbsterkenntnis ist nicht das Erfassen der Binnenstruktur oder Funktionalität der menschlichen Persönlichkeit (wie hilfreich und erhellend

---

78. Vgl. HAAS (1971), S. 80: "Die Selbsterkenntnis, in der demütig und in aller Härte die Nichtswürdigkeit des Eigenen anerkannt wird, hat also ihren Erklärungsgrund in der geschöpflichen Übergängigkeit des geschöpflichen Abgrundes in den Göttlichen, was kein Mechanismus ist, sondern ein Geschehen der Gnade."

79. (Übers. HOFMANN (1979), S. 390: 51. Predigt) *So koment etliche: "ich tuon alle tage dis oder das, das ist das leben unsers herren, und alsus und also." Liebes kint, haltest du von deheime tuonde oder wise die du getuon macht, das das ût soelle, so were dir vil besser das du nût entetest und kertest in din luter nicht, nicht toegen, nicht vermugen, denne du in also grosser wúrklicheit stuendest inwendig oder uswendig und du dines nichtest vergissest.* (V 45. Predigt, 197,25-30). Vgl. HAAS (1971), S. 79. Als Transfer in eine heutige Terminologie sei hier kurz SUDBRACK angeführt, der hierbei den Schlüsselbegriff des "Kreislauf(s) der lebendigen Liebe" einführt: "Je sensibler, personeigener das Gewissen vor Gott reagiert, desto mehr zeigt es den Abstand des Menschen zu Gott an; aber im Abstand offenbart es die eigene Angewiesenheit, und in der eigenen Angewiesenheit auf Gott schaut es liebend Gott an, auf den es angewiesen ist." SUDBRACK (1976), S. 181

das auch sein mag), sondern die Einsicht der Immanenz Gottes, des "Reiches Gottes in uns".

So wird das eigene Nichts - paradoxerweise - zum Fundament der Gottesbegegnung.

> *Baue auf nichts als dein ausschließliches Nichts, und damit wirf dich in den Abgrund des göttlichen Willens, was er auch mit dir machen will.* [80]

Diese Gottesbegegnung ereignet sich darin, daß das eigene "Nichts" in das "Nichts" Gottes eingeht.

> *Da versinkt das geschaffene Nichts in das ungeschaffene Nichts.* [81]

Die eigenartige Austauschbarkeit der Begriffe "Grund" und "Nichts" bei Tauler hat ihre Ursache darin, daß für Tauler die Erfahrung des Nichts zur Erfahrung des Grundes führt und umgekehrt.

---

[80]. (Übers. HOFMANN (1979), S. 321: 52. Predigt) *enbuwe nút denne uf din luter nicht und tuo do mitte einen val in das abgründe des goetlichen willen, was er von dir machen wil.* (V 63. Predigt, 345,27-29)

[81]. (Übers. HOFMANN (1979), S. 314: 41. Predigt). *al do versinkt das geschaffen nút in das ungeschaffen nút* (V 41. Predigt, 176,4). Vgl. HAAS (1971), S. 124: "Taulers Nichtsspekulation im "ontologischen" Sinn darf nicht isoliert genommen werden, nur schon darum, weil hier nie im **strikten** Sinn ontologisch zu interpretierende Aussagen vorliegen." und ebd. Anm. 120: "Vielmehr handelt es sich hier um eine "Sprachgarnitur" (WITTGEN-STEIN) unter der Kategorie der **Erfahrung** und nicht irgendeiner Seinslehre." Vielleicht etwas vorschnell löst SUDBRACK (1980), S. 142 Taulers Reden vom Nichts auf: "'Nichts' ist ein anderer Begriff für Total, Ganz, Alles." Vgl. hierzu auch Heinrich Seuse: *Der mensch mag in zit dar zuo komen, daz er sich verstat eins in dem, daz da niht ist aller der dingen, die man besinnen alder gewoerten mag; und daz niht nemmet man nach verhengter wise got, und ist an im selber ein aller weslichstes iht. Und hie erkennet sich der mensch eins mit disem nihte, und dis niht erkennet sich selb ane werk der erkantnisse. Aber es ist hie verborgen neiswaz noch inbaz.* BÜCHLEIN DER WAHRHEIT V 342,5-11 "Der Mensch vermag in dieser Erdenzeit dahin zu gelangen, daß er sich als eins begreift in dem, das da ist ein Nicht aller Dinge, die man verstehen oder in Worten aussprechen kann. Und dieses Nicht nennt man nach allgemeiner Übereinstimmung Gott, und das ist an sich selber ein allerwesenhaftes Sein. Und hier begreift sich der Mensch als eins mit diesem Nicht, und dieses Nicht erkennt sich selbst ohne Erkenntnistätigkeit. Aber das Geheimnisvolle reicht hier noch weiter hinein." (Übers. HOFMANN (1986), S. 346)

2.2.2. Ontologischer Schlüssel zu Tauler: Grund und Gemüt

Taulers Lehre vom Seelengrund [82] ist komplexer, umfassender, als daß man sie nur aus einer einzigen Denktradition heraus beurteilen darf. Ein (un-rühmliches) Beispiel: "Diese Lehre, die andere mittelalterliche Mystiker mit Tauler gemeinsam haben, ist eine zu falsche Seelenlehre, als daß sie ein so klarer Denker wie der hl. Thomas vorgetragen hätte."[83]

2.2.2.1. Die passive Operationsbasis für die Gottesgeburt: Der grunt

Kein Begriff taucht bei Tauler so häufig auf wie *grunt*.[84] *Grunt*, seltener auch *abgrunt*, erscheint in nahezu jeder Predigt - meist für sich allein und bedeutet im philosophisch-mystischen Sinn immer: Seelengrund.[85]

Warum wählt Tauler gerade diesen Begriff?

Eine einleuchtende Antwort darauf bietet WYSER [86]: Tauler predigte vor einem größtenteils theologisch nicht gebildeten Auditorium. In den Beginen-

---

[82]. Einführend in das Thema: LOTZ, Johannes Baptist: Das "Gedächtnis" oder der Seelengrund in seiner Bedeutung für die Betrachtung. In: *Geist und Leben* 23 (1950), S. 121-130. 214-225. 435-447; 24 (1951), S. 37-47

[83]. ABSIL, Theodor: Die Gaben des Hl. Geistes in der Mystik des Johannes Tauler. In: *ZAM* 2 (1928), S. 254-264, hier S. 257 f

[84]. VOGT-TERHORST, Antoinette: *Der bildliche Ausdruck in den Predigten Johannes Taulers.* Breslau 1920 (Nachdruck Hildesheim-New York 1977), S. 27. VOGT-TERHORST zählt 394 Belegstellen.

[85]. WYSER, Paul: Der "Seelengrund" in Taulers Predigten. In: PHILOSOPHISCHE FAKULTÄT FRIBOURG (Hrsg.): *Lebendiges Mittelalter.* / STAMMLER, Wolfgang (Festgabe für). Fribourg 1958, S. 203-311. Hier S. 220. Taulers Schlüsselbegriff *grunt* ist zwar keine Neuschöpfung der deutschen Mystik, wird jedoch von Tauler am differenziertesten benutzt. (vgl. ebd. S. 221; ältere Belege: NICKLAS, Anna: *Die Terminologie des Mystikers Heinrich Seuse unter besonderer Berücksichtigung der psychologischen, logischen, metaphysischen und mystischen Ausdrücke.* Königsberg 1914 (Diss. phil.), S. 62 f.,153. Zur Ergänzung: WYSER, Paul: Taulers Terminologie vom Seelengrund. In: RUH, Kurt (Hrsg.): *Altdeutsche und altniederländische Mystik.* Darmstadt: Wissenschaftliche Buchgesellschaft, 1964 (Wege der Forschung Bd. XXIII), S. 324-352. Über *grunt* bei Tauler siehe: ZEKORN, Stefan B.: *Wir in Gott und Gott in uns: Gegenwart und Wirken Gottes im Menschen bei Johannes Tauler.* Lizenzarbeit für die Spezialisation in Dogmatik an der Theologischen Fakultät der Pontificia Universitas Gregoriana. Rom 1985, hier S. 10-17

[86]. WYSER (1958), S. 221

konventen hätte eine lateinische Predigt überhaupt nicht verstanden werden
können. Im Sinne eines guten Nachvollzuges der Predigtgedankens verbot
sich ebenso ein häufiger Gebrauch lateinischer Terminologie.
"Seelengrund" aber versteht jeder, auch wenn er keine lateinischen Quellen
gelesen hat oder lesen konnte.

Grunt ist ein deutsches Sammeladäquat für folgende lateinischen und
griechischer Termini [87]:

    - fundus
    - abyssus
    - profunditas
    - abditum mentis
    - βάθος καρδίας ἀνθρώπου
    - βαθὸς τῆς ψυχῆς
    - τὸ βάθος τοῦ νοῦ

Aus dieser Zusammenstellung ist wiederum die geistesgeschichtliche Position
Taulers festzumachen, die wir oben in den sechs Traditionsschichten dargestellt haben. Tauler gebraucht diese Begriffe im Text meist ohne Quellen-
angabe, denn er assoziiert frei oder zitiert frei aus seinem Gedächtnis.

I. Der *grunt* bei Tauler ist u. a. unter gleichzeitiger Betrachtung des Begriffes
scintilla animae ("Seelenfünklein"), wie ihm Meister Eckhart verwendet, zu sehen.[88] Hier besteht eine innere Verwandtschaft.

Scintilla animae bedeutet in thomistischer Sicht:

    1. die Geist-Seele als solche (unabhängig vom Leib);

---

[87]. Vgl. WYSER (1958), S. 222-230 und WREDE (1974), S. 191

[88]. Vgl. WILMS, Hieronymus: Das Seelenfünklein in der Deutschen Mystik. In: *ZAM* 12
(1937), S. 157-66

2. die unterste Schicht der Seele selbst (höchste Potenz, ruhende Kraft;[89]

3. das Höchste der Seele.

Hierbei wirkt die *scintilla animae* auf verschiedene Weise als
- sittliches Führungszentrum,
- intellektuelle Erkenntnisspitze [90],
- Organ mystischer Gottberührung.

"'Scintilla animae' ist ein Analogiebegriff, der das dynamische Verhältnis zwischen Gott und Mensch kennzeichnet." In der Gottesgeburtslehre kennzeichnet dieser Begriff nicht die "Lokalisation der Einwohnung Gottes, sondern die metaphysische Ermöglichung dieser Einwohnung durch die Analogie zwischen Gott und Mensch."[91]

Tauler ist gegenüber jeder Spekulation über die ontologischen Zusammenhänge in der Frage nach der *scintilla animae* sehr zurückhaltend.

---

[89]. *...das edele gotvar fünckelin, das uns vil innewendiger und noher ist denne wir uns selber, und uns gar froemde und unbekant ist.* (V 60. Predigt (60 h), 322,14-16.) *Das edle, gottfarbene Seelenfünklein, das uns viel näher ist als wir uns selbst und uns (doch) gar fremd und unbekannt.* (Übers. HOFMANN (1979), S. 252: 35. Predigt)

[90]. Vgl. WEILNER (1961), S. 93 f. *Der eine heisset es ein funke der selen... Und diser funke flüget als hoch, do im recht ist, das dem das verstentnisse nú gevolgen enmag, wan es enrastet nút, es enkome wider in den grunt do es us geflossen ist, das es was in siner ungeschaffenheit.* (V 64. Predigt, 347,11-16.) *Der eine nennt ihn ein "Seelenfünklein"... Der Funke fliegt, wenn wohl vorbereitet, so hoch, daß (menschliche) Erkenntniskraft ihm nicht folgen kann, denn er rastet nicht, bis er wieder in den göttlichen Grund gelangt, von dem er ausgegangen ist und wo er im Stande seiner Ungeschaffenheit war.* (Übers. HOFMANN (1979), S. 407: 53. Predigt)

[91]. MIETH (1969), S. 241. Vgl. auch WILMS, Hieronymus: Das Seelenfünklein in der Deutschen Mystik. In: *ZAM* 12 (1937), S. 157-66. Hier S. 157: "Einig war man sich nur darüber, daß es ein Seelenfünklein sei, mit dessen Hilfe man Gott nahe kommt, das den Menschen der beseligenden Gegenwart Gottes gewiß macht. Und weil sie überzeugt waren, daß sie diesen Funken in sich trügen, wußten sie schließlich, daß es ihre eigene Schuld sei, wenn sie seine Wirkung noch nicht erfahren hatten."

Die Grundkonzeption seines Lehrers Eckhart behält er in seiner Lehre ausnahmslos bei, biegt sie jedoch vorsichtig "ins Ethisch-Psychologische zurück - eben dorthin, wo sie sich erfahren lassen, ehe man begann, über ihre metaphysischen Hintergründe zu spekulieren."[92]

II. Tauler überwindet THOMAS in dem Moment, wo er den Begriff des Seelengrundes als Möglichkeit zum vollkommenen Erlebnis der Gottesvereinigung einsetzt.[93]

Ein weiterer wesentlicher Unterschied zu THOMAS besteht darin, daß Tauler den Terminus *mens* zu dem Sinn überleitet, den der Terminus *grunt* bei ihm hat. Dies bedeutet bei Tauler der Schritt von einer vom Intellekt vermittelten Gotteserkenntnis zu einer vom Intellekt unvermittelten Gotteserkenntnis.

III. Der Grund ist für Tauler - in begrifflicher Paradoxie - der **obere** Teil der Seele.[94] Hier läßt sich bereits eine Besonderheit der taulerschen Terminologie festmachen: Die Orientierungsrichtung der seelischen Motorik ist nicht - wie bei den Schaumystikern - ein Aufstieg,[95] sondern eine mystische **Abstiegs**bewegung, ein Durchbruch in den Grund.[96]

Carl ALBRECHT hält die Dimension der Tiefe und die Vorstellung eines Grundes des Bewußtseins in jeder Mystik und jeder Psychologie für unent-

---

[92]. WEILNER (1961), S. 95 f.

[93]. WREDE (1974), S. 182

[94]. WALZ, Angelus: "Grund" und "Gemüt" bei Tauler. In: *Angelicum* 40 (1963), S. 328-369. Hier S. 343

[95]. z.B. Johannes v. Kreuz; Teresa von Avila. *Aufstieg* kommt bei Tauler nur ein einziges Mal vor - in dem Zusammenhang, daß die Nachfolge Christi so beschwerlich ist, wie einen Berg zu besteigen (Übers. HOFMANN (1979), S. 141: 20. Predigt). Die Gedanken über die "Höhe Gottes" werden ganz im Lichte der Seelengrunddynamik gedeutet. Man merkt Tauler an, daß "Höhe" nicht so recht in sein Konzept paßt. Vgl. Übers. HOFMANN (1979), S. 489 f.: 63. Predigt

[96]. *und enfrage nút nach hohen kúnsten, denne gang in dinen eigenen grunt unde ler dich selber kennen.* (16. Predigt 74,25-26). *Du aber frage nicht nach hoher Weisheit, sondern geh in deinen eigenen Grund und lerne dich selber kennen.* (Übers. HOFMANN (1979), S. 111 f.: 16. Predigt)

behrlich. Das Bewußtsein wird erlebnismäßig eher als Gefäß, Raum oder Kammer aufgefaßt denn als Feld.[97]

Denn soll Gott sprechen, so mußt du schweigen, soll Gott (in deinen Grund) eingehen, so müssen alle Dinge ihm den Platz räumen.[98]

Auf diesem Weg in den Grund gibt es verschiedene Etappen oder Grade des Eindringens.

Je mehr man in diesem Grunde schon ist, je weiter kommt bzw. sinkt man in den Grund.

Der Seelengrund ist "passive Operationsbasis einer transzendenten Macht"[99], er ist "gotthörig" und verhält sich wesenhaft passiv - aber in freier Bindung.

Soll da ein Ausgehen, ja eine Erhebung außer und über sich selbst stattfinden, so müssen wir auf alles eigenwillige Wollen, Begehren und Wirken verzichten.... Denn wenn zwei eins werden sollen, so muß das eine sich leidend verhalten, während das andere wirkt.[100]

Der namenlose, eigenschaftslose Grund der Seele ist der eigentliche Orte der Berührung mit Gott.[101]

Aber seht zu, daß die heilige Dreifaltigkeit in euch geboren werde, in eurem Grunde, nicht nach Art der Vernunft, sondern in wesenhafter Weise, in der Wahrheit, nicht im Reden, sondern im Sein.[102]

---

[97]. ALBRECHT, Carl: *Psychologie des mystischen Bewußtseins.* Bremen 1951, S. 14. ALBRECHT übernimmt hier das mittelalterliche Menschenbild als Gefäß in die heutige Persönlichkeitspsychologie hinein. Vgl. auch MOLTMANN, Jürgen: *Gotteserfahrungen: Hoffnung - Angst - Mystik.* München 1979, S. 61: "Der Ort der mystischen Erfahrung ist in der Tat die Zelle, - die Gefängniszelle."

[98]. (Übers. HOFMANN (1979), S. 19: 1. Predigt) *wan sol Got sprechen, du muost swigen; sol Got ingon, alle ding muessent uzgon.* (V 1. Predigt, 12,1)

[99]. WEILNER (1961), S. 125

[100]. (Übers. HOFMANN (1979), S. 16: 1. Predigt) *Denne sol do geschehen ein uzgang, jo ein übergang usser ime selber und über in, do süllent wir verloeugenen allen eigenschaft wellens und begerens und würckens,... Wan wenne zwei süllent eins werden, so muos sich daz eine halten lidende und daz ander würckende;* (V 1. Predigt, 9,28-20; 34-36)

[101]. Vgl. BENZ (1972), S. 307

[102]. (Übers. HOFMANN (1979), S. 200: 29. Predigt) *Aber sehent das es in úch geborn werde in dem grunde, nút in vernúnftiger wise, sunder in weselicher wise, in der worheit, nút in redende, sunder in wesende.* (V 60. Predigt (60 d), 299,32-34)

Tauler will sagen: Es genügt nicht, das Gottesbild in die innerseelische Energetik hineinzuverlegen (weder insofern sie empfängt (*grunt*) noch insofern sie tätig ist (*gemuet*)). Es muß aus der Wurzel aufsteigen. Seelengrund und Seelenkräfte müssen zusammenwirken, um den inneren Menschen ein Abbild der Dreifaltigkeit sein zu lassen.[103]

> *Andere Lehrer sagen,...daß das Bild der Heiligen Dreifaltigkeit in dem innersten, allerverborgensten, tiefsten Grunde der Seele ruhe... So besitze dieser Grund in seiner Tiefe durch (Gottes) Gnade alles, was Gott von Natur aus besitze.*[104]

Die Loslösung von allem Trennenden und die zunehmende Gottesverähnlichung durch Freilegung seines Ebenbildes in sich ist eine ethische Aufgabe, vor die sich der Mensch gestellt sieht.[105]
In diesem Grund geschieht die Gottesgeburt im Menschen.

> *...in diesem Grunde erzeugt der Vater des Himmels seinen eingeborenen Sohn, hunderttausendmal schneller als ein Augenblick nach unserer Fassungskraft.... Wer das erfahren will, kehre sich ins Innere ... und versinke und verschmelze mit dem Grunde.*[106]

---

[103]. Vgl. WEILNER (1961), S. 105

[104]. (Übers. HOFMANN (1979), S. 201: 29. Predigt). *Aber nu sprechent ander meister,...das es lige in dem allerinnigsten, in dem allerverborgensten tieffesten grunde der selen,...so hat diser grunt alles das von genaden daz Got von naturen hat.* (V 60. Predigt (60 d), 300,16-20; 24-25). Über das Zusammenspiel von Seelenkräften und Seelengrund vgl. WREDE (1974), S. 121 ff. Ähnlich auch Heinrich Seuse: *Dú warheit: Daz ist dú natur und daz wesen der gotheit; und in disem grundelosen abgründe siget dú driheit der personen in ire einikeit, und ellú mengi wirt da ir selb entsetzet in etlicher wise. Da ist och nach diser wise ze nemmene nút froemdes werke, denne ein stillú inswebende dúnsterheit.* (Heinrich Seuse: BÜCHLEIN DER WAHRHEIT II 330,10-14) Die Wahrheit: Das ist die Natur und das Wesen der Gottheit; und in diesem Grund, dem abgründigen, sinkt die Dreiheit der Personen in ihre Einheit, und jede Mannigfaltigkeit geht da ihres Selbst in gewisser Weise verlustig. Da findet, wenn man es so versteht, nicht fremdes Wirken statt, sondern es ist eine stille, in sich ruhende Dunkelheit (*inswebende dúnsterheit*). (Übers. HOFMANN (1986), S. 334)

[105]. Vgl. WEILNER (1961), S. 101

[106]. (Übers. HOFMANN (1979), S. 202: 29. Predigt) *in diseme grunde gebirt der himmelsche vatter sinen eingebornen son hundert tusent werbe sneller denne ein ougenblik noch unserme verstonde, ... Der das bevinden sol, der kere in sich,...danne versinke und versmeltze in den grunt.* (V 60. Predigt, (60 d) 301,19-25)

Der Grund ist die tiefste Schicht der Persönlichkeit des Menschen. Um seiner gewahr zu werden, muß der Mensch in sich hineingehen und alles Störende außerhalb lassen. Gott sucht sich den intimsten Bereich der menschlichen Person als seine Wohnstatt aus.

...Gott in Wahrheit und Wirklichkeit in den lautersten, innigsten, edelsten Teil (des Menschen) eingehen kann, in den innersten Grund, wo allein wahre Einheit ist. Von diesem Grunde sagt Sankt Augustin, daß die Seele (des Menschen) in sich einen verborgenen Abgrund besitze, der mit der Zeitlichkeit und dieser ganzen Welt nichts zu tun habe und weit erhaben sei über den Teil (des Menschen), der dem Leibe Leben und Bewegung gibt. In dem edlen, wonnevollen Abgrund, in dem heimlichen Reich, da senkt sich jene Wonne, von der wir gesprochen haben, (in die menschliche Seele), da ist ihr Aufenthalt für alle Ewigkeit; da wird der Mensch so still, so wesentlich, so besonnen, so abgeschieden, so innerlich.[107]

Hier soll der Mensch in einem *minnecliche dunster stille rasten in dem abgrunde* Gottes Wirken gewahr werden.[108]

---

[107]. (Übers. HOFMANN (1979), S. 167: 24. Predigt) *Got in der worheit müge eigentliche ingon in daz luterste, in das innigeste, in daz edelste, in den innerlichsten grunt, do wore einikeit alleine ist, von dem sancte Augustinus sprichet das die sele habe in ir ein verborgen appetgrunde, daz enhabe mit der zit noch mit aller diser welte nút zuo tuonde, und es ist verre überhaben über das teil das dem licham leben und bewegunge git. In dem edeln wunneclichen abgrunde do in dem himmelschen riche, dar sich die suessekeit inversenket von der wir gesprochen hant, do ist ir stat eweklichen, und do wurt der mensche so stille und so wesenlich und so gesat und me abgescheiden und me ingezogen...* (V 24. Predigt, 101,28-102,3) Ähnlich Heinrich Seuse: *Und merk noh ainen puncten: daz in der verdren entgangenheit schinet uss der einikeit ein ainvaltiges lieht, und dis wiseloses lieht wirt gelühet von den drin personen in die luterkeit des geistes. Von dem inblike entsinket der geist im selben und aller siner selbsheit, er entsinket och der würklichkeit siner kreften und wirt entwúrket und entgeistet. Und daz lit an dem inschlag, da er uss sin selbsheit in daz froemd sinsheit vergangen und verlon ist, na stillheit der verklerten glanzenrichen dúnsterheit in der blossen einvaltigen einikeit. Und in disem entwisten wa lit dú hoehstú selikeit.* VITA LII 189,16-190,2: Und merke noch einen Punkt: In der zuvor (geschilderten) Versenkung strahlt aus der Einheit ein einfaches Licht, und dieses weiselose Licht wird von den drei Personen ausgestrahlt in die Unverhülltheit des Geistes. Von dieser Einstrahlung entsinkt der Geist sich selbst und all seiner Selbstheit, er entsinkt auch der Wirksamkeit der Kräfte und wird vernichtet und des Geistes beraubt. Und das liegt an der Entrückung, durch die er aus seiner Selbstheit in die fremde Seinsheit gegangen ist und sich darin verloren hat gemäß der Stille der verklärten, glanzvollen Finsternis in dem lauteren, einfachen Einen. Und in diesem weiselosen Wo liegt die höchste Seligkeit. (Übers. HOFMANN (1986), S. 195)

[108]. 24. Predigt 102,21-22: ein "liebevolles, dunkles und stilles Rasten im Grunde".

Tauler spricht in Analogie zum Grunde des Menschen vom **Abgrund** Got-
tes.[109] So wie Gott im Grunde des Menschen Wohnstatt sucht, muß der "un-
aussprechliche Abgrund Gottes (des Menschen) eigene Wohnstatt sein."[110]
Mit dieser Analogie versucht Tauler die beiden unendlich fernen Partner
Gott und Mensch zusammenzubringen. Unter allen Befindlichkeiten des
Menschen vermag der Grund der einzig würdige "Ort" zu sein, wo hinein sich
Gott geben kann. Tauler formuliert dies vorsichtig:

> *Die Nähe und die Verwandtschaft (zwischen der Seele und Gott)*
> *sind in diesem Grunde so unaussprechlich groß, daß man es nicht*
> *wagt, viel darüber zu sagen, und dessen auch nicht fähig ist.*[111]

Der Grund des Menschen, sein "Nichts", gibt sich in den Abgrund Gottes
hinein.[112]

> *In diesem Grund kann kein geschaffenes Licht hineinreichen oder*
> *hineinleuchten, denn hier ist allein Gottes Wohnung und Statt. Die-*
> *sen Abgrund können alle Geschöpfe nicht ausfüllen; sie können sei-*
> *nen Grund nicht erreichen; sie können ihm mit nichts Genüge tun*
> *noch ihn befriedigen; niemand kann das außer Gott allein in seiner*
> *Grenzenlosigkeit. Diesem Abgrund entspricht allein der göttliche Ab-*
> *grund. "Abyssus abyssum invocat."*[113]

---

[109]. u. a. (V 9. Predigt, 46,2-3): *...gezogen verre über alle mittel und wart alzuomole in das ab-*
grunde Gottes gezogen.

[110]. V 26. Predigt, 103,23-24. *Das unsprechenliche abegrunde Gottes das muos sins selbes*
stat...sin. (Übers. HOFMANN (1979), S. 178: 26. Predigt)

[111]. (Übers. HOFMANN (1979), S. 538: 70. Predigt) *Die nehe die Got do hat, und die sipschaft,*
die ist so unsprechlich gros das man nút vil dannan ab getar sprechen noch enkan gespre-
chen. (V 56. Predigt, 262,16-18)

[112]. WALZ (1963), S. 334: "Er (Tauler) unterscheidet im klaren Gegensatz zu Meister Eckhart
einen vom Menschen gebildeten und durch den menschlichen Willen geschaffenen
Seelengrund gegenüber dem Gottgeschaffenen. Es gelingt ihm dadurch die Gefahr der
Gleichsetzung der Seele des Menschen mit Gott zu überwinden." Oder WYSER (1958),
S. 254: "Der Seelengrund **ist** nicht Gott, er **hat** Gott."

[113]. (Übers. Hofmann (1979), S. 336 f.: 44. Predigt) *In disen grunt enmag kein geschaffen liecht*
nút gereichen noch gelúchten, wan allein Gotz wonunge und sin stat ist hie. Dis abgrúnde
das enmúgent mit núte erfüllen noch gegrúnden alle creatúren; si enmúgent mit núte be-
gnuegen noch gefriden, noch nieman wan Got mit aller siner unmosse. In dis abgrúnde ge-
hoert allein das goettelich abgrúnde. Abyssus abyssum invocat. (V 61. Predigt, 331,11-17)

Wer des eigenen Nichts in genügender Schärfe inne wird, der gewinnt - in dem Abgrund, der er selber ist - den tragenden Abgrund Gottes: Das eigene negativ gemeinte Nichts fällt in das eminent positiv tragende Nichts Gottes (im Sinne des Dionysius Areopagita).[114]

> *Da versinkt das geschaffene Nichts in das ungeschaffene Nichts: ...Abyssus abyssum invocat - Ein Abgrund ruft den anderen in sich hinein. Der geschaffene Abgrund ruft den Ungeschaffenen in sich hinein, und beide werden eins: ein lauteres göttliches Wesen, und da hat sich der Geist (des Menschen) im Geist Gottes verloren, ist untergetaucht, gleichsam ertrunken im Meer ohne Grund.*[115]

Hier leuchtet das Grundthema aller Taulerpredigten auf: "Erkenne und bejahe deine eigene Nichtigkeit, um der Begegnung mit Gott, der nicht dies und nicht das ist, kein Hindernis entgegenzusetzen. Akzeptiere in Demut deinen "Abgrund", um so in den "Abgrund" Gottes zu fallen."[116]

> *Wendet euch zum Grunde, denn da allein wird die Gnade wahrhaft geboren.*[117]

Im *grunt* wird mystische Erfahrung möglich, indem sie einerseits auf den zielbewußten Willen des Menschen baut, indem sie aber andererseits vom Willen des Menschen freigemacht wird und in eine Ruhe der Gottesvereinigung aufgeht.[118]

---

[114]. Vgl. HAAS (1976), S. 515

[115]. (Übers. HOFMANN (1979), S. 315: 41. Predigt. *do versinkt das geschaffen nút in das ungeschaffen nút: ... abyssus abyssum invocat, das abgrúnde das inleitet das abgrúnde. Das abgrúnde das geschaffen ist, das inleit in sich das ungeschaffen abgrúnde und werdet die zwei abgrúnde ein einig ein, ein luter goetlich wesen, und do hat sich der geist verlorn in Gotz geiste; in dem grundelosen mere ist er ertrunken.* (V 41. Predigt, 176,4; 7-11). Ähnlich Übers. HOFMANN (1979), S. 489.: *Dieser Tiefe sollen die Menschen nachgehen, daß sie ihr mit (ihrer eigentlichen) Tiefe begegnen, das heißt der bodenlosen Tiefe unergründlicher Selbstvernichtung.* Ähnlich auch Heinrich Seuse: *Owe grundloses abgrúnd, kum mir ze staten, wan ich bin vorhin verdorben!* VITA XXXVIII 127,20-21. "O unergründlicher Abgrund, komm mir zu Hilfe, sonst gehe ich zugrunde!" (Übers. HOFMANN (1986), S. 135)

[116]. SUDBRACK (1980), S. 144

[117]. (Übers. HOFMANN (1979), S. 327: 43. Predigt) *ir súllent úch in keren in den grunt do die gnade allein geborn wirt.* (V 40. Predigt, 166,8-9)

[118]. Vgl. WREDE (1974), S. 154. In dieser Ruhe ist Schweigen die angemessene Antwort des Menschen. Dieser Quietismus kommt aber erst im Grunde der Seele zur Ausdruck -

"Wird diese ontologische Wirklichkeit (der Grund) in Sittlichkeit und Frömmigkeit vom Menschen vollzogen, dann führt sie zur vollkommenen Vereinigung mit Gott; die ontologisch vorgegebene Wirklichkeit wird gesteigert, indem sie im Leben offenbar wird. Auf diesem Gedanken beruht die Vorstellung der "unio mystica". Sie ist nur möglich, wenn ontologische Vorgegeben-
heiten, Verhalten und Bewußtsein des Menschen zusammenwirken und eine
Einheit bilden."[119]
Das Grenzgebiet zwischen Spannung und Entspannung, zwischen Bindung
und Freiheit, zwischen Erfüllen und Aufgeben der menschlichen Seelenkraft
verläuft gerade im Begriff Grund.[120] **Grund ist in jedem Fall als eine Form
für die Erfahrung des Menschen zu verstehen.** Die Form ist dieselbe bei verschiedenen Menschen, der Inhalt jedoch wechselt mit der Erfahrung der In-
dividuen.

---

allerdings nicht ohne vorbereitenden Einsatz durch die Willensmystik und gleichzeitige
unterstützende und nachfolgende Fortsetzung derselben. So: WREDE (1974), S. 204

[119]. MIETH (1969), S. 259

[120]. Vgl. WREDE (1974), S. 154

2.2.2.2. Die subjektiv gewordene Aktualisierung des Grundes: Das gemuet

Wesentlich weniger häufig als *grunt* gebraucht Tauler *gemuet*.
Wiederum stellt sich uns die Frage, was Tauler damit meint. War die Deutung von *grunt* in der Forschungsgeschichte schon nicht eindeutig, ist sie es bei diesem Begriff noch weniger.

Für COGNET [121] entspricht Gemüt ein irgendwie gearteter "tiefer Instinkt" und spricht in diesem Zusammenhang von Taulers moralistischer (!) Einstellung.[122]

WALZ [123] unterstellt den Mystikern, daß sie den Begriff "Gemüt" wie eine psychologische Erhöhung für ihre geistliche Lehre übernehmen.

Für WREDE [124] gibt Gemüt idealiter die Einheit der Seele an.

MIETH [125] sieht im Gemüt das anthropologische Pendant zu Grund, das das gnadenhafte Verhältnis zwischen Gott und Mensch wiedergibt.

Geradezu eine universale Bedeutung schreibt GRUNEWALD [126] dem Gemüt zu: "...im "Gemüt" faßt Tauler den Quellpunkt für alles Lebenkönnen überhaupt, den Ursprung- und Einheitspunkt des **gesamten** menschlichen Kräftespiels, die Unerschöpflichkeit des Lebens einer einzelnen Seele nach **jeder** Richtung, ihrer Anlage hin - im gedanklichen, gefühlsmäßigen, wollenden, religiösen Auswirken."

1. Es ist bemerkenswert, daß *grunt* oft analog auf Gott angewandt wird, *gemuet* jedoch nie. Gemüt ist also eine menschliche Zuständlichkeit,

---

[121]. COGNET, Louis: *Gottesgeburt in der Seele: Einführung in die deutsche Mystik.* Freiburg: Herder, 1980. (Originalausgabe: COGNET, Louis: *Introduction aux mystiques rhéno-flamands.* Paris 1968) S. 102, 108, 109

[122]. "Noch interessanter ist es, daß der tiefe Instinkt (Gemüt) uns als Ursprung der echten Moralität (!) des Menschen dargestellt wird, als Ursprung, der nicht seinem Wesen nach, aber seinem Handeln nach verdorben sein kann." COGNET (1980), S. 109

[123]. WALZ (1963), S. 364

[124]. WREDE (1974), S. 155

[125]. MIETH (1969), S. 251

[126]. GRUNEWALD (1930), S. 9

die in ihrer Analogielosigkeit einen Hinweis auf ihre "Autonomie" im Prozess der Gottesbegegnung bietet.

"...Grund und Gemüt seelische Zustände, Haltungen und Anlagen bezeichnen, wobei Grund vornehmlich - auch wenn nicht ausschließlich - den Ort, die Tiefe sowie die Aufnahmebereitschaft für Geschehen und Empfangen von Göttlichem, also Passivität, hingegen Gemüt den zumal in Schauen und Lieben strebenden Zug zum Unendlichen, also Aktivität, besagen will."[127]

Grunt und *gemuet* stehen zueinander in der Spannung von

Objekt - Subjekt
passiv - aktiv
ontologischer Größe - Genese
"gotthörig" - "verantwortlich frei"[128]

In dieser Entfaltung leistet der Gemütsgrund zugleich den zentralen und höchsten sittlichen Akt, dessen er fähig ist: den der hingebenden Liebe.[129]

Taulers *gemuet* ist das zentrale Vermittlungsorgan der leibgeistseelischen Vollzüge.

Ein "lediges" Gemüt ist die notwendige Voraussetzung für jede Art von Gotteserfahrung. Wer immer diese innere Kammer des Menschen besitzt, der besitzt ihn ganz. Gottes alleiniger Anspruch auf diesen Bereich stellt Tauler in einer radikalen Ausschließlichkeit dar.

[127]. WALZ (1963), S. 369

[128] ...ist der Seelengrund als Gemüt jener "bedeutsame Scheitelpunkt innerhalb des Seelengrundes, an dem sich die reine Passivität klar von der wurzelhaften Aktivität scheidet, während psychologisch gesehen die eine in die andere beinahe nahtlos übergeht. Indem nämlich der Seelengrund jene doppelgestaltige Ursprungsdynamik (= die natürliche und gnadenhafte Überformung von Seiten Gottes) in sich aufnimmt, kann er kraft seiner Geistnatur gar nicht anders, als sich dazu **verhalten**. Er wird also aktiv, und zwar in verantwortlicher Freiheit von der Wurzel her. Hier wird der Seelengrund zum Gemütsgrund." WEILNER (1961), S. 125

[129]. WEILNER (1961), S. 138

Denn soll Gott sprechen, so mußt du schweigen, soll Gott eingehen, so müssen alle Dinge ihm den Platz räumen.[130]

Diesen Grund will Gott allein besitzen, und er will nicht, daß je ein Geschöpf da hineinkomme.[131]

2. Den Gemütsgrund bei Tauler hat man sich in ein umfassendes Ganzes eingebettet vorzustellen. "Dieses Ganze ist der verborgene Schoß jeglicher seelischen Aktivität, auch der zutiefst leibgebundenen. Es lagert sich gleichsam peripher um das Gemüt als sein geistliches Zentrum..., darin die höchsten seelischen Vorgänge, die seelisch-religiösen nämlich, zum Vollzuge ansetzen."[132]

3. Im Grundwollen, das sich in einer langsam aufdämmernden Geneigtheit äußert [133], läßt sich auch in der Vernunft das Ich des Menschen in seiner Funktionalität erkennen - es wird nicht ausgeschaltet.[134] Andererseits sind bei einer bewußten Einflußnahme auf das Gemüt und sein Grundwollen dem Willen Grenzen gesetzt. Obwohl der Mensch vom Zustand seines Gemütsgrundes kein klares Wissen besitzt, (ebenso wie das Gemüt der Verfügungsgewalt des Menschen entzogen ist,) kann er doch von den bewußten Seelenkräften her gestaltend auf das Gemüt einwirken.[135]

Bei der Betrachtung der Selbsterkenntnis sprachen wir vom Prozess der Selbsterkenntnis *in der diskursiven Vernunft.*

---

130. (Übers. HOFMANN (1979), S. 19: 1. Predigt) *wan sol Got sprechen, du muost swigen; sol Got ingon, alle ding muossent uzgon.* (V 1. Predigt, 21,1)

131. (Übers. HOFMANN (1979), S. 39: 5. Predigt) *disen grunt wil Got alleine besitzen und enwil nüt daz iemer creature darin kumme.* (V 5. Predigt, 24,26-27)

132. WEILNER (1961), S. 146

133. WEILNER (1961), S. 133

134. HAAS (1971), S. 141

135. WEILNER (1961), S. 160

Auf einer tieferen Stufe ist jedoch noch eine andere Art von Selbsterkenntnis vollziehbar, von der wiederum die vernunfthafte Selbsterkenntnis abhängig ist: die *Selbsterkenntnis im Gemüt.*

Diese kann jedoch erst von der gnadenhaften Überformung des Menschen her sichtbar werden. Diese Art der Selbsterkenntnis reicht bis in die dunklen Tiefen dessen hinein, was wir **unio mystica** nennen. Und zwar so, daß der Mensch, wenn er sein Wesen "als währende Selbstergündung in der Tiefe seines Gemüts" erkennt, dies als Zeichen seiner Transzendenz mit in den Abgrund Gottes hineinnehmen darf.[136]

Auch der umgekehrte Vorgang ist beobachtbar: "...die gnadenhaft geschenkte Unio enthüllt den komplexen, auf Reflexion beruhenden Zusammenhang ihres Zustandekommens. So wird die sich steigernde Introspektion bis in das *grunt neigen* des Gemüts in sich selber zum mystischen Weg der Gotteser- kenntnis und der Vereinigung mit ihm."[137]

Bei all dem sind wir idealiter vom "unverbildeten" Gemütsgrund ausgegan- gen, der die Bedingung für die Möglichkeit von Gottesbegegnung ist. Das Gemüt kann sich jedoch in einem Zustand von (sündhafter) Eigensucht be- finden. (*bekumberung*)

Diese Gemütsqualität verbleibt jedoch nicht im Grund, sondern befällt auch die Seelenkräfte. Diese infizierten Kräfte verhindern ihrerseits in ihrem (der gotthörigen Seelengrunddynamik untreu gewordenen) Eigenstreben jede Selbstbesinnung und Einkehr in den Grund.[138] "Wie dem Grund ein Zu- rückneigen zu seinem Ursprung quasi naturhaft eingepflanzt ist, so kommt dem Gemüt ein Grundwollen zu, das sich in schuldhafter Weise der Welt zu- neigen kann und damit gegen seine eigene Tendenz undurchlässig wird für die Dynamik des Grundes. Sein rechtes Wesen besteht aber in der Innerlich- keit, der freien Zugekehrtheit des Gemütes zum Grunde in seiner bleibend- zuständlichen Anhänglichkeit an den Abgrund Gottes."[139]

---

136. Vgl. HAAS (1971), S. 143

137. HAAS (1971), S. 143

138. Vgl. WEILNER (1961), S. 153

139. SALMANN (1979), S. 180

Was sagt Tauler selbst über das Gemüt?

Zum einen beschreibt er die Seele mit Hilfe dieses Begriffes:

> *Die Seele wird auch "Gemüt" genannt; das ist ein köstlich Ding: in ihm sind alle Kräfte vereint, Vernunft, Wille, aber es selbst steht über diesen, und es besitzt mehr als diese.* Über *der Wirksamkeit der Kräfte gibt es (noch) ein inneres und wesentliches Ding; und wenn das "Gemüt" geordnet und gut (auf Gott) ausgerichtet ist, so geht auch alles andere gut: und ist das "Gemüt" (von Gott) abgewandt, so ist alles andere abgewandt, ob man sich dessen bewußt ist oder nicht.*[140]

In der 64. Predigt *Beati oculi*[141] spricht Tauler ausführlich vom Gemüt.

> *In dem, was das "Gemüt" ist und heißt - Grund unseres Geistes*[142] *- ist alles andere eingeschlossen. Es wird ein Maß genannt, denn es mißt alles übrige. Es gibt ihm Form, Schwere, Gewicht; es entscheidet alles ringsum: Habitus mentis: Gewohnheit des Geistes.*[143]

Insofern das Gemüt "Maß" ist, erhält der Gottesbesitz im Grund (der Grund "besitzt" Gott tatsächlich) vom Gemüt her Form und Maß je nach dessen Aufnahmefähigkeit und -bereitschaft für die natürlich-übernatürliche Grunddynamik.[144]

---

[140]. (Übers. HOFMANN (1979), S. 538: 70. Predigt) *Denne heisset sie (die sele) ein gemuete. Das gemuete das ist ein wunneklich ding; in dem sint alle die krefte versament: vernunft, wille; aber es ist an im selber dar...und hat me dar zuo. Es hat einen innigen weselichen fúrwurf úber die wúrklicheit der krefte, und wanne dem gemuete recht ist und es wol zuo gekert ist, so ist allem dem andern recht, und wo das ab gekert ist, so ist es alles ab gekert, man wisse oder enwisse nút.* (V 56. Predigt, 262,4-9)

[141]. 64. PREDIGT 346-353. (Übers. HOFMANN (1979), S. 411 ff.: 53. Predigt)

[142]. Dieser Einschub stammt vom Übersetzer, der damit das Abgleiten des Verständnisses in die heutige Auffassung von "Gemüt" als dem Ort "vorwiegender Ansprechbarkeit des Gefühls" vermeiden will. Vgl. Übers. HOFMANN (1979), S. 411, Anm. 4

[143]. (Übers. HOFMANN (1979), S. 411: 53. Predigt) *in dem ist das ander alles beslossen, das ist und heisset das gemuete. Es wirt genant ein mosse, wan es misset das ander alles. Es git im sine forme, sine swere, sin gewicht. Es teilet al umbe und umbe. Habitus mentis.* (V 64. Predigt, 350,1-4)

[144]. WEILNER (1961), S. 127. Hier also Gemüt als Entstehungsort und Reifungsort des - durch die Erfahrung geprägten - Gottesbildes.

> *Es (das Gemüt) steht bei weitem höher und innerlicher als die Kräfte; diese haben all ihr Vermögen von ihm und sind darin und von da heraus geflossen; und es ist in allem doch über jeglichem Maß. Es ist gar einfach, wesentlich und förmlich.*[145]

Im Zusammenspiel der Kräfte, die das Gemüt aus sich entläßt, hat das Gemüt für Tauler die Funktion eines Ordnungsprinzips des Seelenganzen.[146] Das Gemüt ist Maß und Urtriebskraft: Willen.[147]

> *Das Gemüt, der Grund, ist wie eingepflanzt in die Seele, so daß sie ein ewiges Streben und Ziehen in sich selbst hinein hat; und der menschliche Geist, der Grund, hat ein ewiges Neigen, ein Grundneigen wieder nach dem Ursprung. Dieses Neigen verlischt auch in der Hölle nicht, und das ist die größte Pein der Verdammten, daß ihnen die Erreichung ihres Ursprunges ewiglich versagt bleibt.*[148]

An diesen ausgewählten Textbeispielen ist abzulesen, daß Tauler zuweilen Grund und Gemüt synonym gebraucht. Sie sind aber schlechterdings nicht identisch.[149] Tauler gebraucht sie auch nicht konsequent. Sie wollen keine exakte wissenschaftliche Definition für seelische Zustände oder Haltungen geben, sondern stehen im Dienst der Verkündigung. Und dennoch wird

---

[145]. (Übers. HOFMANN (1979), S. 411: 53. Predigt) *Das ist verre hoher und innerlicher wan die krefte; wan die krefte nement al ir vermúgen dannan us und sint do inne und dannan us geflossen und ist in allen doch ob sunder mosse. Es ist gar einvaltig und weselich und formelich.* (V 64. Predigt, 350,9-12)

[146]. WEILNER (1961), S. 127 u. 160

[147]. Nicht der bewußt wählende und entscheidende Wille des Menschen ist gemeint, sondern ein diesem vorlaufenden Grundwollen in seiner zuständlichen Geneigtheit. Vgl. WEILNER (1961), S. 127 f: "Von der Verfaßtheit des Gemütes her geht die Funktion des "Maß-Seins" auf dessen Urtriebskraft, den "Willen" im spezifisch Taulerschen Sinn, die Funktion des "Messens" oder Ermessens aber auf die "erleuchtete Einsicht" über."

[148]. (Übers. HOFMANN (1979), S. 412: 53. Predigt) *Dis gemuet, diser grunt das ist als in pflanzet das die pflanze hat ein ewig reissen und ziehen nach ir, und das gemuete, der grunt der hat ein ewig neigen, ein grunt neigen wider in den ursprung. Dis neigen enverloeschet niemer och in der helle, und das ist ir meiste pin das ist dis eweklich entbliben muos.* (V 64. Predigt, 350,26-29)

[149]. Obwohl z. B. MIETH (1969), S. 141-43; 259 Grund und Gemüt weniger eindeutig scheidet. Für ihn ist der Seelengrund keine psychologisch-erkenntnistheoretisch bedeutsame Schicht, sondern zunächst ein ontologisch zu verstehender Verhältnisbegriff.

Taulers Ontologie *über* sein seelsorgliches Anliegen, *über* seine eigene Erfahrung hinaus zur **Dia-Logie**, zu einer Lehre der Begegnung.[150]

2.2.3. Weiterentwicklung der Binnendialektik im Persönlichkeitsmodell Taulers

Begegnet uns die Begrifflichkeit Taulers von der Binnendialektik auch heute? Drei Weiterentwicklungen sollen genannt sein: LERSCH, WEILNER, SALMANN.[151]

Eine bemerkenswerte Parallele zur Taulerschen Konzeption bietet der Experimentalpsychologe Phillipp LERSCH.

LERSCH [152] prägt den Begriff des **endothymen** (inneren) **Grundes**. Er versteht darunter die Summe jener Erlebnisse, "bei denen die seelischen Vollzüge und Gehalte nicht vom Ich eingeleitet, in Gang gebracht, überschaut und gesteuert werden, sondern die aus einem dunklen Bereich kommen, der unüberschaubar und unkontrollierbar ist wie das, was unter der Erde liegt, denen also nach dem Zeugnis der Selbstbestimmung der Charakter der Untergründigkeit zukommt. Sie kommen aus einem Grund, der von uns erlebt wird als die nicht mehr unterscheidbare Tiefe und Mitte unseres seelischen Daseins. Sie sind uns in ihrer Untergründigkeit gegeben als ein Innen, als Gehalte eines inhaltlich qualifizierten, zuständlich getönten, subjektiven Kerns, als unmittelbare Antriebe, als Gehalte des Zumuteseins und Angemutetwerdens, als Erfahrung eines intimen Beisichseins und Aussichseins der Seele."[153]

---

[150]. Vgl. SUDBRACK (1980), S. 142

[151]. Über Akzente und Perspektiven der neueren Mystikforschung im Allgemeinen vergl. die Übersicht: SUDBRACK, Josef: Zur Erforschung der "Deutschen Mystik". In: *Stimmen der Zeit.* Bd. 179. Jg. 92 (1967), S. 64-67; sowie die einschlägigen Rubriken in der Zeitschrift *Geist und Leben.*

[152]. LERSCH, Philipp: *Aufbau der Person.* 7. Auflage. München 1956

[153]. LERSCH (1956), S. 80

Nach LERSCH ist der endothyme Grund die untere, tragende Schicht des seelischen Lebens, ein Bereich von Erlebnissen, die aus einer **unter** unserem
bewußten Ich gelegenen Tiefe des seelischen Seins kommen. Ihm gehören
an: Antriebserlebnisse, Anmutungserlebnisse und stationäre Gestimmthei-
ten.

Ebenso begegnet man im LERSCHschen Persönlichkeitsmodell dem "Gemüt".[154] LERSCH ortet den schillernden Begriff des Gemütes im Feld der
mitmenschlichen Gefühle und der wertfühlenden Teilnahme an Menschen
und Dingen. Im Gemüt sieht LERSCH eine transparente Funktion in der Bindung des Über-sich-hinaus-Seins.

- Die Bindung wird getragen von Erlebnissen der Intimität einer konkreten
    Begegnung und Zugehörigkeit.
- Zu den Bewegungen des Gemüts zählt LERSCH: Freude, Trauer, Sympathie,
    Antipathie, Verehrung, Schaffensfreude, Liebe zu Menschen und
    Dingen, Staunen, Bewunderung, Dankbarkeit, Scham, Reue, Ehr-
    furcht und religiöses Erleben.

WEILNER [155] deutet Sinn/Gemüt als **eine** einzige, seinsmäßig doppelgestaltige Schicht. Er geht dabei von der für den Erfahrungsbereich charakteristi-
schen bipolaren Spannung zwischen bewußtem und unbewußtem Leben aus.

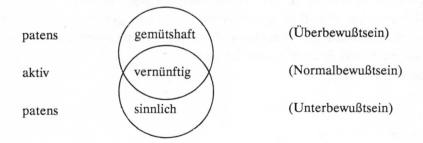

patens	gemütshaft	(Überbewußtsein)
aktiv	vernünftig	(Normalbewußtsein)
patens	sinnlich	(Unterbewußtsein)

Die Hingabe des Ich-Bewußtseins an eine dieser Randzonen fordert nach
WEILNER stets einen wenigstens zeitweiligen Verzicht auf die Mitte (des ver-

---

[154]. LERSCH (1956), S. 240-243
[155]. WEILNER (1961), S. 85 ff.

nunfthaften "Normal"bewußtseins). Beide Randzonen (die sinnliche des Un-
terbewußtseins sowie die gemütshafte des Überbewußtseins) sind nur zugänglich durch ein Aus- und Über-sich-Hinausschreiten, einer Ekstasis, entweder nach oben oder nach unten.[156]

Die jüngste Weiterentwicklung bietet P. Elmar SALMANN OSB,[157] ausgehend
von der Theorie der Mystik der beiden Benediktiner-Professoren Anselm
STOLZ und Alois MAGER.
Hiernach ist die Seele von ihrem Kernpunkt heraus, dem Bewußtseins-Ich, in
zweifacher Weise geöffnet: dargestellt durch zwei Parabeln, die sich zur
Geistinnenseite des Menschen hin sowie zur Weltaußenseite in die Weite
Gottes hin öffnen.

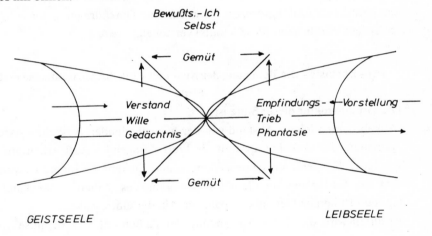

Das Gemüt ist um das Bewußtseins-Ich herum gelagert und vermittelt Verstand, Wille, Gedächtnis (zur geistseelischen Innenseite hin wirkend) und
Empfindungsvorstellung, Trieb, Phantasie (zur leibseelischen Weltaußenseite
hin geöffnet) zueinander.

---

156. WEILNER (1961), S. 86. Vgl. hierzu die grundlegende Kurzstudie: BAUMGARTNER, Carl:
     Extase. In: *DSAM* IV. Paris 1960, Sp. 2045-2189

157. Pater Elmar SALMANN OSB (Jahrgang 1948) ist Professor an der Benediktiner-Hoch-
     schule San Anselmo in Rom. Rezension zum Werk SALMANNs von Josef SUDBRACK in:
     Geist und Leben 52 (1979), S. 391 f.

Durch diese doppelte Geöffnetheit des Menschen ist ihm die Möglichkeit gegeben, sein Selbst zu entfalten - und zwar in "der Doppelbewegung von liebend-suchendem Ausstand seines Geistes und erkennend-aufnehmendem Einstand göttlicher und welthafter Wirklichkeit. Diese beiden intensivieren sich im Vollzug untereinander und werden im Gemüt" konkret zueinander vermittelt."[158]

An diesem Modell [159] lassen sich jene Binnenmechanismen und Aktuierungen im Personalgefüge, die uns bei Tauler begegnen, gut veranschaulichen: Zunächst gehen wir von der vormystischen Stufe (A) aus. Hierbei ist die Seele von den Parabeln noch nicht durchdrungen. Je nach dem, wie die Schnittpunkte und Öffnungen der Parabeln die Seele berühren (durchdringen, überlappen u. dgl. mögliche geometrische Konstruktionen), können wir den geistlichen Reifungsprozeß als wachsende Durchdringung der leibgeistseelischen Wirklichkeit (des Gemüts) verstehen.

(A) - Ekstasis - Die Bewegung der Aus- und Einkehr. Vormystische erste Stufe

Die Grundstruktur dieser Stufe ist:

"Abkehr vom Vielen - Abstand von der habenwollenden Auskehr - Aszese - Aufnahme der Offenbarungswelt als Wert - fragendes Aufmerken auf den von innen her gefüllten Gottesgedanken und Einkehr ins Innere - Assimilation des Gedankens im Gemüt - Bewegung des Willens - Weckung der Gnade - Ruhen im Gedanken, später im Akt der Gottesnähe.

Erfahren wird dabei die Abblendung der Außenwelt, das Erfülltsein vom Gedanken an Gott, die Bewegung des Gemütes und des Willens, das Ruhen im Akt (Gefühl), im Angezogenwerden durch Gott, nicht aber die Gnade selbst. Inhalt und Form der "Gefühls der Nähe Gottes" sind noch leibseelisch."[160]

---

[158]. SALMANN (1979), S. 202

[159]. Die graphische Darstellung wurde für den vorliegenden Zweck geringfügig vereinfacht.

[160]. SALMANN (1979), S. 225

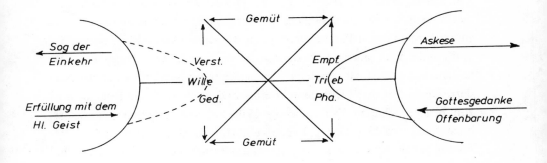

(B) Aversio a Deo

Die doppelte Geöffnetheit ist in ihr Gegenteil verkehrt: Anstatt vom Selbst
(Dem Bewußtseins-Ich) im liebenden Ausstand die Geöffnetheit in ihrer
Entelechie wirken zu lassen, verkehren sich die Parabeln in ihrer Sinnspitze:
Es besteht nach wie vor eine doppelte Geöffnetheit, nur nicht mehr vom
Selbst auf die Geistinnen- und Weltaußenseite hin, sondern auf das Bewußt-
seins-Ich selbst.

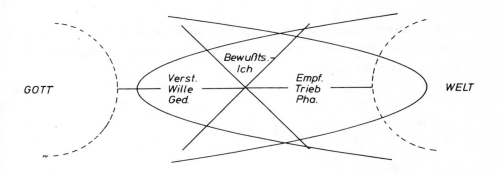

Das Ich rückt in die Zielperspektive der Zentrums-Entelechie (nimmt somit
die Stelle von Gott und Welt ein) und wird so vergötzt.

Der Scheitelpunkt der einen Parabel versucht von einer ausschließlichen Weltverhaftung heraus Gott über das Bewußtseins-Ich zu vereinnahmen.

Der Scheitelpunkt der anderen Parabel blendet die Wirklichkeit Gottes im Geistinnenraum ab, sodaß es nicht zu einer Aktuierung kommen kann.

Im Innenraum dieser Parabeln kreist der Mensch um sein eigenes Selbst. "Er greift in die Welt hinaus, zieht sie in sich hinein, ohne ihr zu begegnen. ... So schließt sich das Ich ein, erschöpft sich in sich selbst, verliert sich an das Niedere, das immer mehr Übergewicht erhält. Die außerseelische Realität wird zum blassen Schatten. Der unbändige Wille zur Selbsterhaltung und Selbstdarstellung wird übermächtig, Lebens- und Hingabefähigkeit schwinden."[161]

Hierin könne wir die Symptome der *bekumberung* des Gemütsgrundes bei Tauler beobachten. Im Gemüt verliert sich der Mensch im Strudel selbsthaften Kreisens um sich selbst und wird unfähig zur Einkehr in den Grund und zum Leben aus dieser Seelengrunddynamik heraus.

(C) Der Indifferenzpunkt, das "Gebet der Ruhe"

Hierin wird der Innensog Gottes übermächtig und zieht den Menschen in sich hinein. Dort ist der Mensch zunächst den entgegengesetzt wirkenden Kräften ausgesetzt und hat diese wachsende Spannung auszuhalten.

Der Wille ist im Innersten angezogen und eingehüllt vom liebenden Sog Gottes. Er läßt sich die Durchdringung durch die göttliche Liebeskraft gefallen und "hat seinen natürlichen Ort gefunden, wohin ihn die Schwerkraft der Liebe immer schon zog."[162]

In diesem Indifferenzpunkt verhält sich der Mensch "indifferent"-passiv und erwartet die Ankunft des umfassenden Ganzen, dem er mit demütiger Empfänglichkeit entgegenharrt.

---

[161]. SALMANN (1979), S. 190

[162]. MAGER, Alois: *Mystik als Leben und Lehre.* Innsbruck 1934, S. 109, sowie: MAGER, Alois: *Mystik als seelische Wirklichkeit.* Graz 1946, S. 102

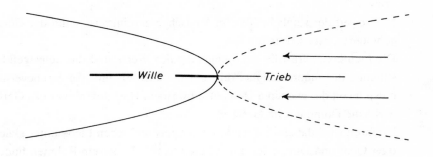

(D) Passive Läuterung und leibgeistseelische Durchdringung

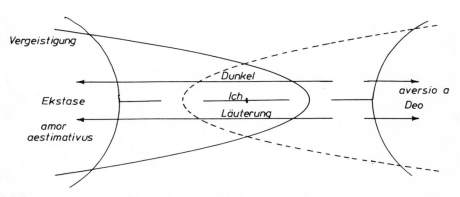

Die Scheitelpunkte der Parabeln überlappen sich während der Verschiebung auf der Willen/Trieb - Mittelachse.

Gott bewegt und bestimmt alle Seelenkräfte von innen her. Die auf diese Weise erlebte Gotteserfahrung ist eine mittelbare, da sie sich durch die Geistseele vollzieht. "Auf diese Weise aus dem eigenen Wesen und nicht von außen aktuiert, eignet dieser Gottberührung absolute Gewißheit. Zweifel bezüglich ihrer Echtheit können nur von der nachträglichen Reflexion aus eindringen."[163]

Nur soweit der sinnliche Teil im Menschen gereinigt ist, kann der Geist ungehindert Gott zustreben.

Die Gemütssphäre (die die Aneignung der Werte und das Selbstgefühl bestimmt), die innere Sinnlichkeit, die Gefühlswelt und die Strebevermögen müssen von der aversio a Deo befreit werden. Hier übernimmt das Geistseelische die Dominanz im Geschehen.

Erfahren wird dabei die Freude an der geistseelischen Liebe unter **gleichzeitiger** Qual und Dunkelheit im Ich-Gefühl.[164] In diesem Rahmen findet die geistseelische Ekstase ihren Platz als gnadenhaft-übermächtige Gegenbewegung zur aversio a Deo.

Angedeutet ist hier ein übergreifendes Wirken Gottes auf die Leibseele. Erinnern wir uns in diesem Zusammenhang an den Bekumberungsprozess bei Tauler, bei dem wir die hier angedeuteten Vorgänge der Läuterung (verbunden mit dem Zugewachsensein des Gemütsgrundes) beobachten konnten!

---

[163]. MAGER (1934), S. 185 f, 335 f; (in Bezug auf Teresa von Avila und Johannes vom Kreuz) Vgl. auch: SALMANN (1979), S. 230-32

[164]. Heranzuziehen wäre die ungewöhnliche Studie von: OTT, Elisabeth: *Die dunkle Nacht der Seele - Depression?: Untersuchungen zur geistlichen Dimension der Schwermut.* 1.Auflage. Elztal-Dallau: Druckerei August Laub GmbH & Co, 1981. (Rezension hierzu von Josef SUDBRACK in *Geist und Leben* 55 (1982), S. 314 f.

(E) Unio mystica

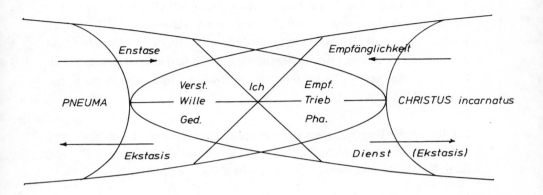

Die beiden Parabeln haben das menschliche Persongefüge durchdrungen. Die doppelte Geöffnetheit wird nun in ungeahnter Weise aktiviert, da der Scheitelpunkt der Parabeln im Berührungspunkt zum anziehenden und angestrebten Gott liegt und von dort aus das Wirken des Menschen bestimmt. "Ist Denken und Wollen vollkommen dem göttlichen Lebensrhytmus angepaßt, so lebt der Mensch habituell in der Gegenwart Gottes, ohne die üblichen Tätigkeiten aufgeben zu müssen. ... Er sieht die Dinge in Gott, nicht mehr nur Gott in den Dingen...oder gar rückschließend durch die Dinge...."[165]
Hier ist das Taulersche "Leben aus dem Grund" auszumachen.

Der Ansatz SALMANNs ließe sich so zusammenfassen:
In der mystischen Theorie von MAGER und STOLZ stößt SALMANN durch die scholastische Begrifflichkeit zu einem "mystischen Kern" vor, der eine enge Verwobenheit der Begriffe Geistseele, Ekstasis, Pneuma und Liebe aufweist. "**Geistseele ist** als "Grund" der Seele die Ekstasis, durch welche sich namentlich im liebenden Willensvollzug und in der Aneignung außerseelischer Wirklichkeit der leibseelische Mensch selbst verwirklicht. ... **Ekstasis**...ist die besonders im Willen sich vollziehende Urbewegung der ganzen Seele auf Selbstverwirklichung hin,...die sich in der Dialektik von Grund und Gemüt,

---

[165]. SALMANN (1979), S. 237

actus primus und actus secundus, essentia animae und den potentiae vollzieht. Diese innere Dialektik der Selbstverwirklichung wird getragen und ermöglicht von der doppelten Rationalität und Geöffnetheit des Menschen, der
auf die leibseelisch-gegenständliche Außenwelt verwiesen ist. In beiden
Welten will sich der liebende Gott erschließen. Die Ekstasis vollendet sich in
der Enstasis Gottes und der Liebeseinheit mit ihm und erweist sich damit als
schon je von seiner Liebeseinigung angezogene und schmerzhaft enteignete."[166]

Die taulersche Begrifflichkeit von der Seelengrunddynamik in der Spannung
von *grunt* und *gemuet* findet in den Definitionen von Geistseele und Ekstasis
ihren Ort innerhalb einer weiterentwickelten Theorie der Mystik.

---

[166]. SALMANN (1979), S. 242

2.3. Bekehrung als **Gnaden**geschehen

Die lebensgeschichtliche Dynamik des Reifungsprozesses sieht vor, daß Älterwerden normalerweise auch Reiferwerden besagt.

Im *geistlichen* Reifungsprozess kann man eine solche Determinierung nicht von vornherein annehmen (daß also dem Älterwerden ein Frömmer- und Gottgefälligerwerden entspricht).

Hier gilt es Hinweise auszumachen, die den geistlichen Reifungsprozess als gnadenhaftes Wirken Gottes am und im Menschen ausweisen.

2.3.1. Die Wechselbeziehung Gott-Mensch:
Das absolute Geheimnis und seine Bildwerdung
in Bildlosigkeit im Menschen

Tauler erkennt in der Begegnung mit dem göttlichen Du, daß Gott und Mensch aufeinander hin angelegt sind und daß sie einander zur Erfüllung ihres Wesens brauchen. Dies ist wohl die radikalste Auslegung des Gedankens der Gottebenbildlichkeit des Menschen.[1]

Beim Gemüt beobachten wir ein Grundwollen, eine Grundentelechie auf Gott hin. Da das Gemüt Vermittlungsorgan der leibseelischen Vollzüge ist, können wir sagen, daß der *ganze* Mensch von einer Geneigt- und Gerichtetheit auf Gott hin erfüllt ist. Diese Grundbewegung des Menschen zu Gott hin hat ihr Pendant auf Seiten Gottes. Er kommt dem Suchen des Menschen zuvor, kommt ihm entgegen. Tauler gebraucht hier anschaulich das Bild vom Magnetstein.

Ganz wie der Magnetstein das Eisen anzieht, so zieht der liebevolle Christus alle Herzen, die je von ihm berührt worden sind, an sich.[2]

---

[1]. Vgl. BENZ (1972), S. 305

[2]. (Übers. HOFMANN (1979), S. 139: 20. Predigt) *Rechte als der agestein der zühet noch ime daz isen, also zühet der minncliche Cristus nach ime alle hertzen die von ime beruert wurdent;* (V 20. Predigt, 81,22-24)

Was hier als **Sog** erlebt wird, ist eine gnadenhafte Aktiverung des Gemütsgrundes durch Gott in Christus. Im *Grund* werden Dynamismen freigesetzt,
die im Menschen die Grundgeneigtheit des Gemütes auf Gott hin in eine
schärfere Zielperspektive bringen.

> *...denn wo dieser edle Grund genossen ist, da drückt und zieht er so
> sehr, ja er zieht das Mark aus den Knochen und das Blut aus den
> Adern. Und wo sich dieses Bild in der Wahrheit abbildlich dargestellt
> hat, verlöschen alle Bilder und trennen sich los von dem Grunde.*[3]

In der passiv als **Druck** erlebten Nähe Gottes [4] und der Angleichung an seine
Liebesglut empfängt die Seele Gottes gelichtete Lebensfülle.[5]

> *Dem Menschen, der Gott so folgsam ist..., dem wird Gott dadurch
> vergelten, daß er sich ihm selber gibt und ihn so unergründlich in sich
> selbst und seine eigene Seligkeit hereinzieht. Dahinein wird der
> (menschliche) Geist in so köstlicher Weise gezogen, so ganz von der
> Gottheit durchflossen und überströmt und so in die Gottheit entrückt,
> daß er in der göttlichen Einheit alle (menschliche) Vielfalt verliert.*[6]

In dieser *unio* ist die Erfüllung der wechselseitigen Sehnsucht von Gott und
Mensch gegeben. Dem Menschen wohnt eine Sehnsucht nach seinem Urbild,
Gott, inne; Gott hat ebenso Sehnsucht nach seinem Ebenbild, dem Men-

---

[3]. (Übers. HOFMANN (1979), S. 42: 6. Predigt) *wanne wo dis gesmacket ist, diser edel grunt, da
trucket er und zühet so sere, es zühet daz marg uz den beinen und daz bluot uz den adern.
Und wo sich dis bilde in der worheit hat erbildet, do verloeschent alle bilde in schedelicher
wisen. (V 6. Predigt, 26,30-33)*

[4]. Nicht zu verwechseln mit dem Gipfelpunkt mystischen Erlebens, der *unio.*

[5]. Vgl. SALMANN (1979), S. 270

[6]. (Übers. HOFMANN (1979), S. 332: 43. Predigt) *Disen menschen, der Gotte alsus gevoelgig ist
und im in disem getrenge trüwe gehalten hat, dem muos der herre mit im selber antwürten
und zühet disen menschen also grundeloslichen in sich selber und in sins selbes selikeit; do
wirt der geist also wunneklichen in gezogen, und wirt alzemole mit der gotheit durchflossen
und über gegossen und in in gezogen, das er in Gottes einikeit verlüret alle manigvaltikeit.
(V 40. Predigt, 169,20-25)*

schen.[7] Wie wir sehen, bewegen sich die Gedanken im Kreis: daß der Mensch nach Gott verlangen möge, danach verlangt Gott.[8]

Bildwerdung *Gottes* im Menschen wird bei Tauler scharf getrennt von allen anderen Bildwerdungen.[9]

> *So bildest du ihn in dir nach und gestaltest dich in ihm. Was hilft das, in schlichter Weise zu versichern, wie die Leute das tun, daß sie an unseren Herrn denken und seine Gebete sprechen, wenn sie sich nicht nach seinem Vorbild nachbilden durch Leiden und Nachfolge. Die dritte Art des Lebenswandels vollzieht sich außerhalb anschaulicher Vorstellungen, ganz und gar unbildhaft. Meine Lieben! Das ist ein rascher, gerader, finsterer Weg, unbekannt und voll Einsamkeit.[10]*

---

[7]. Vgl. BENZ (1972), S. 305. Hier ist nicht das Motiv des Spiegels, der Selbstabbildung Gottes im Menschen durch Zeugung und Geburt gemeint.

[8]. Vgl. SCHRUPP, Charlotte: *Das Werden des "gotformigen" Menschen bei Tauler: Studien zum sprachlichen Ausdruck des seelischen Bewegungsvorganges in der Mystik.* Mainz 1962 (Diss.), S. 22

[9]. Vgl. auch Heinrich Seuses Verständnis: *Alle die wile, so der mensche verstat ein einunge oder solich ding, daz man mit rede kan bewisen, so hat der mensch noch inbaz ze gaenne; daz niht mag inbaz in sich selber nite, mer nach dem, si wir verstan mugen, daz ist, so wir ane alle foermlichú lieht und bilde, die sin mugent, werden verstaende, daz doch einkein verstentnisse mit formen und bilden mag erlangen. Und hie von kan man nit gereden, wan ich ahten, daz sie geredet von eime dinge, daz man mit der rede kan bewisen; waz man nu hie redet, so wirt doch daz niht nihtesnit bewiset, waz es ist, daz noch als vil lerer und buecher werin. Aber daz diz niht sie selb dú vernunft oder wesen oder niessen, daz ist och wol war nach dem, als man úns dar us reden mag;* BÜCHLEIN DER WAHRHEIT V 342,23-343,7 "Solange der Mensch unter "Einung" oder dergleichen etwas versteht, was man durch Worte dartun kann, muß er noch weiter nach innen forschen; das Nicht kann nicht in sich selber tiefer "hineingehen", sondern nur in der Art, wie wir es verstehen, d.h., wenn wir ohne Licht und Formen der Phantasie, die es geben mag, verstehen werden, was doch kein Verständnis, das sich auf Formen und Bilder stützt, erreichen kann. Und hiervon kann man nicht sprechen, denn das hieße (wie) von einem Dinge reden, das man mit Worten erklären kann; was man auch hiervon spricht, so wird doch das Nicht, in dem, was es ist, damit ganz und gar nicht geklärt und gäbe es noch soviel Lehren und Bücher. Daß aber dieses Nicht selbst die Vernunft sei oder das Sein oder das Verkosten, das ist auch wohl wahr, nach dem, was man uns darüber sagen kann;" (Übers. HOFMANN (1986), S. 347)

[10]. (Übers. HOFMANN (1979), S. 472: 61. Predigt) *Alsus bild in in dich und dich in in. Und was hilfet das einvalteklichen, als die lúte sprechent, si gedenken und betten die gebet unsers herren, es ensi das si den bilden mit liden, mit nach volgen in tringen? Die dritte wandelunge die ist unbiltlich sunder alle bilde. Kinder, dis ist gar ein behender, naher, vinster, unbekant, ellent weg.* (V 47. Predigt, 211,21-26)

In Unterscheidung zu Heinrich Seuse, der zur Bildwerdung ein ungebrocheneres Verhältnis hat (wiewohl um die Gefahr der *uswendig bilde* wissend)[11], ist Taulers Mißtrauen gegenüber den geschöpflichen Bildern unerschöpflich:

> *Merke: der Mensch soll Gott...nachjagen...; und hat er das getan, so lasse er die Bilder der Dinge ganz und gar fahren...* [12]

> *...der Mensch steht hier inmitten zweier (einander widersprechender) Wege: zwischen Bildhaftigkeit und Bildlosigkeit.* [13]

> *Dann aber soll man die Bilder bald fahren lassen und mit flammender Liebe durch den mittleren in den allerinnersten Menschen hindurchdringen;* [14]

---

[11]. "Diese philosophische Notwendigkeit (gem.: des Bildgebrauchs bei Seuse) manifestiert sich in einem bestimmten Schema, nach dem Seuses Aussagen vom Ersten und seinem Verhältnis zur Seele "ablaufen". Dieses Schema wiederholt sich - leicht variiert - unaufhörlich, solange eben eine Aussage versucht wird:
1. Frage nach dem "Grund".
2. Verbot, weiter zu forschen, und Befehl zu glauben.
3. Erklärung, über das Erste nicht sprechen zu können.
4. Dennoch Versuch
  a) einer logischen Erklärung
  b) Griff zu Bildern, bevorzugt zu Licht und Komplex Sonne - Helligkeit - Leben - Wärme - Angenehmes.
5. Wiederum Eingeständnis der Unaussagbarkeit, Bankrotterklärung der eigenen sprachlichen Mittel durch Auflösung der Sprache.
6. Versuch der Repräsentation im Symbol.
7. Anerkennung des Schweigens als einzig angemessenen "Ausdruck".
8. Beginn eines neuen "Kreises".
BOHNET-VON DER THÜSEN (1972), S. 278

[12]. (Übers. HOFMANN (1979), S. 357: 46. Predigt) *Mercke hie, der mensche sol zuomole Got...jagen..., also der mensche geton hat; so losse die bilde der dinge alzuomole varen...* (V 72. Predigt, 393,25-27) Oder mit Heinrich Seuse zu sprechen: *Keer dich von sinnlichen bilden in deyn inwendig bilde...* PREDIGTEN, III. Predigt, 520,19-20. "Wende dich ab von den sinnlichen Bildern und kehre dich in dein inneres Bild hinein..."

[13]. (Übers. HOFMANN (1979), S. 474: 61. Predigt) *Von disem vinsternisse kumet die nature in gros getrenge und unfriede, wan der mensche stot hie enzwischent zwein enden und einem mittel: das sint bilde und unbilde.* (V 47. Predigt, 213, 21-23)

[14]. (Übers. HOFMANN (1979), S. 513. 66. Predigt) *Aber so sol man die bilde schiere lossen vam und sol dar durch tringen mit flammender minne durch den mittelsten in den aller innewendigosten menschen;* (V 70. Predigt, 382,18-20)

Du sollst ein Ding wissen: wärest du nur frei von geschöpflichen Bildern, so müßtest du Gott ohne Unterlaß besitzen;[15]

Wir sahen bereits bei der Erörterung der *bekumberung,* daß diese daran schuld ist, wenn das Gemüt durch Bilder besetzt wird.

Das kommt daher, daß der Weg versperrt ist, eingenommen, gestört durch andere Bilder.[16]

...daß dein Geist (gemuete) weder frei noch unbeschwert ist, daß du mit den Geschöpfen beschwert und durch sie entstellt bist.[17]

Diese Wechselbeziehung des Menschen zu Gott ist auf beiderseitige *Erfüllung* hin angelegt; beide Partner wollen in ihrer Beziehung zueinander Erfüllung und Entfaltung (und nicht zunächst Entsagung und Verzicht!). Diese Aufeinander-Bezogenheit ereignet sich wiederum prozesshaft, sie ist keine statische Zuständlichkeit. Sie bedarf der aktiven Ausformung beider Partner.[18]

Tauler bettet diese Wechselbeziehung in trinitätstheologische Kategorien. Der Mensch lebt letztlich in der Dynamik des dreifaltigen Leben Gottes. "Im Tiefsten dem Heiligen Geist geeint, hat er teil an der demütigen Sohnesliebe und erahnt so den unendlichen Abstand zwischen dem Ursprung aller Liebe und der eigenen Antwort."[19]

---

[15]. (Übers. HOFMANN (1979), S. 608. 79. Predigt) *Du solt ein ding wissen: und werest du alleine lidig der bilde der creaturen, du muestest Got on underlos haben...* (V 80 Predigt, 426,26-27)

[16]. (Übers. HOFMANN (1979), S. 358-59: 46. Predigt) *davon ist daz das der weg ist bekumbert und belachet und verirret mit andern bilden.* (V 72. Predigt, 394, 19-20)

[17]. (Übers. HOFMANN (1979), S. 608: 79. Predigt) *din gemuete nút blos noch lidig enist, das du mit den creaturen bekumbert bist und domitte verbildet bist.* (V 80. Predigt, 426,10-11)

[18]. Verlaufstechnisch sähe das bei Tauler so aus: "Zunächst wird der Mensch von der Liebe getroffen, er strömt auf ihrem Fluß dahin, sein Wesen verströmt sich in Gottes Wesen. Er wird dann seines Selbstes beraubt, bis ihn die Ent-Ichung gänzlich außer sich gebracht hat. Nun erst kann die Einigung wirklich in ihm geschehen." BRÜGGER, Margret: *der Weg des Menschen nach der Predigt das Johannes Tauler: Studien zum Bedeutungsfeld des Wortes "Minne".* Tübingen 1955 (Diss.), S. 123 ff.

[19]. SALMANN (1979), S. 280

Die Aufgipfelung mystischen Lebens, die *unio mystica* bedeutet bei Tauler nie, daß die Menschenseele Gott ist (wird).[20] Er spricht zwar von einem *Versinken des geschaffenen Geistes in den ungeschaffenen Geist Gottes und seine Verschmelzung mit ihm* [21],doch selbst in der mystischen Vereinigung bleibt der Mensch immer das, was er ist: Geschöpf.

Eben diese Geschöpflichkeit wird in den Akt der Einung mit hineingenommen und neu gestaltet.[22] Tauler weiß als Erfahrener um die Tiefe und Unergründlichkeit der Wechselbeziehung zwischen Gott und Mensch. Er weiß, daß das Einlassen auf Gott den Menschen in Gebiete führt, die sich jeder Voraussage, Planbarkeit und Vorstellung entziehen. Der "liebe Gott" offenbart sich im Zuge des menschlichen Reifungsweges in der Liebe zu ihm eben nicht als der "liebe" (="nette") Gott,- im Gegenteil: die Wechselbeziehung zwischen Gott und Mensch wird zu einem *zweckfreien, ganzheitlichen* und - vor allem - *schmerzhaften Liebesverhältnis.*

Je wahrhaftiger und tiefer sein Grund berührt worden ist, um so wirklicher entsteht auf der anderen Seite ein Tal der Tränen.[23]

2.3.2. Die Gottesgeburt in der Seele - unio mystica

2.3.2.1. Ortsbestimmung
Fast alle mystischen Termini bezeichnen ein
* hinweg von der Kreatur
* hinauf zu Gott
* hinein in Gott.[24]

---

[20]. Vgl. WREDE (1974), S. 92. Wie wir sahen, vermeidet Tauler derartige Anklänge, wie sie in ähnlicher Weise seinem Lehrer Meister Eckhart zum Verhängnis wurden.

[21]. (Übers. HOFMANN (1979), S. 101: Predigt 15 a)

[22]. Dazu s.u. 2.4.

[23]. (Übers. HOFMANN (1979), S. 141: 20. Predigt) *so der grunt ie werlicher und grüntlicher beruert ist, so dis tal der trehenen ie eigenlicher do ist an eine siten.* (V 20. Predigt, 83,21-22)

[24]. Ein Überblick: WENTZLAFF-EGGEBERT, Friedrich Wilhelm: Erscheinungsformen der "unio mystica" in der deutschen Literatur und Dichtung. In: *Deutsche Vierteljahresschrift für Literaturwissenschaft und Geistesgeschichte* 32 (1944), Stuttgart, S. 237-277

Zur ersten Stufe gehören Worte wie *unglichheit, anderheit, anhaft, eigenschaft,* die den Menschen von Gott entfernen und deshalb überwunden werden müssen.

Zur zweiten Stufe gehören *abgescheidenheit, gelassenheit, ingezogenheit,* die das Sichzurückziehen des Menschen in sich selbst bedeuten. Erst von der *inker* her kann der **transitus**, in Richtung **extra se** möglich werden.

Die dritte Stufe umfaßt Begriffe wie *ingenommenheit, ufgezogenheit, vereinunge,* welche die unio mystica näherhin umschreiben.

Der dreifache Stufengang [25], die seit Dionysius übliche **via mystica**, tritt uns bei Tauler in der Verbindung von Verben **absteigender Bewegung** entgegen. Der Mensch muß sich leermachen für die Gottesgeburt in der Seele. Je "nackter" er ist, desto bereiter wird er für die göttliche Begegnung. Dieser Weg bis zum Höhepunkt religiösen Erlebens sei kurz historisch skizziert.

- die *Mysterienreligionen* führten ihre Eingeweihten von der κάθαρσις (Läuterung) zur ἐπόπτεια (Schau) und schließlich zur ἕνωσις (Einigung).[26]

---

[25]. MOELLER (1956), S. 10 glaubt aufweisen zu können, daß Tauler weitere Dreiteilungen (I. *anhebend - zunehmend - vollkommen,* II. *entbildet - gebildet - überbildet* (Anm.: das ist Seuse!), III. *purificatio - illuminatio - sanctificatio*) ohne erkennbare Differenzierung gebraucht.

[26]. HEILER, Friedrich: Die Kontemplation in der christlichen Mystik. In: *ERANOS - Jahrbuch* 1933, Bd. I. Zürich 1934, S. 245-327. Hier S. 255. "In einem sich vollziehenden heiligen Schauspiel (δρώμενον)oder in dem gezeigten Kultobjekt (δεικνύμενον) wurde dem Eingeweihten eine Schau der gegenwärtigen Gottheit im sinnlichen Bilde und Zeichen möglich. (S. 257) Diese in der (ἕνωσις) gipfelnde Schau...ist höchste Seligkeit und Wonne...(sie) kann nicht willkürlich herbeigeführt, durch eine Psychotechnik erzwungen werden, sie kann nur demütig erwartet werden."

- Bei *Augustinus* findet jene Begegnung der unio mystica nur im höchsten und geistigsten Teil des Menschen statt. Er unterbaut die Grundbewegung der Ekstasis psychologisch, wobei er im Unterschied zur griechischen Tradition den Akzent mehr auf die Ausblendung der Außenwelt legt.[27]

- Nach *thomistischer* Lehre kommt die Vereinigung der Seele mit der Dreifaltigkeit in und durch die Seelenkräfte - *memoria, intellectus, voluntas* - zustande.[28]

- Generell ist die unio-mystica-Theorie nur vorstellbar auf dem Hintergrund der *neuplatonischen Einheitsmetaphysik*. Im dynamischen Liebesprozess, dem Ausstand der Seele, antwortet der Mensch der sich neigenden Liebesekstase Gottes in einem unendlichen Über-sich-hinaus.[29]

2.3.2.2. Unio mystica bei Tauler

Abyssus abyssum invocat. Ein Abgrund ruft den anderen in sich hinein.
Nur so kann der Ort beschaffen sein, der gleichermaßen die ins Unendlich reichende Parabeln der Gottes- und Weltöffnung zusammenführen kann. "In der Unio von Nichts und Nichts, vom geschaffenen und ungeschaffenen Nichts ist jedenfalls das UNUM erreicht."[30]
Hier gelangen wir an einen Wendepunkt in Taulers Denken. Im Gewahr- und Innewerden seiner eigenen Seelengrunddynamik, dort wo der Mensch in seinem Grund dem äußeren Ziel so nahe gekommen ist, bleibt ihm gar nichts anderes übrig, als Gott zu begegnen.

---

[27]. Vgl. SALMANN (1979), S. 205 und WYSER (1958), S. 289

[28]. Vgl. HAAS (1976), S. 525

[29]. Vgl. SALMANN (1979), S. 204. Dagegen GRUNEWALD (1930), S. 16: "Die Erlebnisform der unio mystica ist hier nicht die intellektuale, sondern die ekstatische Einigung."

[30]. GNÄDINGER (1980), S. 202

*Da wird der Geist so nahe geführt in die Einheit der einfachen, wei-
selosen Einheit.*[31]

Wir finden in der *unio mystica* bei Tauler verschiedene Aspekte:
"1. Betonung des Überformtwerdens, damit einer Aktivität Gottes, selbst im
neuplatonischen Bild fühlbar.
2. Hervorhebung zweier Abgründe, dadurch des Prozesses als einer **Neuge-**
staltung im Seelengrunde, nicht nur einer Entfaltung.
3. Betonung des Geschehens als Gnadenakt...als persönliche im Augenblick
gegenwärtige freie Gabe Gottes."[32]

*Hier fällt das Gebet weg, und das Vorbild der Heiligen und alle For-
men und Übungen der Frömmigkeit. Und doch soll der Mensch dies
nicht eher abwerfen, als bis es selber abfällt. Danach wird die Frucht
so unaussprechlich süß, daß es keine Vernunft verstehen kann, und
es kommt so weit, daß der Geist in diesem Menschen so versinkt, daß
die Unterscheidung verlorengeht: so wird er eins mit der Süßigkeit der
Gottheit, sein Sein von dem göttlichen so durchdrungen, daß es sich
verliert ganz wie ein Tropfen Wasser in einem großen Faß voll Wein.
So wird der Geist untergetaucht in Gott in göttlicher Einheit, daß er
alle Unterscheidung verliert, und alles, was ihn dorthin gebracht hat,
verliert dann seinen Namen, wie Demut und Liebe und er selbst. Es
herrscht dann nur noch eine lautere, stille, heimliche Einheit ohne
jede Unterscheidung.*[33]

---

[31]. (Übers. HOFMANN (1979), S. 80: 11. Predigt) *do wurt der geist also nohe gefuert in die einikeit in der simpelen wiselosen einikeit...* (V 11. Predigt, 54,30-32)

[32]. GRUNEWALD (1930), S. 17

[33]. (Übers. HOFMANN (1979), S. 51: 7. Predigt) *hie vallet gebet abe und die bilde der heiligen
und wisen und uebungen und ouch ensol der mensche nút daz abe werffen bitz daz es selber abe vellet. An dem do wurt die fruht so unsprechenlich suesse daz dan abe kein vernunft verston mag, und kummet also verre daz der geist in diseme so versinket das er die
underscheit so verlúret, er wurt also ein mit der suessekeit der gotheit daz sin wesen also
mit dem goettelichen wesen durchgangen wurt daz er sich verlúret, rechte alse ein troppfe
wassers in eime grossen vasse wines; also wurt der geist versunken in Got in goetlicher einekeit, daz er do verlúst alle underscheit, und als daz in dar het braht, daz verlúret do sinen
nammen, also demuetikeit und meinunge und sich selber, und ist ein luter stille heimliche
einekeit sunder alle underscheit.* (V 7. Predigt, 33,18-28). Zum Begriff der *Süße* in der
mystischen Literatur vgl. ARMKNECHT, Werner: *Geschichte des Wortes "süß": I. Teil,
bis zum Ausgang des Mittelalters.* Berlin 1936 (Germanistische Studien, Heft 171; Nachd.
Nendeln / Liechtenstein 1967)

Hier geschieht *Vereinigung* und *Einswerden* zwischen Gott und Mensch.[34] WYSER betont, daß Tauler hiermit keine ontische Verschmelzung des Geistes oder pantheistische Identifikation des geschaffenen Geistes mit Gott meint [35], sondern daß er seine Seelengrundauffassung auf eine Ebene stellt, wo allein Gottes Transzendenz gewahrt bleibt. "Das Ich wird daher in der Versenkung nicht *ze male vernihtet*, sondern - das wissen wir aus überreichen Zeugnissen Eckharts und Taulers - es ist nur das aktuelle Selbstbewußtsein, daß in der mystischen Unio zeitweilig aufgehoben wird; das geschöpfliche Ich bleibt, was es ist, trotz des gnadenhaften Transitoriums, dessen es gewürdigt wird."[36]

Diese Vereinigung ist ein Zustand, in dem alles von der Gotteserfahrung beherrscht wird. "Gott kann nur durch Gott erfahren werden."[37]
"Erkenntnistheoretisch ist die Tatsache, daß sich der Mensch in der Unio als Gott in Gott erkennt, nur durch den Rückgriff auf die in Gott ruhende Ideenwelt der geschaffenen Dinge durchsichtig zu machen, will der Mystiker nicht einer pantheisierenden Deutung seines Widerfahrnisses verfallen. Damit erhält die Selbsterkenntnis eine solche Dignität, die sie hoch über alle Objekterkenntnis heraushebt: sie darf auf ihrem Scheitelpunkt zur Gotteserkenntnis werden."[38]
Wo die Seele an diesen Punkt gelangt ist, erfreut sie sich eines sprachlich nicht adäquat ausdrückbaren Glücksgefühls. Dadurch, daß die *unio* und das Glücksgefühl ihren Entstehungs- und Wirkungsort im Seelengrund haben, sind sie dem Bewußtsein nicht zugänglich und können nicht Gegenstand der

---

34. WREDE (1974), S. 205 betont, daß diese Begriffe nicht einfach identisch sind. Eine Vereinigung findet statt zwischen zwei Partnern: Gott und Mensch. Im Einswerden verwischt die Grenze, wenngleich sie nicht vollständig aufgehoben wird. Vgl. auch hierzu Heinrich Seuse: *...und sah, daz dú goetlich gnade her ab towete in sin sele, und daz er ward eins mit gote.* VITA V 22,5-6. "Er sah, wie die göttliche Gnade in seine Seele hinabtaute und er eins mit Gott wurde."; *...wan der mensch wirt so gar vereinet, daz got sin grunt ist.* BÜCHLEIN DER WAHRHEIT V 350,19-20 "Der Mensch wird soweit mit Gott vereinigt, daß Gott sein eigener Grund (geworden) ist."
35. WYSER (1958), S. 278
36. HAAS (1970), S. 95
37. WREDE (1974), S. 212
38. HAAS (1971), S. 152

Erkenntnis und psychologischer Analyse sein.[39] Wenn sich die *unio* im Seelengrund ereignet, also dort, wohin weder Seelenvermögen noch Seelenkräfte
gelangen können, sind Erkenntnis und Liebe (!) des Menschen zum Schweigen verurteilt.[40]

> *Da verliert der (menschliche) Geist alles so sehr, daß er sich gänzlich*
> *selber verliert und versinkt. ... Der Geist (des Menschen) weiß es sel-*
> *ber nicht, denn er ist verschmolzen in den göttlichen Abgrund, daß er*
> *nichts weiß, fühlt, empfindet als den einfachen, lauteren, unverhüll-*
> *ten einigen Gott....Und so hängt der Mensch recht zwischen Himmel*
> *und Erde.*[41]

Was Tauler hier sagt, bedarf vielleicht kurzer Erläuterung: Sobald der Akt
der Gottesvereinigung (u.U. in ekstatischer und visionärer Ausformung [42])
seinen Gipfel erreicht, ist nicht nur die sinnliche Wahrnehmung ausgeschaltet, sondern auch jede einzelne seelische Funktion.[43] Das Raum-Zeit-Be-
wußtsein, auch das Ich-Du-Bewußtsein ist erloschen.[44] Es ist kein Paradox,
Gott gleich und zu *Nichts* zu werden. Alles, was den Menschen bis zur *unio*
gebracht hat (wir können sagen: der ganze menschliche Reifungsprozess des
inneren Menschen), ist von keinerlei Bedeutung für die Gottesvereinigung
selbst. Hier werden sowohl die Liebe des Menschen als auch seine Demut
bedeutungslos.[45]

---

[39]. Vgl. COGNET (1980), S. 124

[40]. HAAS (1976), S. 526

[41]. (Übers. HOFMANN (1979), S. 148: 21. Predigt) *Der geist enweis es selber nút, wanne er ist*
also versmoltzen in das goetteliche abgrunde des er nút eneis, erfuelet noch ensmacket dan
einen einigen lutern blossen einvaltigen Got. ... Und alsus so hanget rechte der mensche
enzwúschent himmel und erden... (V 21. Predigt, 88,1-4;7-8)

[42]. Vgl. GINS, Kurt: Analyse von Mystiker-Aussagen zur Unterscheidung christlicher und ekstatischer Erlebnisweise. In: *Archiv für Religionspsychologie.* 15. Bd. 1982, S. 155-194.
Wiewohl hierbei der Vorbehalt genannt werden muß, daß die Betrachtungsweise dieser
Analyse vom empirisch-deskriptorischen Ansatz her nicht unbedingt die mystisch-theo-
logische Dimension erschließt. Zudem scheint mir unglücklich an der Formulierung des
Titels zu sein, daß eine gegenseitige Trennung und Ausschließung von christlicher und
ekstatischer Erlebnisweise präjudiziert wird.

[43]. Vgl. HEILER (1934), S. 315

[44]. Vgl. HEILER (1934), S. 315

[45]. Vgl. WREDE (1974), S. 210. HAAS (1971), S. 153: "Ganz ähnlich wie bei Eckhart wird der
Verlust des aktuellen Selbstbewußtseins in der unio dem Menschen abgefordert, ein

Wie es schon ECKHART ausgesprochen hat, wird die menschliche Seele durch die Erfahrung der Geburt des Sohnes in sich selbst (dem Gemütsgrund) in das innertrinitarische Leben Gottes hineingezogen.[46]

> *Dieser liebreiche Heilige Geist wird einem jeden Menschen so häufig und so oft zuteil, als sich der Mensch mit aller Kraft von allen Geschöpfen weg und zu Gott kehrt; in demselben Augenblick, in dem der Mensch dies tut, kommt der Heilige Geist sogleich mit dem, was sein eigen ist, und erfüllt sogleich alle Winkel und den Grund.*[47]

Tauler warnt die *vergoetete* Seele vor Hybris.[48] Mit allem Nachdruck betont er die Geschöpflichkeit der Seele, die selbst in der *unio* ihr eigenes Sein nicht verliert [49] - ebensowenig die unaufhebbare Distanz zwischen Gott und Mensch.

Die Seele darf sich keines eigenen Verdienstes rühmen, dorthin mit eigener Kraft gelangt zu sein. Die Einigung mit Gott bleibt reines Gnadengeschehen, das im Menschen nur eine einzige angemessene Antwort hervorrufen kann:

> *Das findet sich doch alles (nur) in dem ... Glauben.*[50]

Tauler ist sich bewußt, daß die *unio mystica* - bei aller Übermächtigkeit und Grenzhaftigkeit der Erfahrung - nur eine Vorwegnahme der ewigen Gottesschau und Gotteinigung in der Vollendung ist.

"Bis zu welchem Grad dieser Vorgang bereits im Pilgerstand *erfahren* wird, erst recht, unter welchen vielleicht außerordentlichen Begleiterscheinungen

---

Verlust, der durch die gnadenhafte Gewähr einer Selbsterkenntnis im Bereich der göttlichen Innerlichkeit und trinitarischen Lebendigkeit mehr als aufgewogen wird."

[46]. Vgl. BENZ (1972), S. 307; WALZ (1963), S. 339

[47]. (Übers. HOFMANN (1979), S. 179: 26. Predigt) *Diser minneclicher heiliger geist der wurt eime ieglichen menschen also dicke und also manig werbe, also sich der mensche mit aller kraft kert von allen creaturen und keret sich zuo Gotte, in demselben ougenblicke wan der mensche dis tuot, so kummet der heilige geist alzuohant mit allem sinem husrate und erfüllet alzuohant alle die winkele und den grunt;* (V 26. Predigt, 104,3-8)

[48]. ...die nicht in der Zeit der Gottvereinigung selbst entstehen kann, sondern in nachträglicher Reflexion. Vgl. WEILNER (1961), S. 116

[49]. Vgl. u. a. HEILER (1934), S. 314

[50]. (Übers. HOFMANN (1979), S. 92: 13. Predigt) *und dis ist alles in dem woren lebenden glouben.* (V 13. Predigt, 62,23-24)

er sich vollzieht, ist für Tauler, wie für jeden wahren Mystiker, eine völlig sekundäre Frage."[51]

2.3.2.3. Die unio mystica als Liebesgeschehen

Für WREDE [52] ist nicht die Vernunft, sondern die Liebe der Schlüsselbegriff der *unio mystica* bei Tauler. Diesem möge nachgegangen sein.

Tauler gebraucht für die Schilderung der *unio* ein Vokabular, das ebenso eindeutig wie verhüllend den Akt der Vereinigung umschreibt - eben in der eindeutig-verhüllenden-offenbarenden Sprache der menschlichen Liebe.[53]

Diese Liebe fächert sich nach Tauler auf in:

- die *wunde* Liebe (Die Seele wird durch die gnadenhafte Berührung
    mit Gott *verwundet*)
- die *gefangene* Liebe
- die *quälende* Liebe
- die *verzehrende* Liebe.[54]

Gerade der Metaphorik von Brand, verzehrendem, schmerzhaftem Feuer und Qual kommt größte Erlebnisqualität zu. Die ganzheitlich-personale, schmerzhafte Ausformung des Liebesgeschehens zwischen Gott und Mensch ist das eigentlich prägende Moment des Reifungswegs des inneren Menschen in der Liebe zu Gott.[55]

---

[51]. WEILNER (1961), S. 132

[52]. WREDE (1974), S. 222

[53]. BRÜGGER (1955), S. 130 zählt auf: Feuer, strömendes Fließen, bräutliche Umarmung, sterben, versinken, verschmelzen. Wie wir noch sehen werden, kommt jener Analogie zwischen göttlicher und menschlicher Liebe - und dem Reden davon - eine große Bedeutung zu.

[54]. (Vgl. Übers. HOFMANN (1979), S. 129-30: 18. Predigt) *Der erste grat der minne heisset eine wunde minne, wan die sele mit der stralen der minne von Gotte wirt verwunt, das ir dis lebende wasser wirt geschenket der woren minne: so wundet si Got wider mit irre minne. ... Der ander grat der woren mine, das nemmet diser meister eine gevangene minne. ... Die dritte minne das ist ein qwellende minne. ... Die vierde minne das ist die verzerende minne.* (V 60. Predigt (60 d), 290,17-20; 26-27; 28; 31)

[55]. Hier ist das eigentliche Ergebnis der Arbeit angedeutet. Es möge bis zum Ende gegenwärtig behalten werden.

*Ein Liebesbrand in der Seele entsteht, sobald der Heilige Geist in die
Seele kommt und dort ein Liebesfeuer entfacht, eine Liebesqual, aus
der ein Liebesbrand in der Seele entsteht; die Hitze wirft Funken aus,
die dann einen Durst nach Gott erzeugen und ein liebevolles Begehren. Und zuweilen weiß der Mensch nicht, was mit ihm ist, denn in
sich findet er ein Herzeleid und einen Überdruß an allen Geschöpfen.*[56]

*In dieser Vereinigung...geschieht die Entzündung des Feuers durch
den Brand der Liebe, und ein Nebel, eine Finsternis entsteht, in der
dein Geist (dir) geradewegs entzogen wird, etwa für die Dauer eines
Ave-Maria, derart, daß du deinen Sinnen und deiner Vernunft entrückt bist. Und in diesem Dunkel spricht Gott in Wahrheit zu dir...*[57]

Die höchste mystische Überformung ist nur augenblickhaft erlebbar, besitzt
jedoch weitreichende Wirkqualität.

Erinnern wir uns an die beiden aufeinander verwiesenen Abgründe Gottes
und des Menschen: *Abyssus abyssum invocat.*

*Sein Geist verschmilzt hier gänzlich (mit Gott) und entzündet sich
selbst in allen Dingen und wird hineingezogen in das heiße
Liebesfeuer, das Gott dem Wesen und der Natur nach selber ist.*[58]

---

[56]. (Übers. HOFMANN (1979), S. 75-76: 11. Predigt) *Anders nút danna so wanne der heilige geist
kummet in die sele und enphohet do ein minnen für, einen minnen kolen, von dem wurt
ein minnenbrant in der selen; die hitze würffet uz minnenfuncken, die denne einen turst
gebirt noch Gotte und eine minnekliche begerunge; und enweis ettewenne nút der mensche
was ime ist, denne er bevindet ein jamer in ime und ein verdries aller creaturen.* (V 11.
Predigt, 51,6-11) Frühe Vorbildung des "Funkens" findet sich bei Platon im VII. Brief:
"...wie durch einen abspringenden Funken plötzlich entzündetes Licht in der Seele sich
erzeugt und dann durch sich selbst Nahrung erhält." PLATON: *Briefe.* 341 b - 344 d. Hier:
341 c

[57]. (Übers. HOFMANN (1979), S. 328: 43. Predigt) *Hie in diser versamnunge wirt ein enzündunge
geborn in dem brande der minne und wirt ein nebel, ein vinsternisse, in dem wirt dir din
geist recht verstoln licht eins halben Ave Marien lang, das du dinen sinnen und diner natürlichen vernunft entnommen wirst. Und in dem vinsternisse do spricht dir Got zuo in der
worheit.* (V 40. Predigt, 166,27-31)

[58]. (Übers. HOFMANN (1979), S. 167-68: 24. Predigt) *und versmiltzet der geist hie alzuomole
und inzündet imeselber in allen dingen und wurt ingezogen in das heisse für der minnen,
die selber Got ist wesenlichen und natúrlich.* (V 24. Predigt, 102,7-9)

Hier nähert sich Tauler nach WYSER [59] bedenklich der monistischen Denk-
und Sprechweise Meister Eckharts, sagt dieser doch, daß dieses Verschmelzen nichts anderes bedeute, daß die beiden Abgründe *ein Einig Ein* werden.[60] WYSER prägt zur besseren Unterscheidung der Eckhartschen und
Taulerschen Begrifflichkeit den Terminus der *intentionalen Einswerdung in
Erkenntnis und Liebe*.[61] Dieses intentionale Einswerden ist Teilhabe am trinitarischen Liebesgeschehen. BRÜGGER bringt das auf die einfache Formel:
"Der Mensch wird im Heiligen Geist geliebt. Mit derselben Liebe, mit der
der Vater seinen Sohn liebt, liebt er auch den Menschen."[62] So gelangt der
Mensch zur Gnadengemeinschaft mit Gott, deren anthropologischer Träger
der Seelengrund ist. Dieser wird zum Strahlungskern eines Verwandlungs-
prozesses. "Wo er (Tauler) die (gnadenhafte) Überformung als *unio amoris*
schildert, ist sie eigentlich *transformatio per amorem*."[63] Die Seele wird "ver-
gottet", d.h. sie wird im dramatischen Liebesgeschehen zum alleinigen Partner Gottes. "Im Erlebnissturm der Liebe scheinen alle Grenzen fortge-
wischt."[64] Bei all dem bleibt *doch* der fundamentale Unterschied bestehen,
daß der Mensch zwar Liebe **hat**, Gott aber die Liebe **ist**.[65]

---

[59]. WYSER (1958), S. 277

[60]. Zu diesem Mystologoumenon siehe die ausführliche Sammelstudie: HAAS, Alois Maria
(Hrsg.); STIRNIMANN, Heinrich (Hrsg.): *Das "EINIG EIN"*. Freiburg (Ch.)
1980 (Dokimion Bd. 6). Zum Vergleich des Gebrauch des Begriffes *einig Ein* bei Heinrich Seuse: *Sú werdent, die lieben, von miner suezen minne umbgeben und verswemmet in
daz einig ein...* (Heinrich Seuse: BÜCHLEIN DER EWIGEN WEISHEIT VII 225,15-16.
"Meine Geliebten sind von meiner Zuneigung umgeben und hineingezogen in das einzig
Eine..." (Übers. HOFMANN (1986), S. 234); *Du bist doch daz einig ein, in dem beschlossen ist alles, daz min herze in zit und ewikeit begeren mag.* (Heinrich Seuse: BÜCHLEIN
DER EWIGEN WEISHEIT XXXII 294,23-24. "Du bist doch das einzige Eine, in dem alles
beschlossen ist,..." (Übers. HOFMANN (1986), S. 299) Angeredet ist jetzt die Ewige
Weisheit); *...in dem anhafte da wirt die sele verswemmet in daz einig ein und wirt
widergefloesset in daz guot, dannan sú geflossen ist...*(Heinrich Seuse: GRBRIEFB XXV.
Brief 477,18-19)

[61]. WYSER (1958), S. 277; s. a. WALZ (1963), S. 335

[62]. BRÜGGER (1955), S. 109

[63]. GRUNEWALD (1930), S. 17

[64]. WEILNER (1961), S. 115 f.

[65]. nach WREDE (1974), S. 222

2.3.3. Reifungsprozess bei Tauler -
Seelische Energetik oder Gnadengeschehen?

Wie wir sahen, stellt die Vereinigung mit Gott, die Gottesgeburt in der Seele, das Ziel der Seelengrunddynamik dar. Wenn nun die Frage nach dem Lebensweg des Menschen auf die göttliche Aktuierung der Persönlichkeit hin entworfen wird, muß sich der Betrachter die Frage gefallen lassen, ob es sich beim Reifungsweg des Menschen in der Liebe zu Gott um eine rein innerseelische Energetik handelt oder um ein Geschehen der Gnade.

Welche Kriterien können sich ausweisen lassen, um im Reifungsgeschehen ein **Gnadengeschehen** anzunehmen?

Phänomene mystischer Erlebnisweisen (Visionen, Ekstasen...) können es nicht sein. Ihr Vorhandensein allein ist kein Kriterium für Echtheit und Reinheit. Ihr völliges Fehlen beeinträchtigt in keiner Weise den Wert des geistlichen Lebensweges.[66]

Eine weitere mögliche Verunsicherung in dieser Frage zeigt WYSER auf: "Freilich hat es Tauler durchaus unterlassen, uns zu sagen, wie denn diese mystische Vereinigung sich unterscheide von jener Einwohnung des dreifaltigen Gottes in der Seele durch die heiligmachende Gnade, die schließlich auch ohne die besondere Gnade der mystischen Beschauung gegeben ist, und ohne die es jedenfalls keine unio mystica geben kann..."[67]

Ein bewußtes Sich-Sperren gegen die Seelengrund-Entelechie (also das Dem-Sog-Gottes-sich-nicht-Überlassen) führt durch das Sich-Verlieren an die Außenwelt zur Entfremdung des Menschen sich selbst gegenüber.[68] Dieser Vorgang bleibt, bei aller Konkretheit und Fühlbarkeit, eingebunden in den Glauben.

Diese Eingebundenheit in den Glauben fordert aber auf Seiten des Menschen eine aktive Stellungnahme. Die gnadenhafte Wirkung der Gottesgeburt ist nicht dazu da, daß der Mensch in ihr verharrt. Die beglückende Fühligkeit muß aufgebrochen werden zur Tat.

---

[66]. ähnlich HEILER (1933), S. 319

[67]. WYSER (1958), S. 248

[68]. Vgl. WEILNER (1961), S. 120 f.

Die ethischen Konsequenzen des Gnadengeschehens sollen im nächsten Kapitel aufgezeigt werden.

2.4. Bekehrung als **Prozess** der Reifung

Für unsere Fragestellung im Zusammenhang seiner lebensgeschichtlichen
Entwicklung interessiert weniger Taulers Stellung zu Strukturen und einzelnen Elementen des mystischen Lebens, wie etwa die Betrachtung, Versenkung oder die vielgestaltige Ausstufung der Gottesgeburt in der Seele. Vielmehr gilt es, die *Wirkung* der einzelnen Faktoren auf das Leben Taulers in
den Blick zu nehmen.[69]
Es soll versucht werden, ein "Referenzsystem"[70] anzudeuten, in dem die Linien der taulerschen lebensgeschichtlichen Entwicklung gedeutet werden
können.

2.4.1. Das Wandlungsgeschehen der Psyche
Die *zweite Bekehrung* der Seele, die der Vollkommenheit entgegengehen soll,
meint bei Tauler einen Umbruch, der sich in der Psyche vollzieht. Wir sagten
bereits, daß Tauler diesen Umbruch im Koordinatensystem der menschlichen
Persönlichkeitsgeschichte lokalisiert.
Taulers "Mystik des Weges"[71] meint ein Fortschreiten auf dem Weg zur
Vollendung. Dieser Weg hat - im Eckhartschen Sinn - kreisförmigen Charakter: der Mensch geht von der Einheit im göttlichen Urgrund aus und muß zu
ihr zurückkehren.[72]
Dieser Umbruch ist bei Tauler als *Überformung* gekennzeichnet. In ihr wird
die Gestaltungskraft Gottes im menschlichen Persongefüge deutlich. Solange

---

[69]. Vgl. hierzu auch: ZEKORN (1985), S. 37-41

[70]. d. h. theoretische und praktische Faktoren, unter deren Einfluß sich die mystische Erfahrung ergibt. Vgl. HAAS (1976), S. 519

[71]. nach WEILNER (1961), S. 70

[72]. COGNET (1980), S. 116; HAAS (1979), S. 177: "Eckhart kennt nur das Hier und Jetzt von
Gottes Gegenwart in der Seele; Tauler dagegen weiß um die Schwäche der irdischen
Menschen und scheut sich nicht, den Werdegang, der zum Ziele führt, entwicklungspsy-
chologisch auszufalten."

der Mensch noch unter der Bewußtseinsdominanz von Erkennen und Wissen steht, ist er noch nicht zur Überformung bereitet.[73]

> *...und frei (von allem, was nicht Gott ist),...neigt sich der göttliche Abgrund und sinkt in den lauteren, auf ihn zukommenden Grund (des Menschen), überformt den geschaffenen und zieht ihn mit der Überformung in die Ungeschaffenheit, daß der (menschliche) Geist eins mit Gott wird.*[74]

Hier wird eigentlich deutlich, daß Tauler "alle Eckhartschen Überschwenglichkeiten und sprachliche Kunst- und Kraftmittel in Anpruch" nimmt.[75] Die Sprache wird tiefer, immer schwerer auslotbar, um das Geschehen adäquat zur Sprache zu bringen.

Hier beginnt auch die dunkle Radikalität der göttlichen Einforderung: Alles Erreichte - die vermeintlichen "Früchte" des geistlichen Lebensweges bis hierhin - muß abgelegt werden. Der Trennungsschmerz dieser radikalen Relativierung der menschlichen Werte wird in ihrer übersteigerten Negation zum Positivum: Der Mensch hat die Chance, sich in der Tiefe seiner selbst als die Mitte der mystischen Erfahrung zu *finden*.[76]

> *...dann vergeht die erste Form völlig im Hinblick auf das, was sie in ihrem Sosein kennzeichnet: nach ihrer Tätigkeit, Denkfähigkeit, Größe, Farbe; all das muß weg; nur eine ledige, lautere Materie bleibt übrig.*[77]

Die Überformung ist nicht bloß äußere Bekleidung, sondern eine innere Veränderung und Neugestaltung.

---

[73]. WENTZLAFF-EGGEBERT (1940), S. 50

[74]. (Übers. HOFMANN (1979), S. 482: 66. Predigt) *Denne als Got den menschen also vindet in der luterkeit und in der blosheit zuo gekert, so neiget sich das goetlich abgründe und sinket in den luteren zuo gekerten grunt und überformet den geschaffen grunt und zühet in in die ungeschaffenheit mit der überformunge, das der geist als ein mit dem wirt.* (V 66. Predigt, 363,11-15)

[75]. HAAS (1979), S. 177

[76]. SUDBRACK, Josef: *Komm in den Garten meiner Seele: Einführung in die christliche Mystik.* Gütersloh 1979 (GTB 329), S. 31

[77]. (Übers. HOFMANN (1979), S. 500: 64. Predigt) *Denne so vergat alle die erste forme: in der solicheit die gescheftlicheit, die gedenklicheit, die groesse, die varwe. Dis muos alles gar dannan, denne ein luter blosse materie blibet do.* (V 55. Predigt, 257,18-21)

...sie sollten sorgfältig darüber wachen, wie sie die Einheit des Geistes im Band des Friedens bewahren, ein Geist und ein Gott in der Überformung der geschaffenen Geister durch den Ungeschaffenen. Diese Überformung ist um so höher, je würdiger man gewandelt ist nach dem würdigen Vorbild unseres Herrn Jesus Christus in aller Geduld, Demut und Sanftmut. [78]

Wie sieht das verlaufstechnisch aus? [79]

Gemäß den Eigenschaften des Seelengrundes gehört zu diesem Zustand der Überformung als Hauptbedingung eine letzte Passivität unter Aufgabe von Wissen, Willen, Erkennen und Wirken. Im Leben des Einzelmenschen nimmt der Entwicklungsvorgang bis zur Vorbereitung auf den Überformungsakt einen sehr langen Zeitraum ein. Unvermeidlicher Ausdruck hierfür ist ein gewisser mystischer *Quietismus*, der nur für einen zeitlich begrenzten Raum, und zwar nur für diese Form der *unio mystica* entsteht. Tauler warnt vor einer Überschätzung der Überformung und einer Verlängerung der seelischen Bereitung über die Zeit hinaus bis in den kreatürlichen Zustand des alltäglichen Lebens hinein.

Wer dieser Überformung (seines menschlichen Wesens) nun völlig folgte und in rechter Ordnung in seinen inneren Grund eingekehrt wäre, dem könnte wohl (schon) in diesem Leben ein Augenblick der höchsten Überformung zuteil werden, obwohl sonst niemand in Gott gelangen noch Gott erkennen kann als in dem unerschaffenen Licht, das heißt Gott selber... [80]

Wir dürfen Überformung nicht gleichsetzen mit einer göttlichen Berührung. Berührung durch Gott besitzt augenblickhafte Erlebnisqualität, wogegen

---

[78]. (Übers. HOFMANN (1979), S. 508: 65. Predigt) *sien sorgvaltig wie si behalten die einikeit des geistes in dem bande des friden, ein geist und ein Got in der überformunge der geschaffenen geiste von dem ungeschaffenen geiste; das wirt als verre überformet als vil me man wirdeklichen gewandelt hat nach den wirdigen bilden unsers herren Jhesu Christi in aller gedult und demuetkeit und senftmuetikeit.* (V 53. Predigt, 244,9-14)

[79]. Ich folge hier den Ausführungen von WENTZLAFF-EGGEBERT (1940), S. 50 ff.

[80]. (Übers. HOFMANN (1979), S. 338: 44. Predigt) *Und der der überformunge nu voelleklichen volgete und ein in gekert mensche were in sinen innigen grunt in rechter ordenunge, es moechte im wol erlingen das im in disem lebende würde ein blik der obersten überformunge, sunder wie das nieman in Got enmag komen noch Got enmag erkennen denne in dem ungeschaffen liechte und das ist Got selber.* (V 61. Predigt, 332, 11-15)

Überformung den Zustand einer durch Gottberührung neugestalteten Lebensqualität ermöglicht.

Hieraus ist zu ersehen, daß Überformung nicht bloß ein mystisches Motiv Taulers, sondern gleichzeitig Schlüsselstelle für die leibseelische Ausformung des innerseelischen Gnadengeschehens ist: echte Moralität.

> *(Die nach Gott gebildete Form des Menschen) gewinnt nicht eher ewige Ruhe, bevor sie nicht überformt wird mit der Form aller Formen, die diese alle erfüllt: das ungeschaffene, ewige Wort des himmlischen Vaters.*[81]

Eine Wirkung der Überformung im Menschen ist für Tauler die Freiheit. WEILNER [82] kennzeichnet die von Tauler gemeinte Freiheit als souveräne Reife und Aufgeschlossenheit in der Beurteilung echter und scheinbarer Bindungen.

2.4.1.1. Zum Problem der Erfahrung

Es bedarf der Klärung, warum gerade innerhalb der letzten Jahre das Interesse an der Deutschen Mystik gerade außerhalb des fachtheologischen Bereichs - auf theologischem Gebiet tat sich recht wenig - derartig angestiegen ist. (Von der Vermarktung in sachen "Mystik", "Übersinnlichem" oder ähnlich Exotischem soll hier nicht die Rede sein.)

Ein geradezu inflationärer Gebrauch des Begriffes **Erfahrung** verlangt nach einer kritischen Auseinandersetzung mit dem neuzeitlichen Erfahrungsbegriff in der Theologie. Gut ist es, wenn es gelingt, in redlicher Weise eine Rückkoppelung an Theologie und Geschichte aufzuzeigen. Das macht den Gesprächsbeitrag des *Theologen* glaubwürdiger.[83]

---

[81]. (Übers. HOFMANN (1979), S. 264: 36. Predigt) *Die forme die engewint niemer eweklich raste, si enwerde über formet mit der forme die alle forme in ir treit und volmachet: das ist das ungeschaffene ewig wort des himelschen vatters* (V 36. Predigt, 136,33-35)

[82]. WEILNER (1961), S. 223

[83]. Vgl. hierzu die Studie: MIETH, Dietmar: Der schauende Mensch - ein Vergleich mystischer Erfahrung im Mittelalter und heute. In: BÖHME, Wolfgang (Hrsg.): *Mystik ohne Gott? Tendenzen des 20. Jahrhunderts.* Karlsruhe 1982 (Herrenalber Texte 39), S. 71-85

Das Wandlungsgeschehen der Psyche macht neue Erfahrungen möglich. Das Menschbild der Mystiker ist eben geprägt durch diese eigene neue Erfahrung der persönlichen Begegnung mit dem Transzendenten.[84]

Je persönlicher aber die Erfahrung ist, desto stärker ist sie geprägt von der Persönlichkeit des Erfahrenden.[85] Gerade aber, wenn nach persönlicher Erfahrung geforscht wird, herrscht Uneinigkeit in der Methodik. So braucht zum einen Erfahrung nicht unbedingt psychologisch beschrieben zu werden, um Erfahrung zu sein;[86] zum andern erliegt mancher der Grundversuchung allen Suchens nach Gotteserfahrung: eine innerweltliche Erfahrung wird solange ausgedehnt und erweitert, bis sie unendlich geworden erscheint.[87] D. h. scheinbare Transzendenzerfahrungen erweisen sich bei näherm Hinsehen als "Projektionen" seelischer Dynamismen. Dann ergibt sich noch die Schwierigkeit, daß psychologische Erfahrungen und metaphysische Erkenntnisse sich zuweilen unauflösbar durchdringen. Die einen kommen nicht selten für die anderen zu stehen. Gerade hier ist eine saubere Trennung vonnöten, da sonst Ursache mit Wirkung vertauscht wird oder eine anderweitige Determinierung übersehen wird.[88]

Es versteht sich von selbst, daß innerhalb der Bandbreite menschlicher Erfahrung die *mystische* Erfahrung umso schwieriger eindeutig nachweisbar ist. Ansätze von HAAS und RAHNER, die für den oberflächlichen Betrachter auf

[84]. BENZ (1972), S. 302

[85]. SUDBRACK (1979), S. 16: "Die Nähe zu Gott löscht die Individualität nicht aus, sondern sie potenziert sie." - " Je persönlicher die Erfahrung ist, je näher ein Zeugnis dem Urerlebnis steht, desto deutlicher tritt eine personal-dialogische Grundstruktur hervor; je weiter sich aber das Zeugnis von der Erfahrung entfernt, je mehr es von bewußter oder unbewußter Reflexion durchzogen ist, desto deutlicher wird der pantheisierende Zug." SUDBRACK (1980), S. 20, identisch mit SUDBRACK (1974), S. 20

[86]. Vgl. WREDE (1974), S. 41; HAAS (1976), S. 511: "Darf man die wahllose Füllung der immer stärker auseinandertretenden Breiche von Theorie und Praxis, Theologie und Glaubensleben, durch Empirie im weitesten Sinn - um einerseits den Wissensstand mindestens der Humanwissenschaften einzuholen, um andererseits die traditionellen esoterischen Psychologien der modernen Psychologie einzugliedern - noch die Glaubwürdigkeit beanspruchen, deren Aura einst den Glanz der Glaubensartikel und des Geistes des Evangeliums ausmachte?"

[87]. SUDBRACK (1980), S. 139

[88]. Vgl. WEILNER (1961), S. 89

eine "anonyme Mystik" herauszulaufen scheinen, machen das Unterfangen nicht gerade leichter.[89]

Bei der Untersuchung mystischer Erfahrung geraten wir schnell an ein methodisches Ende, denn mystische Erfahrung erweist sich als Grenzphänomen menschlicher Erfahrung, "aller sonstigen Erfahrung aufgrund ihres Gegenstandes entzogen und doch *menschliche Erfahrung* ganz und gar, da sie ihren Austragungsort im Menschen in all seine seelisch-geistigen und körperlichen Kräfte hat."[90]

Wie sieht näherhin die mystische Erfahrung aus, wie Tauler sie darstellt? Zunächst muß für ihn der Weg zur Vollkommenheit über diese mystische Erfahrung kommen.[91] In der theologischen Begründung der Spiritualität zeigt sich aber, daß diese Betonung der Erfahrungsmystik nicht einseitig interpretiert werden darf.[92] Die Persönlichkeitsstruktur in ihrer Vielfalt bedingt, daß Erfahrung gemäß ihrer variabelen anthropologischen Voraussetzungen nie einseitig festlegbar ist, sondern teils willensmäßig-ethisch, teils spekulativ-meditativ zu verstehen ist.[93]

Tauler trennt noch nicht zwischen Erfahrung und theologischer Einsicht. Beides bedingt einander.[94] Es geht ihm um *Verlebendigung des Glaubens durch innere Erfahrung.* Er nimmt die Gottesschau zwar dankbar an, *will* sie

[89]. HAAS (1976), S. 516: "Es gibt - wie schon für Meister Eckhart - keine von der mystischen absolut trennbare religiöse Erfahrung, sondern die religiöse Glaubenserfahrung gravitiert auf die mystische immer schon und immer intensiver hin, wenn auch auf Seiten des gottverlorenen Geschöpfes noch der geringste Glaubensrest zu einem Motiv ewiger Rettung werden kann." Vgl. auch die einschlägigen Veröffentlichungen von Karl RAHNER: RAHNER, Karl: Mystische Erfahrungen und mystische Theologie. In: *Schriften zur Theologie* XII. Freiburg 1975, S. 428-438; RAHNER, Karl: Über Visionen und verwandte Erscheinungen. In: *Geist und Leben* 21 (1948), S. 179-213; RAHNER, Karl: *Visionen und Prophezeiungen.* Freiburg 1948 (Quaestiones disputatae 4); RAHNER, Karl: Vorwort. In: ALBRECHT, Carl: *Das mystische Wort.* Mainz 1974, S. VII-XIV

[90]. HAAS (1979), S. 20 f.

[91]. COGNET (1980), S. 115

[92]. MIETH (1969), S. 281

[93]. Vgl. WREDE (1974), S. 204

[94]. "Wenn es so etwas wie eine 'mystische' Lehre Taulers gibt, dann liegt deren Radikalität in deren erfahrbarer Evidenz, in der sie sich konkretisiert, aber auch im hegelschen Sinn aufhebt. Das Lehrhafte ist hier ein ins Erfahrene und Erfahrbare notwendig übergegangener Element." HAAS (1971), S. 80

aber nicht; er mag sogar lebenslang darauf verzichten, wenn es Gott ge-
fällt.[95] Für Tauler ist Erfahrung die existentielle und mystische Seite des
Glaubens.[96] Obwohl Glaube eine Entelechie (Zielausrichtung) zur mystischen *unio*-Erfahrung besitzt, weiß Tauler um die Exklusivität und Seltenheit
dieser Grenzerfahrung.[97] So predigt er gerade nicht diese Exklusivität (-
kaum ein Mystiker zeigt eine solche reservierte Scheu vor den außerordentlichen Erscheinungsweisen der *unio*-Erfahrung -), sondern ein Bescheiden mit
dem, was der eigenen Persönlichkeit entspricht.[98]

Mystische Erfahrung bei Tauler besagt zweierlei:

1. Die Binnendialektik von *grunt* und *gemuet* ist **geistiges** Geschehen, das
   eben auch **erfahrbar** wird (Halte Einkehr in deinen Grund, damit Du
   seiner gewahr wirst!)
2. Dabei wird *nicht Gott* erfahren, sondern die seelische Dramatik, Sog Gottes, die Liebesberührung.

Bei all dem soll der Mensch nach Gott und nicht nach Gotteserfahrung streben. "Mystische Erfahrung ist jener ganzheitlich-personale, der Gnade entsprechende Vollzug des Menschen, der aus dem widerfahrenden Erlebnis
bedrängend-öffnender Nähe des Unbegreiflichen in den eigenen unbegreiflichen und bis dahin unerschlossenen Tiefen des Ich sich einstimmen läßt in
den Liebeswillen des Vaters, wie er sich in der Lebensbewegung des Sohnes
und der sakramentalen Dramatik und jenem Erlebnis der anziehenden
Gnade selbst mitteilt und im Pneuma eine menschliche Antwort erwirkt."[99]

---

[95]. WEILNER (1961), S. 57; SUDBRACK (1980), S. 138

[96]. HAAS (1976), S. 516: "Glaube ist für Tauler so sehr Erfahrung, daß er die normale Vorherrschaft der Vernunft bricht..."

[97]. Vgl. HAAS (1976), S. 517. HAAS nennt hier noch den Stellvertretungscharakter mystischer
Erfahrung. Vgl. hierzu die äußerst lesenswerte Sammlung von BENZ: BENZ, Ernst: *Die
Vision: Erfahrungsformen und Bilderwelt*. Stuttgart: Klett, 1969; sowie die umfassendere
Aufarbeitung des Themas durch die Habilitationsschrift von Peter DINZELBACHER:
DINZELBACHER, Peter: *Vision und Visionsliteratur im Mittelalter*. Stuttgart: Anton Hir-
semann, 1981 (Monographien zur Geschichte des Mittelalters Bd. 25)

[98]. Wie wir sahen, verbietet die Selbsterkenntnis geradezu das Streben nach mystischer Erfahrung.

[99]. SALMANN (1979), S. 306

2.4.1.2. Exkurs:
Erfahrung und mystische Sprache

Erfahrung will sich mitteilen. *Sprache* ist das primäre Vehikel, mit welchem dieses Vorhaben gelingen will. Sie ist **das** Mittel, das von der Erfahrung im Allgemeinen Zeugnis geben will. "Die Inkommensurabilität zwischen Erfahrenden und Erfahrenem - der eine ist endlich, der andere unendlich! - führt in die Wortlosigkeit, die aber ihrerseits - zuhanden der Hörer und Leser, die zur Erfahrung angespornt werden sollen - nur sprachlich vermittelt werden kann."[100]

Dieser Vorgang des Transfers (der menschlichen Erfahrung in das Kommunikationssystem Sprache) vollzieht sich aber nicht so, daß es zunächst eine "sprachlose", also eine nicht mit sprachlicher Begrifflichkeit ausdrückbare Erfahrung gibt, die dann wiederum in das Regelsystem menschlichen Sprechens eingeht, "sondern so, daß Sprache - als eine unabdingbar vorgegebene - den Inhalt möglicher Erfahrung mindestens immer schon zum voraus mitbestimmt hat und so an Erfahrung immer auch leitend und begründend mitbeteiligt ist."[101]

So darf Taulers Sprache im Verkündigungsgeschehen nicht einfach in den Kategorien "Verkündigung" und "Kommunikation" gesehen werden, sondern gleichzeitig immer *funktional zur Erfahrung hin wirkend*, also erfahrungsweckend, erfahrungsbegründend, selber Erfahrung schaffend.

In diesem äußerst komplexen Geschehen der Erfahrungsgenese finden also die beteiligten Faktoren
* Wort (Verkündigungsmittel),
* Sprache (Verkündigungsgeschehen),
* Sprechender (Vermittler)
zueinander.
Am Beispiel Taulers können wir sehen, daß diese idealtypische Konstellation durchaus bei ihm existiert und seinen Erfolg begründet hat.

---

[100]. HAAS (1984),S. 247

[101]. HAAS (1979), S. 22 f. Vgl. hierzu auch die ältere Studie: HAGEN, Hans W.: Mystische Weltanschauungsformen und ihr Ausdruck in der Stilgebung. In: *Zeitschrift für deutsche Philologie* 58 (1933), S. 117-140; ZIRKER, Otto: *Die Bereicherung des deutschen Wortschatzes durch die spätmittelalterliche Mystik.* Jena 1923 (Jenaer germanistische Forschungen 3)

Was macht Sprache zur *mystischen* Sprache?
Wie sieht die Umsetzung von mystischer Erfahrung in Sprache genauer aus
und welche Probleme ergeben sich?

    1. Problem des Transfers von Erfahrung in Sprache ist die grundsätzli-
che Inkommensurabilität der mystischen Erfahrung. Gleichzeitig
aber rührt diese (noch sprachlose) Erfahrung an Bereiche menschlicher Möglichkeiten und Fähigkeiten, die auf Verbalisierung
und Deutung hindrängen.[102]

    2. Problem ist die Kohärenz (besser: umgekehrte Proportionalität) von
Ohnmacht des Sprechenden zur Übermacht des Erfahrenen: Je
tiefgreifender und überwältigender eine Erfahrung ist, desto
"sprachloser" wird der Mensch.[103] Nach der Sprachphilosophie
WITTGENSTEINS begegenet uns Gott in Schöpfung und Offenbarung nur innerhalb der Sprache als der, der außerhalb der Sprache steht.[104] Die einzige Konsequenz hieraus wäre ein mystischer
Quietismus, der im Grunde keine demütige Erkenntnis menschlicher Grenzwerte wäre, sondern eine Verweigerung, die vor jedem
Verbalisierungsversuch bereits schon resigniert hat.[105]

---

[102]. Vgl. HAAS (1979), S. 22. Wenn dies nicht geschehen kann, sprechen die Psychologen von
einem "Gefühlsakkord", einem Mischaffekt, wobei menschliche Binnenkräfte nicht mehr
zielgerichtet wirken, sondern sich aneinander aufreiben und im Menschen einen großen
Verlust an inneren Energien hervorrufen, ohne daß sich äußerlich "unter dem Strich"
etwas ändert.

[103]. SUDBRACK, Josef: *Probleme - Prognosen einer kommenden Spiritualität.* Würzburg 1969, S.
64: "Das Versagen der Sprache vor dem Göttlichen spürt derjenige, der diese Wirklichkeit *leben* will, stärker als der, der sie nur *lehrt.*"

[104]. Vgl. HAAS (1971), S. 116 f. Zum Verständnis des o.a. Autors im 2. Teil dieser Arbeit siehe
auch: WITTGENSTEIN, Oskar G.: Mythos und Mythopathologie. In: KEILBACH, Wilhelm
(Hrsg.); KRENN, Kurt (Hrsg.): *Archiv für Religionspsychologie.* Bd. 14. Göttingen: Vandenhoeck & Ruprecht, S. 142-152

[105]. Hiervon ist aber streng das Verständnis christlichen Schweigens zu unterscheiden, das in
der Mystik gebetshaften Charakter hat, d. h. funktional auf Sprache hin angelegt ist.
Vgl. HAAS (1979), S. 26

3. Problem ist der Umgang mit der Paradoxie.

Die mystische Aussage wird selbst zum Paradox: Indem sie affirmativ bestätigt, was sie als jenseits des Sagbaren klassifiziert, braucht sie die Negation als ihr sprachliches Medium.[106] Erschwerend kommt hinzu, daß die Gegensätzlichkeit von Sagbarem und Unsagbarem wiederum auf die Erfahrung zurückschlägt, deren Ausdruck sie ist.[107]

"Die Gotteserfahrung wächst zu ihrer Unmittelbarkeit vor dem Hintergrund einer so und so sprachlich geprägten, inzitativen Mystagogie (d.h. menschlich-persönlich-liebenden, dialogisch übermittelten Führung), übersteigt so die Sprache und bezeugt sich sodann in ihr und gegen sie als ein Übersprachliches, indem sie letzte Ressourcen aktiviert."[108]

2.4.2. Jubilacio - getrenge - übervart - allgemeingültige Lebens- und Reifungsdynamik?

Hinkehr zu Gott ist eine lebenslange Aufgabe. Aber nicht irgendeine Ausrichtung der Gedanken auf Gott ist gefordert, sondern ein Ernstmachen des Umkehrwillens: Eine *wesentliche Bekehrung (weseliche ker)* ist anzustreben.

---

[106]. HAAS (1979), S. 28 f. "Taulers mystisches Sprachspiel im Umkreis der Selbsterkenntnis statuiert die Möglichkeit einer *positiven* Vereinigung des Menschen mit Gott, indem es gerade im Herzpunkt dieser unio die vom Geschöpf aus nicht überschreitbare Ungleichheit als entscheidend *negatives* Moment in den Blick nimmt." HAAS (1971), S. 120. Ähnlich WEILNER (1961), S. 98

[107]. HAAS (1979), S. 29

[108]. HAAS (1979), S. 32

*Der erste Grad eines inneren Tugendstrebens, der (uns) geradewegs in
Gottes nächste Nähe führt, besteht darin, daß der Mensch sich gänzlich den wunderbaren Werken und Offenbarungen der unaussprech-
lichen Gaben und dem Ausfluß der verborgenen Güte Gottes zu-
wende; daraus entsteht dann ein Zustand (der Seele), den man
'iubilatio' nennt. Der zweite Grad ist geistige Armut und eine sonderliche Entziehung Gottes, die den Geist quälender Entblößung überläßt. Der dritte Grad ist der Übergang in ein gottförmiges Leben, in
Einigung des geschaffenen Geistes mit dem aus sich selbst seienden
Geist Gottes. Das kann man eine wahre Umkehr (weselichen ker)
nennen.*[109]

Nicht freudlose asketische Verbissenheit fordert Tauler, sondern eine Art
und Weise der Bekehrung, die einem erlösten Menschen entspricht:

*Tu das freudig, indem du dich ganz und wahrhaftig (von dir selbst)
abkehrst, denn den, der fröhlich verzichtet, liebt Gott.*[110]

Lohn der *weslichen ker* winkt von Gott her:

*Das nennt man eine wesentliche Umkehr: ihr entspricht der allerwe-
senhafteste Lohn. Anderen Arten der Umkehr folgt nur zufallender
Lohn...ihr muß allerwege wesenhafter Lohn zuteil werden und Gott
mit sich selber.*[111]

---

[109]. (Übers. HOFMANN (1979), S. 303: 40. Predigt) *Der erste grat eins inwendigen tugentlichen
lebens die do die richten leitet in die hochste nacheit Gotz, ist das der mensche kere ze
mole sich in die wunderlichen werk und bewisunge der unsprecheliler gaben und der us-
flüsse der verborgener guotheit Gotz, und dannan us wirt gebom in die uebunge, die heisset
jubilacio. Der ander grat das ist ein armuete des geistes und ein sunderlich in ziehen Gotz
in einer qwelender berovbunge des geistes. Das dritte das ist ein übervart in ein gotformig
wesen in einikeit des geschaffenen geistes in den istigen geist Gotz, das man ein weselichen
ker mag heissen.* (V 39. Predigt, 159,31-160,5)

[110]. (Übers. HOFMANN (1979), S. 256: 35. Predigt) *Und das tuo mit einem gantzen woren kere
froelich, wan der froelichen uf geber den minnet Got.* (V 60. Predigt (60 h), 325,21-22)

[111]. (Übers. HOFMANN (1979), S. 331: 43. Predigt) *Das heissent weseliche kere, den aller weselich lon antwúrtet. Andern keren den antwúrtet zuo vallender lon. ...disem muos alwegen
antwúrten weselich lon und Got mit im selber.* (V 40. Predigt, 169,3-4; 10-11). Die gleiche
Unterscheidung zwischen *wesenlichem* und *zuovallendem lone* findet sich schon bei NI-
KOLAUS V. STRAßBURG. 268,24; 40 und 269,6,19; 270,25. Sodann bei Heinrich Seuse:
*Zuovallender lon lit an sunderliche vroede, die dú sel gewinnet von sunderlichen und er-
widrigen werken, mit dien si hie gesiget hat, als die hohen lerer, die starken martrer und die
reinen jungfrowen; aber weslicher lon lit an schoewlicher vereinunge der sele mit der blosen
gotheit, wan e genuowet si niemer, e si gefueret wirt über alle ir krefte und mugentheit, und
gewiset wirt in der personen naturlich wesentheit und in des wesens einvaltigen blozheit.
Und in dem gegenwurfe vindet si denne genuegde und ewig selikeit;* BÜCHLEIN DER EWI-

Ein solcher Lohn - nicht mit menschlichen Mitteln zu erreichen - ist: der Friede, der alles Begreifen übersteigt.

> *Dieser Friede folgt der wesentlichen Umkehr, der Friede, der alle Sinne überragt. Wenn sich das Ungenannte, das namenlos in der Seele ist, ganz zu Gott wendet, so folgt und wendet sich zu Gott alles, was in dem Menschen einen Namen besitzt. Auf diese Wendung zu Gott hin gibt sich allezeit alles, was in Gott namenlos ist, das Ungenannte und alles, was in Gott Namen hat: das alles gibt sich dem Menschen, der sich zu Gott kehrt.*[112]

Es gehört zur Glaubengeschichte eines jeden Mystikers, daß Zeiten des inneren Trostes und der spürbaren Gnade abwechseln mit Perioden der Dürre und tiefster Niedergeschlagenheit.

Wir finden bei Tauler ein Schema, das einen spezifischen Reifungsweg zu beschreiben scheint: die mystische Phasengliederung in *jubilacio - getrenge - übervart*. Tauler meint hier eine Erlebnisfolge, nach der grundsätzlich jedes Reifungsgeschehen verläuft.[113]

GEN WEISHEIT XII 245,1-9: "<u>Zufallender</u> Lohn bedeutet die sonderliche Freude, welche die Seele durch besondere, ehrenwerte Werke gewinnt, mit deren Hilfe sie hier gesiegt hat, wie die hohen Lehrmeister, die starken Blutzeugen, die vollkommenen Jungfrauen; <u>wesentlicher</u> Lohn aber beudeutet schauende Vereinigung der Seele mit der lauteren Gottheit, denn die Seele findet nicht eher Ruhe, bevor sie nicht über all ihre Kräfte und Möglichkeiten hinausgeführt wird und in die natürliche Wesenheit der (drei göttlichen) Personen und die einfache Lauterkeit (göttlichen) Wesens eingeht. Und dadurch findet sie Befriedigung und ewige Seligkeit." (Übers. HOFMANN (1986), S. 251-2)

[112]. (Übers. HOFMANN (1979), S. 312: 41. Predigt) *Diser fride der volget dem weselichen kere, der fride der alle sinne übertriffet; wenne sich das ungenante, das namlos das in der selen ist, in Got zemole kert, so volget und kert sich da mit alles das namen hat in dem menschen, und in dem kere antwürt alle zit alles das namlos ist in Gotte, das ungenante, und alles das in Gotte namen hat, das antwürt alles dem kere.* (V 41. Predigt, 174, 14-18)

113. Eine ähnliche Symptomatik kennt Heinrich Seuse: *unbescheidene trurekeit, ungeordnete swermuetikeit, ungestueme zwifelheit.* PREDIGTEN, I. Predigt 496 ff. Es ist anzunehmen, daß Seuse (sowie Tauler) bei diesen Seelenzuständen eigene Erfahrung zugrunde legt.

jubilacio

*(Auf daß dem Menschen) Liebe und Freude all seine seine Kräfte
und seine Sinne durchströme mit so großer Zuneigung und solcher
Freude, daß er diese Freude nicht in sich verbergen kann und sie in
Jubel ausbricht.* [114]

Eine erreichte Reifestufe wird im Personalgefüge dominant und glückshaft
erlebt. Problem-Strukturen werden transparent, innere und äußere Energien
werden freigesetzt, der Erfolg wirkt als Katalysator zur weiteren Festmachung des Menschen selbst in dieser Phase. Hier gewinnt der Mensch
seine eigene Identität. Hier darf sich der Mensch bei sich "zu Hause" fühlen -
eine Relativierung seines Reifungsstandes will und darf nicht aufkommen:
Verweile doch, du bist so schön...
Aber: der Erfolg, die Beglückung, trägt in sich schon den "Wurm", der sich
von der Frucht ernährt, ihr den Lebenssaft raubt, der sie schließlich faul werden läßt. Nicht nur weltliche Freuden tragen diesen Wurm in sich - das wäre
nichts Originelles und keiner Erwähnung wert. Tauler legt den Finger auf
eine empfindliche Wunde: sogar die (in der Regel blind und voraussetzungslos angestrebten) geistlichen Werte und Ziele unterzieht er einer
herben Kritik - und nicht deren mögliche Verzerrungen!

*Und doch ist das alles in dem Grunde wurmstichig oder kann es
noch werden; davon ist weder tätiges Leben noch Beschauung, noch
Jubel, auch nicht Betrachtung (ausgenommen), nicht daß man bis
zum dritten Himmel entrückt werde... alle Lebensführung, alles kann
wurmstichig werden, wenn der Mensch nicht auf seiner Hut ist.* [115]

[114]. (Übers. HOFMANN (1979), S. 309: 41. Predigt) *daz im die minne und die liebe durch ge alle
sine krefte und sine sinne mit also grosser minne und froeiden das er die froeide nút verbergen enmúge, si breche us mit einem jubilieren.* (V 41. Predigt, 171,21-23)

[115]. (Übers. HOFMANN (1979), S. 347: 45. Predigt) *alles inwendig in dem grunde wurmstichig ist
und werden mag, noch würkent leben noch schovwent leben noch iubilacio noch enkein
contemplatio noch das man würde entzukt in den dritten himel....: alle die wisen und leben
die man haben mag, die mügen alle würmstichig werden, der mensch entstande denne uf
siner huote.* (V 43, 185,8-11; 16-18)

getrenge

All die heiligen Gedanken und liebevollen Bilder, die Freude und der Jubel, und was ihm je von Gott geschenkt ward. Das alles dünkt ihm nun grob und wird von da ausgetrieben, so daß es ihm nicht mehr zusagt und er nicht dabeibleiben kann, und das will er (auch) nicht; was ihn aber anzieht, das besitzt er nicht; und so befindet er sich zwischen zwei einander widerstreitenden Richtungen und ist in großem Weh und großer Drangsal.[116]

Die neue Reifungsstufe verliert durch Gewöhnung, durch Alltag ihre Faszination. Das Glücksgefühl räumt seinen Platz für eine diffuse Indifferenz. Der Mensch will unbewußt das Erreichte festhalten und diesen Zustand konservieren. Aber die menschliche Entwicklung überholt unbemerkt die Phase der Zufriedenheit.

Äußerlich geht der Geschmack an bisherigen Frömmigkeitsübungen verloren. Da aber keine neue Form übergangslos an die Stelle der alten tritt, steigern sich Unruhe, Gefühl der Ungenügsamkeit und Schuldbewußtsein zu einer Krise.[117] Diese Beobachtung beschreibt Tauler bei allzu extrovertierten Menschen:

Aber gar manche tun das nicht, ihr ganzes Wirken geht nach außen. Werden sie von innen berührt, so brechen sie sofort auf (und ziehen) in ein anderes Land oder an einen anderen Ort. So kommen sie zu nichts; stets beginnen sie eine neue Lebensweise, und viele rennen so in ihr eigenes Verderben. Bald wollen sie ein Leben in Armut führen, bald sich in eine Klause zurückziehen, dann (wieder) in ein Kloster gehen.[118]

---

[116]. (Übers. HOFMANN (1979), S. 309: 41. Predigt) *alle die heiligen gedenke und die minneklichen bilde und die froeide und jubel und was im von Gotte ie geschenket wart, das dunket in nu alles ein grob ding, und wirt dannan us alzemale getriben, also das ime das nüt ensmakt noch enmag da bi nüt bliben, und dis enmag er nüt, und des in lust, des enhat er nüt, und also ist er enzwischen zwein enden und ist in grossem we und getrenge.* (V 41. Predigt, 171, 29-34)

[117]. Vgl. WEILNER (1961), S. 192

[118]. (Übers. HOFMANN (1979), S. 257: 35. Predigt) *Alsus entuont etliche nüt; alle ir würklicheit get uswert; wenne si von innan berueret werdent, alzehant uf und enweg in ein ander lant, in ein ander stat; so enkünnent si nüt, si hebent ein ander wise an und lovffent maniges in sin eigen verderbnisse. So sol er ein arm mensche werden; denne sol er in ein klosen, denne in ein kloster.* (V 60. Predigt (60 h), 326,21-25)

Der innere Wandel besteht darin, daß das bisher entworfene Gottesbild allmählich als ungenügend empfunden wird. Der Mensch erfährt ein immer
größeres Schwinden jener Transparenz des Gottesbildes, die ihm einen ent-
sprechenden Freiraum für die absolute Geheimnishaftigkeit Gottes ermög-
lichte.

Die Krise des Gottesbildes hat ihren Ursprung in einer veränderten subjektiven Einstellung des Menschen zu Gott. Die Auseinandersetzung geschah bisher nur in oberflächlichen Schichten des Persönlichkeitsgefüges. Dies wird
erkannt und als unzureichend empfunden.

Die Ausführungen ähneln jenen über die *bekumberung*. Tatsächlich sind
beide Vorgänge miteinander verknüpft. Alle Kräfte im Menschen drängen
zur existentiellen Vertiefung. In taulerscher Terminologie gesprochen: gegen
das Zugewachsensein des Grundes hilft nur die Einkehr in den Grund. In
dieser Krise kann die einzig richtige Verhaltenweise des Menschen nur eine
"konzentrierte Willigkeit" sein.[119]

> *Aber jene werden auf einen engen Weg gebracht und gezogen, der*
> *ganz finster und trostlos ist, auf dem sie eine unleidliche Drangsal*
> *verspüren und den sie doch nicht verlassen können... Dahinein müs-*
> *sen sie sich wagen und sich dem Herrn auf diesem Weg überlassen,*
> *solange es ihm gefällt.*[120]

Gemeint ist eine aktiv-passive Bereitschaft, seine Schwächen und Unzulänglichkeiten dem Wirken Gottes auszusetzen.[121]

---

[119]. nach WEILNER (1961), S. 182

[120]. (Übers. HOFMANN (1979), S. 331: 43. Predigt) *sunder si werdent gesaste und gezogen in*
einen engen weg, der zemole vinster und trostlos ist, in dem stont si in einem unlidelichen
trucke, das si nút us enmúgen; so wa si sich hin kerent, so vindent si ein grundelos ellende,
das wuest und trostlos ist und vinster. Dar in muessent si sich wogen und lossen sich dem
herren in disem wege als lange als es im behagt. (V 40. Predigt, 168,31-169,1)

[121]. ähnlich GRUNEWALD (1930), S. 45

...kommt große Angst und Bedrängnis... Und aus allen Menschen, die diesem Treiben und dieser Angst nicht folgen, wird niemals etwas, und sie bleiben, wie sie sind; sie kommen auch nicht zu sich selber... Wird der innere Mensch wieder von Gott getrieben und von der natürlichen Neigung, die er zu Gott hat, so entstehen, von Rechts wegen, Angst und Bedrängnis. [122]

---

[122]. (Übers. HOFMANN (1979), S. 63: 9. Predigt) *so kummet grosse bandikeit und getrenge...noch alle die menschen die dis tribens noch diser bandikeit nút envolgent, usser disen lúten enwúrt niemer nút und verblibent, so enkumment sú ovch nút zuo in selber...wurt der innewendige mensche getriben von Gotte und von dem natúrlichen neigende daz er zuo Gotte het; hie wurt billich bandekeit und getrenge.* (V 9. Predigt, 43, 8; 12-14; 20-22) Eine protestantische Deutungsvariante dieses Geschehens bietet MOELLER, Bernd: *Die Anfechtung bei Johann Tauler.* Mainz 1956 (Diss.), vor allem S. 38-68. Das *getrenge* findet bei Tauler synonyme Begrifflichkeit im
- *sturme des lidens*
- *grosse hammerslege*
- *betrüpnisse*
- *mordige bekorunge.*
MOELLER versucht, hieraus ein System der vor-lutherischen Anfechtungstheologie zu entwickeln. "...inwendige Bedrängnis und Finsternis,...denn Gott kommt mit furchtbaren Versuchungen und auf seltsame, eigene Weise, die niemand kennenlernt, außer der sie erlebt." Anfechtung versteht er bei Tauler als Prozess der Reinigung, wobei Gott deren Urheber ist. (Und zugleich Urheber der Sünde, die den Menschen in seiner sündhaften Geschöpflichkeit immer neu manifestiert!) MOELLER sieht in den Anfechtungen eine "mystische Dunkellinie" vorgezeichnet: im *getrenge* wird dem Menschen das Vollkommene entzogen. Der Trennungsschmerz als kathartisches Element weckt im Menschen als Impetus der Selbstaufgabe ein *turste nach lidende* (Durst nach Leiden): *got grüsse dich, bitterre bitterkeit voll aller gnaden.* (zit. nach MOELLER (1956), S. 56) Nach MOELLER (ebd. S. 25) ist Anfechtung ein theozentrischer Begriff und ein dynamisches Ereignis. (Vgl. auch GNÄDINGER (1980), S. 189; HAAS 1971), S. 102 und WEILNER (1961), S. 216) In dieser Krise ist letztlich Gottes Heiliger Geist wirkmächtig und des Menschen Zutun besteht nur darin, ihn nicht zu hindern.
...der Heilige Geist von oben in den Menschen kommt, des Menschen Inneres berührt und eine große Bewegung darin hervorruft, sodaß geradewegs des Menschen Inneres umgekehrt und sogleich in ihm völlig verwandelt wird. Die Dinge, die ihm zuvor schmeckten, munden ihm nicht mehr und ihn gelüstet danach, wovor ihm ehedem graute, wie Schmach, Verbannung, Einsamkeit, Entsagung, inneres Leben, Demut, Verworfenheit, Lostrennung von allen Geschöpfen. (Übers. HOFMANN (1979), S. 57: 8. Predigt)

übervart

Und glaubet mir auf mein Wort, daß keine Drangsal im Menschen entsteht, es sei denn, Gott wolle eine neue Geburt in ihm herbeiführen.[123]

...das ist eine Überfahrt; hier sind alle Dinge überwunden, und die Grenze ist überschritten...[124]

Die nunmehr altgewordene Haut wird in einer krisenhaften Anstrengung gesprengt. Hierdurch wird ein Durchbruch in eine neue, höhere Ebene möglich, die (zunächst) als unüberbietbar erlebt wird.

Hier beginnt der Kreislauf von *jubilacio - getrenge - übervart* ("Erfolg" - "Krise" - "Durchbruch")von neuem.

Was sind die Ursachen und Erscheinungsformen in diesen Reifungsphasen? Tauler setzt äußerlich im Frömmigkeitsleben des Menschen an. Geistliche Übungen sind für ihn immer zu relativieren, denn keine Reifungsphase mit ihren Ausdrucksformen vermag dem Menschen eine letzte Sinnstiftung zu vermitteln.[125]

Die menschliche Beschränkung erfährt aber im Prozess der Relativierung, des Überschlags und der Neuwerdung immer eine zeitweise Aufhebung. So setzt eine *immer neue Bekehrung* ein - freilich im Bewußtsein, daß auch die neu erreichte Reifestufe nie die letzte sein wird.

---

[123]. (Übers. HOFMANN (1979), S. 310: 41. Predigt) *Und wissist uf mich das niemer enkein getrenge in den menschen uf gestot, Got enwelle nach dem ein nûwe geburt in im ernûwen.* (V 41. Predigt, 172, 15-17)

[124]. (Übers. HOFMANN (1979), S. 26: 2. Predigt) *daz ist ein übervart, hie ist alle ding überkomen und ist übergevarn.* (V 2. Predigt, 16,12-13) Ähnlich Heinrich Seuse: *Dis mag heissen dez geistes übervart, wan er ist hie über zit und über stat, und ist mit minnericher schowunge in got vergangen.* (Heinrich Seuse: VITA LIII 193,11-13)

[125]. WEILNER (1961), S. 219: "Weil der 'Götze' auf Dauer nie halten kann (was er verspricht), nämlich dem Absolutheitsanspruch der Seelengrund-Entelechie Genüge zu leisten, kommt es zur Krise. Deren Sinn ist es, den bisherigen Götzen zu stürzen. Dabei kann es geschehen, daß wiederum nicht dem jeweiligen Reifegrad entsprechende echte Gottesbild, sondern ein neuer, etwa noch bestrickenderer Götze an des alten Stelle rückt."

Bei näherem Hinsehen steht dieses Reifemodell Taulers in einer zweifachen Spannung:

Einmal spricht Tauler von einem **Aufstiegsschema**: der Mensch begegnet Gott mit Hilfe seiner nach außen gerichteten Seelenkräfte. Von einer bestimmten Reifestufe an muß er durch vertiefte Einkehr in den *Grund* Gott im Abgrund seiner selbst finden und in möglichst vollkommener und reiner Weise auf ihn hin leben.

Dann aber entwickelt Tauler ein Modell des **immer wiederkehrenden Phasenablaufes.** *Jubilacio - getrenge - übervart* kennzeichnen den Übergang von einer betont extrovertierten Religiosität in eine introvertierte. Dieser Übergang wird auf *jeder* Reifestufe durchlebt und erlitten werden müssen.[126]

Tauler hat als erster aufgezeigt, daß der menschliche Reifungsweg nicht linear verläuft, sondern ein spannungsvolles Gefüge von lichtvollen Intervallen und Durststrecken ist. Gerade in diesem Bereich tritt der psychologische Charakter seiner Analyse deutlich hervor. Auf die ekstatische Fülle der Gottesgeburt in der Seele folgt immer ein Zustand innerer Leere und Dürre. Hier erkennt der Mensch, daß Gott sich stets von neuem entzieht und die Seele immer wieder ent-täuscht. Nur so wird er - im *transitus* - erfahren.[127]

Die Bitterkeit, die dazugehört, daß der Mensch Gott finde, wenn er zum ersten Mal sich von der Welt zu Gott hinwendet.... All die Dinge müssen dir in demselben Maße bitter werden, wie die Lust an ihrem Besitz war; das muß stets so sein.[128]

---

[126]. Vgl. WEILNER (1961), S. 212 und GRUNEWALD (1930), zit. nach WEILNER (1961), S. 212, Anm. 694: "...dabei um eine genetische Entfaltung von *Gefühls*vorgängen handelt, die aus sich heraus über den jeweiligen Vollkommenheitsgrad des geistlichen Lebens nichts aussagen, es sei denn, daß sie auf den höheren Stufen eine graduelle Steigerung erfahren."

[127]. Vgl. WEILNER (1961), S. 76; HEILER (1933), S. 321

[128]. (Übers. HOFMANN (1979), S. 29: 3. Predigt) *die bitterkeit die dazuo gehoeret das der mensche Got vinde...Alle die ding muessent dir also bitter werden also der lust waz, daz ie sin muos.* (V 3. Predigt, 16,26-27; 17,2-3) SALMANN (1979), S. 277 räumt ein, daß diese erlebte Ferne Gottes gleichsam die Rückseite seiner im Prozeß erfahrenen Nähe ist und

Zugleich aber schlägt in dieser "Nicht-Erfahrung" des Glaubens die Realität des *deus totaliter aliter* durch.

Man wird sich allerdings fragen müssen, ob in die Predigten Taulers eine solche Auffassung hineinzutragen (und gemeinhin jeder Tauler-Rezensor scheint bei ihm etwas anderes grundgelegt zu sehen), rechtens ist. So ist beispielsweise die Frage durchaus berechtigt, ob bei Tauler Ansätze einer "mystischen Dunkellinie"[129] zu finden sind - dies wird vermutlich vorsichtig zu bejahen sein - oder ob er etwa als einer der Wegbereiter des reformatorischen Gedankengutes zu gelten hat. Manches auf diesem Gebiet hat doch sehr den Beigeschmack einer Vereinnahmung Taulers für die jeweilige Fragestellung des Autors.

Man wird bei der Beantwortung der Frage, inwieweit Tauler wirklich Neues entwickelt hat, vorsichtig sein müssen. Um dies an einem Beispiel zu verdeutlichen: Die eben erwähnte *mystische Dunkellinie* [130] sieht WEILNER [131] schon bei Tauler vorgezeichnet. In der Begrifflichkeit des *getrenges* - eines genuin Taulerschen Ausdrucks [132] - sieht WEILNER die Erklärungsmöglichkeit des (extremen) Gottferne-Erlebens der *Dunkellinie* gegeben. Weil die Intensitätsgrade des *getrenge*-Erlebens (wie auch jeder anderen Transzendenzerfahrung) "natürlich ohne Zahl" sind, und bei jedem Menschen aus dessen psycho-physischer Einmaligkeit und Einzigartigkeit erwachsen, ist der Begriff der Gottferne eine extrem hohe Ausformung bzw. ein besonders hoher Intensitätsgrad des *getrenge*s.

Anders gesagt: Der Verfasser glaubt, bei Tauler folgendes genuines Gedankengut festzustellen, das den oben erwähnten, eigens dafür angeführten kriti-

---

bleibt. Bei SALMANN ist also Gottesferne eine erlebte Distanz, die jedoch von einer Nicht-Existenz Gottes getrennt werden muß.

[129]. Etwa GREGOR VON NYSSA oder JOHANNES VOM KREUZ.

[130]. Die Theologiegeschichte verdankt der deutschen Mystik wertvolle Impulse: Die **mystische Dunkellinie** - oft verschwiegene, schwierige Theologie: Es sind die dunklen, schmerzhaften Gottesbilder.
Die **Dunkellinie** findet späte Auswirkung vor allem in der spanischen Mystik: THERESA VON AVILA und JOHANNES VOM KREUZ.
Auch die jesuitische Mystik wird von dieser **Dunkellinie** weitgehend durchzogen.

[131]. WEILNER (1961), S. 214

[132]. Vgl. PLEUSER (1967), S. 166 f. und VOGT-TERHORST (1977/1920), S. 68

schen Anfragen nach Vereinnahmung Taulers für eine festgelegte Fragestellung standhält: Tauler entwickelt kein mystisches System, das sich zu einer eigenen Begrifflichkeit ausgeformt hätte.

Tauler hat der mystischen Theologie keine eigene neue Variante hinzuge-
fügt, vielmehr ist es sein Verdienst,

* den Boden der Systemimmanenz der Mystik verlassen zu haben [133]
     (ohne dabei seine eigene Eingebundenheit darin leugnen zu
     wollen), insofern er die Selbsterkenntnis als Instrument sei-
     ner "Lebenslehre"[134] etabliert

* und damit eine grundlegende Möglichkeit geboten hat, mystische Er-
     fahrungsformen zu deuten (ohne selbst weiter einer Klassifi-
     zierung dritter zu unterliegen), insofern er das Koordinaten-
     system bietet, auf dem (mystische) Erfahrung lokalisiert
     werden kann.[135]

[133]. (vor dessen Verharren und unreflektiertem Aufgehen in demselben Tauler gewarnt hat)

[134]. Vgl. WENTZLAFF-EGGEBERT, Friedrich Wilhelm: *Studien zur Lebenslehre Taulers.* Berlin
     1940 (Abhandlungen der Preußischen Akademie der Wissenschaften Jg. 1939) und
     WEILNER (1961), S. 231. HAAS (1971), S. 82 f.: "Jede Form von Individual- oder Erleb-
     nispsychologie wird daher am mystischen Phänomen gleichsam immer nur den zufälli-
     gen Reflex im Individuum erfassen können, jenen Aspekt also, der nach Ausweis aller
     christlichen Mystik der unwesentlichste, wenn auch nicht - etwa bei mystischen Fehl-
     haltungen - der am wenigsten aufschlußreichste, der uninteressanteste ist. Das heißt
     nicht, - das wird gerade bei Tauler sehr deutlich werden -, daß das der mystischen Be-
     gnadung gewürdigte Ich sich der Selbstkontrolle und -beobachtung zu enthalten hätte;
     im Gegenteil, nur hat diese Kontrolle nicht die Funktion einer das Besondere und
     Außernatürliche psychologisch sichtenden und registrierenden Instanz, sondern viel-
     mehr die Aufgabe, die geforderte Indifferenz und Gelassenheit zu wahren und jede Hy-
     bris des religiösen Subjekts schon im Keim zu erdrücken." - Vgl. auch den phänomeno-
     logischen Ansatz von HANS URS VON BALTHASAR.

[135]. Vgl. auch GNÄDINGER (1980), S. 203

2.4.3. Die Gottesgeburt in der Seele
als Schlüssel zum gottförmigen Leben

2.4.3.1. Vom Gnadengeschehen zur ethischen Haltung:
Die Wirkung im Menschen

Die Hinwendung zu Gott wirkt [136] in zweierlei Weise: Einmal als Initialzün-
dung zu einer künftigen Neugestaltung des Lebens; dann als Ermöglichung
dieser Zukunft, weil sie die (schuldhafte) Vergangenheit ent-schuldet. Die
Bekehrung bewirkt und schafft Vergebung. Das gnadenhafte Vergebungswir-
ken Gottes ist an den menschlichen Willen zur Bekehrung (freiheitlich) gebunden.

> *Hätte ein Mensch hundert Jahre gelebt und täglich hundert oder tau-
> send Totsünden begangen - gäbe ihm Gott eine ganze, wahre Abkehr
> von seinem Sündenleben, so daß er mit diesem Entschluß zum Tisch
> des Herrn ginge, so wäre die Vergebung all seiner Sünden in einem
> Augenblick durch diese hohe, edle Gabe für unseren Herrn ebenso
> leicht als für dich, ein Stäubchen von deiner Hand zu blasen; und
> diese Abkehr könnte so kräftig sein, daß alle Pein und Buße damit
> zugleich weggewischt wäre, und dieser Mensch könnte ein großer
> Heiliger werden.* [137]

Durch die Einkehr in den Grund löst sich der Mensch von der verwirrenden
Unruhe der äußeren Sinneswelt.
Die *unio mystica*, die im Seelengrund geschieht, darf *Erfahrung* werden.
Diese Erfahrung ist eine lebendige, alle Seelenschichten in ihrem Quellpunkt
umfassende Ganzheitserfahrung der transzendenten Wirklichkeit, - ob sie
nun in einer flüchtigen Berührung widerfährt oder in einer höchsten Überformung. Sie ist - bei allem Überwiegen des *unitiven* Aspektes in der gnaden-

---

[136]. Vgl. ZEKORN (1985), S. 44-48

[137]. (Übers. HOFMANN (1979), S. 236: 33. Predigt) *Hette ein mensche gelebet hundert jor und
hette alle tage hundert oder tusent totsünden geton, und gebe ime Got einen gantzen woren
ker von den sünden zuo gonde, und ginge domitte mit dem kere zuo dem heilgen sacra-
mente, so were das also ein klein Ding unserme herren, in diser hoher edelre goben alle die
sünde in eime ougenblicke zuo vergebende, also ein stueppe von diner hant zuo blosende,
und der ker moehte so kreftecliche sin, alle pine und buosse ginge mit abe, und moehtest
ein gros heilige werden.* (V 33. Predigt, 125,23-29)

haft liebenden Zuwendung - sachlich nichts anderes als die Erfahrung von Gottes Andersheit.[138]

Wir sahen, daß Vereinigung und Einswerden, wenn sie aktuell werden, das Schweigen aller Seelenvermögen zur Folge haben. Gerade in ihrer Passivität werden die äußeren Dinge und die Erkenntniskräfte in den Prozeß der Einigung mit einbezogen.[139]

> *Dadurch wird die Seele ganz gottfarben, göttlich, gottförmig. So wird durch Gottes Gnade all das, was Gott von Natur ist, (und zwar) in der Vereinigung mit Gott, in dem Einsinken in Gott, sie wird über sich hinaus in Gott geholt. Ganz gottfarben wird sie da; könnte sie sich selber erblicken, sie hielte sich für Gott. Wer sie sähe, erblickte sie in dem Kleid, der Farbe, der Weise, dem Wesen Gottes, alles durch Gnade, und wäre selig in dieser Erscheinung, denn Gott und die Seele sind eins in dieser Vereinigung, durch (Gottes) Gnade, nicht von Natur.[140]*

Die *unio mystica* ist ein zeitlich begrenzter Zustand (der jedoch erlebnismäßig Ewigkeitscharakter hat), in dem der Mensch *kennelos, minnelos, werklos* und *geistlos* wird. Dieser Zustand gehört in seiner quietistischen Haltung

---

[138]. Vgl. HAAS (1979), S. 34 f.

[139]. HAAS (1976), S. 524

[140]. (Übers. HOFMANN (1979), S. 277: 37. Predigt) *In disem wirt die sele alzemole gotvar, gotlich, gottig. Si wirt alles das von gnaden das Got ist von naturen, in der vereinunge mit Gotte, in dem inversinkende in Got, und wirt geholt úber sich in Got. Also gotvar wird si do: were das si sich selber sehe, si sehe sich zemole für Got. Oder wer si sehe, der sehe si in dem kleide, in der varwe, in der wise, in dem wesende Gotz von gnaden, und wer selig in dem gesichte, wan Gott und si sint ein in diser vereinunge von gnaden und nút von naturen. (V 37. Predigt, 146,21-27)* Vgl. auch die ähnliche Argumentation im Natur/Gnade-Problem bei Heinrich Seuse: *...und ie abgescheidner lediger usgang, ie vrier ufgang, und ie vrier ufgang, ie naher ingang in die wilden wuesti und in daz tief abgründe der wiselosen gotheit,in diesú versenket, verswemmet und vereinet werdent, daz sú nút anders mugen wellen, denn daz got wil, und daz ist daz selb wesen, daz da got ist, daz ist, daz sú selig sint von gnaden, als er selig ist von natur.* BÜCHLEIN DER EWIGEN WEISHEIT XII 245,9-11: Und je losgelöster, je freier der Ausgang (der Seele aus dem Leibe) ist, um so kürzer ist ihr Weg in die wilde Wüste und den tiefen Abgrund der weiselosen Gottheit, in die die Seelen versenkt, mit der sie verschmolzen und vereint werden; sie wollen dann nichts anderes als das, was Gott will, und das ist dasselbe Wesen wie das, was Gott ist: Sie sind selig durch Gottes Gnade, wie er selig ist kraft seiner Natur. (Übers. HOFMANN (1986), S.252)

nicht zur eigentlichen Natur des Menschen, sondern wird ihm durch göttliche Geistwirkung in der gnadenhaften Überformung geschaffen.[141]

Tauler warnt davor, im Genuß der Vereinigung mit Gott zu verharren. Die Erfahrung der *unio* darf nicht in die Sphäre sinnlicher Fühligkeit zurückschlagen und sich dort einnisten, sondern muß sich in einen aus der *unio* resultierenden neuen Zustand umformen.[142]

> *Und wird man der Gegenwart des Herrn gewahr, so soll man ihm freie Hand lassen und sich untätig verhalten, und alle Kräfte sollen schweigen und (Gott) eine große Stille bereiten; in diesem Augenblick wäre des Menschen Tätigkeit ein Hindenis (für Gottes Wirken), sogar seine guten Gedanken. Der Mensch aber soll nichts tun, als Gott gewähren lassen; wenn er jedoch dann (wieder) sich selbst überlassen wird und Gottes Wirken in sich weder empfindet noch erkennt, dann soll er selber in heiligem Fleiß wirken... Und so soll der Mensch bisweilen wirken, bisweilen rasten je nachdem er innerlich von Gott getrieben und gemahnt wird, und ein jeglicher nach dem, wie er empfindet, ihn am meisten an Gott zieht, sei es im Wirken, sei es in der Stille.*[143]

Die seelische Bewegung der *Einkehr* und *Auskehr* - dem Akt der neuen Seinsweise - ist nach SCHRUPP Spiegelung der innertrinitarischen Bewegung. "Sie ist keine bloße Analogie zu ihr, solange der Mensch sich noch in einem 'Werden' befindet, auf dem Weg zurück in Gott. Sie ist **mehr** als nur Analogie, in dem mit Gott einsgewordenen, 'gottförmigen' Menschen."[144]

Die seelische Bewegung steht im Akt der *unio mystica* in der Paradoxie gegensätzlicher Orientierungen: zum einen mystischer Aufstieg, Erhebung in

---

141. WENTZLAFF-EGGEBERT (1940), S. 52; WYSER (1958), S. 269

142. HAAS (1976), S. 523; WENTZLAFF-EGGEBERT (1940), S. 52

143. (Übers. HOFMANN (1979), S. 444: 57. Predigt) *Und wenne man des gewar wirt das der herre do ist, so sol man im das werk lossen lideklichen und sol im firen, und alle krefte süllen denne swigen und im ein stille machen, und denne weren des menschen werk ein hindernissen und sine guoten gedenke. Aber denne ensol der mensche nút tuon denne das er Got lide; mer: aber als der mensche denne im selber gelossen wirt und Gotz werks in bevintlicher oder bekentlicher wise nút me in im gewar enwirt, denne sol der mensche aber selber würken mit sinem heiligen flisse und tuon sin heilige uebunge. Und alsus so sol der mensche etwenne würken, etwenne rasten, nach dem das er von innen von Gotte getriben und vermant wirt, und denne ein ieklicher nach dem das er bevint das in aller meist zuo Gotte reissen mag, es si in würklicheit oder in stillin.* (V 52. Predigt, 238,19-29)

144. SCHRUPP (1962), S. 9

lichte Höhen der Gottesschau - auf der anderen Seite Abstieg, Einkehr in den *Grund*.

Tiefe heißt im mystischen Sprachgebrauch immer *innen*. Höhe und Tiefe, alle Dimensionen, fallen im Bereich des Göttlichen in eins.

Wan ie tieffer, ie hoeher, wan hoch und tief ist do ein. [145]

Das Leben des Mystikers verläuft im Spannungsgefüge von *Beschauung* und *Tat*. Wie sieht das rechte Zueinander aus? [146]

Tauler spricht nicht davon, beide Bereiche als zwei voneinander getrennte Formen des geistlichen Lebens zu betrachten, sondern hebt hervor, daß eins aus dem anderen entspringen soll. Zwar spricht Tauler ebenfalls von einer *vita contemplativa* (wie Meister Eckhart), aber eher noch von einer *hora contemplativa* (einem zeitlich begrenzten Erlebnis der *unio mystica*). Die Auswirkung der Überformung muß aber von erheblich längerer Dauer sein als die Zeit der Überformung selbst. [147] Andererseits ist auch bei der großen Bedeutung der *vita activa* die *hora contemplativa* unverzichtbar, weil sie den Raum schafft für den Gipfelpunkt mystischen Gnadenlebens.

Tauler kennt die außerordentlichen Begleiterscheinungen der *unio mystica* (Visionen, Auditionen, Ekstasen...), sieht aber gerade hierin eine große Gefahr der Selbsttäuschung. Daher läßt er sie auch ganz am Rande stehen.

Die Wirkung der *unio* ist nun die, daß der Mensch sensibel für die Stimme Gottes in sich geworden ist, die ihn auffordert, sich immer tiefer hinabsinken zu lassen in den *grunt*. [148]

Taulers Lebenslehre geht von der Gottebenbildlichkeit im Menschen aus - die Ausformung der Religio wird dementsprechend mehr in den menschlichen Binnenraum verlegt. So faßt Tauler denn die Sakramente der Kirche weniger als Begründung der christlichen Sittlichkeit auf, sondern eher als In-

[145]. V 39. Predigt, 162,18

[146]. Vgl. die ausführliche Studie von Dietmar MIETH. Vom selben Autor zur Weiterführung heranzuziehen: MIETH, Dietmar: *Gotteserfahrung und Weltverantwortung: Über die christliche Spiritualität des Handelns.* München: Kösel, 1982

[147]. WENTZLAFF-EGGEBERT (1940), S. 52 und 55

[148]. WENTZLAFF-EGGEBERT (1940), S. 52

stitutionen der Gnadenhilfe und der geistlichen Gottesbegegnung.[149] So entspringt die Moralität der Seelengrunddynamik und entläßt den Menschen in eine erhöhte Verantwortlichkeit.[150] Kennzeichen der neuen Existenzweise ist eben auch eine wachsende Integration des äußeren Lebens in die Seelengrunddynamik.[151]

Es ergeben sich gleichwohl aus heutiger Sicht Lücken in der Taulerschen Lebenslehre. Augenscheinlich ist hierbei das Fehlen der Einbindung der neuen Existenzweise in die sozialen Beziehungen. "...zur Reflexion über die kirchlich-soziale Seite der Gotteserfahrung...war die Zeit noch nicht reif."[152]

2.4.3.2. Zusammenfassung: Liebe zu Gott nach Tauler

Tauler versteht den mystischen Aufstieg als Entfaltung der Liebe.[153] Sie ist die höchstmöglichste Antwort des Menschen vom Knotenpunkt der leibgeistseelischen Vollzüge, dem *gemuet* her. Unterschiedslos gebraucht er sowohl für *dilectio* wie auch für *caritas* den Begriff minne. Die noch dem heutigen Menschen durchscheinende Ambivalenz dieses Begriffes möge auch im folgenden Gedankengang gegenwärtig gehalten werden.

Menschliche und göttliche Liebe - interpersonale Liebesdramatik und Liebe zu Gott - sind in ihrer Erfahrungsqualität parallel strukturiert und zum gegenseitigen Verständnis erhellend.[154]

An mehreren Stellen begegnet uns bei Tauler eine Entfaltung der Liebe in Graden und lebensgeschichtlichen Zuordnungen.

---

[149]. MIETH (1969), S. 264

[150]. Es ist eher kurzsichtig, daß nach MOELLER (1956), S. 17, Tauler ein Verteter "reinster Gesinnungsethik" sei. An anderer Stelle (ebd. S. 23) betont MOELLER, daß es es für Tauler keine Ethik neben der Mystik gibt, sondern nur eine Ethik im Dienst der Mystik. (Gegen WENTZLAFF-EGGEBERT)

[151]. Wie wir sahen, enststehen hier als Früchte: innerer Friede und Freiheit.

[152]. SUDBRACK (1980), S. 181

[153]. Den Rahmen steckt ab: LUERS, Grete: Die Auffasung der Liebe bei den mittelalterlichen Mystikern, In: *Eine heilige Kirche: Zeitschrift für Kirchenkunde und Religionswissenschaft* 22 (1941), S. 110-118

[154]. Hinweis hier bei SUDBRACK (1976), S. 181

Er übernimmt im Wesentlichen die Einteilung der Liebe von RICHARD VON ST. VICTOR in eine

- wunde / verwundete,
- quälende und
- verzehrende / entrückte Liebe.[155]

An anderer Stelle macht Tauler drei Arten der Liebe im zeitlichen Entwicklungsgefüge des geistlichen Reifungsprozesses fest.
Folgende Zuordnungen begegnen:

Liebesbrand	- bei den *incipientes,*
Liebesfeuer	- bei den *proficientes,*
Liebesqual	- bei den *perfecti.*[156]

Hiermit verknüpft Tauler die Liebe zu Gott mit dem geistlichen Reifeprozess des inneren Menschen. Dieser Weg sei kurz skizziert.
Auf der ersten Reifungsstufe kommt in der Seele die Gnadenentelechie zum Durchschlag:

> *Da erhebt sich aber in ihr (der Seele) ein liebevolles Verlangen, und sie sucht und fragt eifrig und wüßte gerne um ihren so verdeckten und verborgenen Gott.*[157]

Der innere Mensch drängt aus der natürlichen Neigung im menschlichen Eros auf Gott zu.[158] Der äußere Mensch wird dabei von dieser durchbre-

---

[155]. (Übers. HOFMANN (1979), S. 129-30: 18. Predigt) *Der erste grat der minne heisset eine wunde minne, wan die sele mit der stralen der minne von Gotte wirt verwunt, das ir dis lebende wasser wirt geschenket der woren minne: so wundet si Got wider mit irre minne. ... Der ander grat der woren mine, das nemmet diser meister eine gevangene minne. ... Die dritte minne das ist ein qwellende minne. ... Die vierde minne das ist die verzerende minne.* (V 60. Predigt (60 d), 290,17-20; 26-27; 28; 31)

[156]. (Übers. HOFMANN (1979), S. 75-76: 11. Predigt) *Anders nüt danna so wanne der heilige geist kummet in die sele und enphohet do ein minnen für, einen minnen kolen, von dem wurt ein minnenbrant in der selen; die hitze würffet uz minnenfuncken, die denne einen turst gebirt noch Gotte und eine minnekliche begerunge; und enweis ettewenne nüt der mensche was ime ist, denne er bevindet ein jamer in ime und ein verdries aller creaturen.* (V 11. Predigt, 51,6-11)

[157]. (Übers. HOFMANN (1979), S. 27: 3. Predigt)

[158]. Vgl. WEILNER (1961), S. 117 und 123

chenden Entelechie "mitgezogen" in den pneumatischen Sog der Agape Gottes hinein. In dieser Phase einer "gefangengenommenen" Verliebtheit wird die Seele *"hineingezogen in das heiße Liebesfeuer, das Gott dem Wesen und der Natur nach selber ist."*[159]

In der Übermächtigkeit der neuen liebenden Faszination *hängt der Mensch recht zwischen Himmel und Erde.*[160] Der Geist wird in seiner liebenden Ausgesetztheit [161] in das verzehrende Feuer der Liebe Gottes hineingezogen. Dieses Erleben währt nur kurz, gleicht aber einer Liebeswunde, deren Schmerz sich auch nach der "Heilung" prägend erhält.[162]

Für die Liebesvereinigung gebraucht Tauler zuweilen eine sublime Brautmetaphorik einer *Gnadenhochzeit im Seelengrund.* Er spricht von einem *Brautlauf* Gottes, worin Gott nach der Seele verlangt und mit ihr einwerden will.

> *Welche Nähe da die Seele hat mit Gott und Gott mit ihr, welch wundersame Werke Gott da wirkt, welche Wollust und Wonne er (!) da genießt - das geht über alle Sinne und allen Verstand, und der Mensch weiß und empfindet nichts davon.*[163]

Im - biblischen - Erkanntsein, in der Liebeseinigung wird der rezeptiv-weiblichen Seele Identität zugesprochen. Beide Liebespartner brauchen einander zu ihrer Erfüllung. Diese Liebe geht im Für-den-andern-Dasein auf.[164] Diese Liebe ist "warumlos" - sie steht auf Seiten des Menschen nicht in einer mystagogischen Zweckdienlichkeit. Auf Seiten Gottes steht sie in seinem ir-

---

[159]. (Übers. HOFMANN (1979), S. 168: 24. Predigt)

[160]. (Übers. HOFMANN (1979), S. 148: 21. Predigt)

[161]. *Denn wenn zwei eins werden sollen, so muß sich das eine leidend verhalten, während das andere wirkt.* (Übers. HOFMANN (1979), S. 16: 1. Predigt)

[162]. *...etwa für die Dauer eines halben Ave-Maria..."* (Übers. HOFMANN (1979), S. 328: 43. Predigt)

[163]. (Übers. HOFMANN (1979), S. 600: 78. Predigt) *Wele nehe do ist der selen mit Gotte und Got mit ir, und wel wunderlich werk Got do würket und wel wollust Got do hat und wunne, das ist über alle sinne und verstentnisse, noch denne das der mensche nút do von enweis noch enbevindet.* (V 48. Predigt, 216,20-23)

[164]. Vgl. JÜNGEL, Eberhard: *Gott als Geheimnis der Welt.* 3. Auflage. Tübingen: Mohr, 1978, S. 235 ff.

reversibelen Heils- und Liebeswillen, der jedem Menschen Gnade und liebende Annahme in Vergebung zuteil werden läßt.

Einige andere Ausformungen der Liebe bei Tauler seien kurz erwähnt.

* falsch verstandene Liebe

> *Wisset nun, wenn der Heilige Geist in den Menschen kommt, so bringt er allewegen große Liebe mit sich, Licht und Lust und Trost; er heißt ja der Tröster. Wird der unbesonnene Mensch dessen gewahr, so fällt er mit Lust auf diesen Trost, er ist zufrieden damit, er liebt diese Lust und geht des wahren Grundes verlustig.*[165]

Hier treibt die Sehnsucht nicht in das erstrebte Du Gottes, sondern nur in eine nichtpersonale Fühligkeit der Zerstreuung und des Geborgenseins. Sie ist zweckgebunden, sie sucht lediglich - im Wortsinn - Befriedigung.

* Liebe als Gefangenschaft

> *Es gibt Menschen, die noch in den Übungen der Anfangenden stehen und in die diese Überformung hineinleuchtet, gleichsam in einem übernatürlichen Blick, etwa einmal in der Woche oder auch mehrmals... In solchem Zustand ihrer Seele empfangen diese Menschen die Berührung der verwundenden Liebe, andere werden hineingenommen und gebunden durch die gefangene Liebe. Was sich in dieser Gefangenschaft ereignet, das ist besser zu erfahren, als darüber zu sprechen.*[166]

Hier ist das ambivalente Verständnis von *Gefangenschaft* zu beachten: Liebendes Beieinander-wohnen-Wollen in freiheitlich-unlösbarer Bindung oder:

---

165. (Übers. HOFMANN (1979), S. 183: 26. Predigt) *Nu wissest, wenne der heilige geist kummet in den menschen, so bringet er alle wege mit ime grosse minne und lieht und smag und trost, wanne er heisset der troester. Also der torechte mensche dis geware wurt, so vellet er heruf mit lust, und genueget in und minnet den lust und got also von dem woren grunde;* (V 26. Predigt, 107, 25-29)

166. (Übers. HOFMANN (1979), S. 223-24: 31. Predigt) *Nu sint etteliche lüte die in der vordersten uebunge noch stont, den dise überformunge inlúchtet, also in eime übernatúrlichen blicke etwenne lichte zuo der wuchen einest oder manig werbe... In diseme werdent die menschen gerueret mit der wunden minne; sunder die andern sint inconformieret und ingenummen in di gevangene minne. Wie es do gat in der ingenummenheit, do were besser von zuo bevindende denne zuo sprechende.* (V 60. Predigt (60 f), 316,22-25)

das Festhalten-Wollen des Anderen, seine Vereinnahmung und damit die Verweigerung der freiheitlichen Ausgesetztheit dem anderen gegenüber.

* verdorrte Liebe

> *Das sind die widerwärtigen, verdorrenden und verderbenbringenden Geschöpfe, deren Herz von (irdischer) Liebe und Weltlust eingenommen ist, die bringen das Feuer der Liebe des Heiligen Geistes ganz und gar zum Erlöschen und erzeugen dort eine gar große Kälte an aller Gnade, allem göttlichen Trost und aller liebevollen Vertraulichkeit des Heiligen Geistes, mit der sie diese Gaben zerstören.*[167]

* Liebe, die sich gerade in der Gottferne bewährt

> *Glaube* hier als ein *zweckfreies, ganzheitliches und schmerzhaftes Liebesverhältnis.*[168]

* Liebe als Teilhabe am innertrinitarischen [169] Gespräch

> *Da findet man das liebreiche Schauspiel, wie der Sohn seine vom Vater empfangene Liebe diesem zurückgibt und wie beide in aufblühender Liebe den Heiligen Geist hauchen.*[170]

---

[167]. (Übers. HOFMANN (1979), S. 91: 13. Predigt) *daz sint die leidigen verdorrenden creaturen, die mit minnen und mit luste daz hertze besessen hant, die verloeschent alzuomole das minnen für des heiligen geistes und machent eine wunderliche kelte do von aller gnoden und von alleme goetlichen troste und aller sinre minneclicher heimlichkeit, die sú alzuomole verloeschent.* (V 13. Predigt, 61,31-35)

[168]. Mehr dazu in Kap. 5.

[169]. Vgl. ZEKORN (1985), S. 57-61

[170]. (Übers. HOFMANN (1979), S. 589: 76. Predigt) *do vindet man daz minnecliche fürspiel, wie der sun den vatter fürspielt und wie sú bede in usbluegender minne geistent den heiligen Geist.* (V 76. Predigt, 412,12-14)

2. Teil

Vorgaben zum heutigen Gespräch mit Tauler

Im ersten Teil dieser Studie wurde der Versuch unternommen, den Reifungsweg in der Liebe zu Gott am Beispiel des deutschen Mystikers Johannes Tauler darzulegen.

War jener Teil vom Wunsch getragen, die historische Persönlichkeit aus ihrer Zeit heraus zu verstehen, soll nun versucht werden, das, was Tauler an Beobachtungen aus seiner Umwelt zusammengetragen und zu einer mystischen Lebenslehre entwickelt hat, aus verschiedenen Blickwinkeln zu betrachten.

Jede heutige Wissenschaft erhebt den Anspruch, Wirklichkeit gültig beschreiben zu können. Aber: Gibt es nicht Teilbereiche der Wirklichkeit, die sich der Beschreibung durch die eigene Methodik entziehen?

Das heutige Verhältnis von Theologie und Wissenschaft ist bekanntnlich erwachsen aus den Phasen einer strikten Trennung, über ein schiedlich-friedliches Nebeneinander, bis hin zu Anfängen eines Dialoges in unserer Zeit.

An dieser Stelle kann es nicht darum gehen, die Rolle der Theologie neu zu definieren (wenngleich der Autor als Theologe schreibt). Es kann auch nicht darum gehen, eine Deutung der heutigen Wissenschaftsbereiche aus theologischer Sicht zu leisten (dazu hat der Verfasser nicht die Kompetenz).

Der Anspruch im zweiten Teil der Untersuchung ist eher bescheiden: Mit den Augen des Theologen außertheologische Texte erarbeiten und Ausschau halten nach Ansatzpunkten eines Gesprächs. Was dem Theologen (aufgrund seiner eigenen Perspektive) bedenkenswert erscheint, muß nicht unbedingt zu den *gewichtigen* Erkenntnissen der jeweiligen Wissenschaft gehören. So kann es vorkommen, daß beispielsweise die Psychologie Jungs an dieser Stelle sicherlich kaum angemessen bearbeitet, geschweige denn dargestellt wird. Wohl aber begegnen Aussagen Jungs, die dem Psychologen vielleicht auf dem ersten Blick weniger gewichtig erscheinen, die aber für ein Gespräch von Theologen und Psychologen einen guten Ansatzpunkt bieten.

Begreiflicherweise kann hier nur kurz angerissen werden, welche grundsätzlichen Möglichkeiten zum Dialog mit diesen Wissenschaftsbereichen bestehen.

3. Reifungsprozess als gesamtmenschliches Geschehen (Humanwissenschaften als Gesprächspartner)

Es kann bei einer Untersuchung wie der Vorliegenden nicht darum gehen, die Forschungserträge über Reifungswege (säkularer oder spiritueller Art) zu beurteilen, vielmehr bietet eine solche Untersuchung die Chance, durch die Wandlungen der Zeit und der Deutungsformen hindurch bleibende Grundlinien aufzuspüren, sie zu deuten und für eine heutige und kommende Spiritualität fruchtbar zu machen.

"Mit jedem Menschen fängt die Heilsgeschichte von vorn an."[1]

Betreten wir nun den Raum, der für Theologen keineswegs Heimaterde ist. Einen solchen Exodus muß aber auch der Theologe wagen, denn die theologischen und religionswissenschaftlichen Kategorien haben ihre eigene Mythologie und schleppen ihr eigenes System mit sich, in dessen interne Logik man unausweichlich verfällt, sobald man sie das erste Mal anwendet, so treffend sie im einzelnen Fall sein oder gewesen sein mag.[2] Einen solchen Aufbruch zum Gespräch muß auch der Theologe wagen, um nicht in Absonderlichkeiten systemimmanenter Erklärungen zu verfallen, wo es zuweilen geboten ist, eine sinnvolle Deutung aus anderen Bereichen zu gewinnen. Etwa so, wie es Carl Gustav Jung formuliert: "Man betreibt Yoga jeglicher Observanz, beobachtet Speisegebote, lernt Theosophie auswendig, betet mystische Texte, weil man mit sich selbst nicht auskommt und weil einem jeglicher Glaube fehlt, daß aus der eigenen Seele irgend etwas nützliches kommen könnte. ... So ist allmählich die Seele zu jenem Nazareth geworden, von dem nichts Gutes kommen kann, und darum holt man es aus allen vier Winden, je weiter her und je ausgefallener, desto besser."[3]

Hiermit meint JUNG aber gleichzeitig auch die Kehrseite: Aus einem Überdruß an der eigenen theologischen Perspektive (teils aus Mangel an Selbstvertrauen, teils aus mangelnder Mühe) ein Sich-Verlieren in exotische Bereiche.

---

[1]. BENZ (1972), S. 306

[2]. BENZ (1969), S. 313

[3]. JUNG, Carl Gustav: Über die Archetypen des kollektiven Unbewußten. In: *ERANOS - Jahrbuch* 1934. 2. Auflage. Zürich 1935, S. 178-229. Hier S. 49 f.

Mag dies vielleicht aus theologischer Sprachnot geschehen, (derer man sich nicht zu schämen braucht), so darf man dann doch um dessentwillen, was man erahnt, bei jenen Bereichen anklopfen, die uns nun begegnen werden. Wunsch und Bitte an den Leser wäre in diesem Fall in einem JUNGschen Dictum verhüllt, wonach es leider keine Wahrheit gibt ohne Menschen, welche sie einsehen.[4]

3.1. tiefenpsychologischer Ansatz

Wir begegnen in der Tiefenpsychologie einer Ansatzstelle, die für das Gespräch über unser Thema fruchtbar sein kann: Die Erfahrung der eigenen Numinosität - tiefenpsychologischer Erkenntnis erwachsen - bildet hierbei die Grundlage für ein neues Selbstverständnis des Menschen.

Methodisch geht dabei die Tiefenpsychologie über bloße Entwicklung von Kausalketten hinaus, indem sie die reflektierte Innerlichkeit des Menschen als innerpsychischen schöpferisch-gestaltenden Prozess begreift.[5] "Wir stoßen hier auf die für das Leben und ebenso für die Psyche grundlegende Paradoxie, daß das Gestaltlose als Numinoses unfaßbar und in keine Gestalt einzuschließen ist, andererseits aber seinem Wesen nach als Gestaltendes Gestalt schafft und von diesem Geschaffenen her, dem es ebenso als Gestalt wie als Gestaltloses erscheinen kann, ansprechbar und erfahrbar ist."[6] Die psychologische, an sich naturale Eigenart solcher Erfahrungen kann dazu führen, daß sie als übernatürlich erhöhte Akte existenziell tiefer im Personkern verwurzelt werden und das ganze Subjekt prägen und durchformen.[7] BOLLEY sieht diese Erfahrungsform am Ende einer Skala angesiedelt, die vom rationalen Denken über die miterlebende Einfühlung bis schließlich zur Einsfühlung führt.[8] Eben diese Einsfühlung wirkt in der partiellen sowie in der totalen

---

[4]. JUNG (1935), S. 67

[5]. Vgl. NEUMANN, Erich: Die Psyche als Ort der Gestaltung. In: *ERANOS - Jahrbuch* 1960. Bd. XXIX. Zürich 1961, S. 13-56, S. 19 und 49

[6]. NEUMANN (1961), S. 48

[7]. Vgl. RAHNER (1975), S.434

[8]. BOLLEY, Alfons: Versenkungsstufen in der Betrachtung. In: *Geist und Leben* 22 (1949), S. 258-73, hier S. 271. Vgl. auch vom selben Autor: BOLLEY, Alfons: Das Gotteserleben in der Betrachtung. In: *Geist und Leben* 22 (1949), S. 343-356; BOLLEY, Alfons: Das mediative Gotteserlebnis als personal bedingtes seelischen Gefüge. In: KEILBACH, Wilhelm

Form eine Reaktion aus der Tiefe des Ich heraus. Dem Ich erscheint sein eigenes Bild, es "wird erkannt", entlarvt und erschüttert.

Dies ist uns von der Seelengrunddynamik bei Tauler her bekannt und soll hier weiterverfolgt werden.

3.1.1. Reifungsgeschehen als Individuation - Der Beitrag C.G.Jungs zur Erforschung des Reifeprozesses

3.1.1.1. Person und Werk

Carl Gustav Jung wurde am 26.7.1875 als Sohn der Eltern Johann Paul Jung und Emilie Jung, geb. Preiswerk im schweizerischen Kesswil geboren.[9]

Seine enge Beziehung zu Siegmund Freud begründete zunächst seine agnostische Haltung gegenüber jeder Form von Religion. Später löste er sich zusehends von seinem Lehrer und entwickelte in seiner *komplexen Psychologie* einen Kontrapunkt zur Freudschen Psychoanalyse. Für einen FREUD-Schüler ist es gewiß nicht selbstverständlich zu sagen: "Religionen stehen aber, nach meiner Ansicht, mit allem, was sie sind und aussagen, der menschlichen Seele so nahe, daß am allerwenigsten die Psychologie sie übersehen darf."[10]

Als Pionier der Tiefenpsychologie war Jung kein Systematiker, sondern forschender Empiriker.[11]

Jungs geistesgeschichtliche Position läßt sich im Spannungsfeld zwischen *Nominalismus* und *Realismus* festmachen. Der Wirklichkeitsbegriff des *Nominalismus* fiel zusammen mit der sinnfälligen Wirklichkeit der Dinge und

---

(Hrsg.); KRENN, Kurt (Hrsg.): *Archiv für Religionspsychologie.* Bd. 12. Göttingen: Vandenhoeck & Ruprecht, 1976, S. 85-104

[9]. Zur Persönlichkeit Jungs und seiner tiefenpsychologischen Gottesanschauung s. TENZLER, Johannes: *Selbstfindung und Gotteserfahrung: Die Persönlichkeit C. G. Jungs und ihr zentraler Niederschlag in seiner "Komplexen Psychologie".* München, Paderborn, Wien 1975, S. 33-95; Vom selben Autor: TENZLER, Johannes: C. G. Jungs Phantasieauffassung in strukturpsychologischer Sicht. In: TENZLER, J. (Hrsg.): *Wirklichkeit der Mitte.* Freiburg, München 1968, S. 252-291

[10]. JUNG (1935), S. 33

[11]. Vgl. RODE, Christian: Jungs Hauptwerke. In: *Die Psychologie des XX. Jahrhunderts.* Bd. III, 2. Zürich 1977, S. 670-681

deren Individualität. Der strikte *Realismus* dagegen verlagerte den Wirklichkeitsakzent auf die Abstraktion, die Idee, das Universale. Wiewohl Jung sich bemüht, beiden Verstehensmodi gerecht zu werden, geht seine Liebe zum Allgemeinen so weit, daß er sich als Arzt nicht einmal mit der üblichen Pathologie beschäftigt, sondern mit dem Kranksein an sich.

In seiner *Medizinphilosophie* ist er "seiner Konstitution nach als introvertierter Intuitiver und Denker...weit eher ein Platoniker als ein Megariker und Zyniker."[12]

"ich gestehe es gerne, ich habe eine solche Hochachtung vor dem, was in der menschlichen Seele geschieht, daß ich mich scheuen würde, das stille Walten der Natur durch täppische Zugriffe zu stören und zu entstellen."[13]

C. G. Jungs Begriff des *kollektiven Unbewußten* als Entstehungsort der Archetypen werden wir in diesem Kapitel unter dem Gesichtspunkt der menschlichen Reifung betrachten.[14]

Jung gelang es, Zeuge eines schöpferischen Prozesses zu werden, der sich - unabhängig von kultur- und geistesgeschichtlichen Qualitäten - in jedem Menschen im Bereich des Unbewußten abspielt.

Als "epochale Grenzgestalt zwischen Psychologie und Theologie"[15] nimmt er diesen Prozess als Ausgangspunkt einer neuen Frömmigkeit. Das Ergebnis eines solchen Prozesses, den Jung **Individuation** nennt [16], kann dazu führen, daß auch die Fähigkeit, zu glauben, gewonnen oder wiedergewonnen werden kann.[17]

---

[12]. ZIEGLER, Alfred J.: Jung und die psychosomatische Medizin. In: *Die Psychologie des XX. Jahrhunderts.* Bd. III, 2. Zürich 1977, S. 808-819. Zur Kontroverse um die psychosomatischen Medizin vgl. BOSS, Medard: Entmythologisierung der psychosomatischen Medizin. In: *Zeitschrift für klinische Psychologie und Psychotherapie* 25 (1977), S. 136-151

[13]. JUNG (1935), S. 50

[14]. Vgl. ALBRECHT (1951), S. 179. Vom selben Autor wären heranzuziehen: ALBRECHT, Carl: *Das mystische Erkennen.* Bremen 1958; ALBRECHT, Carl: *Das mystische Wort.* / FISCHER-BARNICOL, H.A. (Hrsg.); RAHNER, Karl (Vorwort). Mainz 1974

[15]. TENZLER (1975), S. 318

[16]. Heranzuziehen wäre die gediegene Studie: GOLDBRUNNER, Josef: *Individuation: Die Tiefenpsychologie von Carl Gustav Jung.* München 1949. Von JUNG selber: JUNG, Carl Gustav: Traumsymbole des Individuationsprozesses. In: *ERANOS - Jahrbuch 1935.* 2. Auflage. Zürich 1936, S. 13-133

[17]. BÄNZIGER, H.: Der Glaube als archetypische Haltung. In: *ERANOS - Jahrbuch XVIII: Aus der Welt der Urbilder.* Zürich 1950 (Sonderband für C.G. Jung), S. 377-412. BÄNZIGER

"Ich begegne immer wieder dem Mißverständnis, daß die psychologische Behandlung oder Erklärung Gott auf nichts als Psychologie reduziere. Es handelt sich aber gar nicht um Gott, sondern um die Vorstellung von Gott, wie ich immer betont habe. Es sind die Menschen, die solche Vorstellungen haben und sich Bilder machen, und dergleichen gehört eben zur Psychologie."[18]
Hinsichtlich der Reifungsproblematik der vorliegenden Studie lassen sich bei Jung vier Problemkreise in der Reifung des Menschen festmachen [19]:

1.) Persona (Die routinehaft übernommene Lebensform)

2.) Schatten (Die Nachtseite unserer selbst)

3.) Animus/Anima (Geschlechtliches Gegenbild)

4.) Metapersönlichkeit (Das Numinose)[20]

Der bedeutendste und eigenständigste Schüler C.G. Jungs war Erich Neumann. (3.1.1905 - 5.11.1960)[21]
Bei ERICH NEUMANN nimmt die Auflösung der Körperlichkeit zugunsten der universalgeschichtlichen Deutung der menschlichen Persönlichkeit umfassende Ausmaße an. Neumanns Weiterentwicklung der Jungschen archetypischen Struktur des kollektiven Unbewußten wird nach Neumann von Anfang an durch das sozial-psychische Element der Gruppe an einem bestimmten historisch-geographischen Ort mitbestimmt.[22]
Für unser Thema erhellend - in der Literatur jedoch kaum Berücksichtigung findend - ist der von Neumann geprägte Begriff der *Zentroversion*. Die Zen-

deutet hier eine innere Verwandtschaft von "Einheitserleben" in der Individuation und dem mystischen Einheitserlebnis in der unio mystica an.

[18]. JUNG (1935), S. 50, Anm. 1. Vgl. hierzu auch: JUNG, Carl Gustav: Zur Psychologie der Trinitätsidee. In: *ERANOS - Jahrbuch* 1940/41. Bd. VIII. Zürich 1942, S. 31-64; JUNG, Carl Gustav: *Zur Psychologie westlicher und östlicher Religionen*. Olten 1971 (Werke Bd. 11)

[19]. Auf die Hintergründe der Begrifflichkeit wird noch eingegangen werden.

[20]. nach WEILNER (1961), S. 141

[21]. Siehe dazu PROKOP, Heinz: Erich Neumann in Israel. In: *Die Psychologie des XX. Jahrhunderts*. Bd. III, 2. Zürich 1977, S. 841-851

[22]. NEUMANN (1961), S. 33. Vgl. zum Thema vom selben Autor: NEUMANN, Erich: Der mystische Mensch. In: *ERANOS - Jahrbuch* 1948, S. 318-374

troversion wird als psychisches Entelechieprinzip aufgefaßt, als Bewußt-
seinszentrum im Ich, als psychisches Zentrum des Ichs.[23]

3.1.1.2. Jungs Persönlichkeitsmodell

Jung setzt Seele niemals gleich dem Ich oder dem Bewußtsein. Seele geht
über den Bereich menschlicher Persönlichkeit hinaus. Nicht alle Regungen,
die der Mensch in seinem Innern fühlt, können seinem Ich zugeschrieben
werden.[24]

"...das Ich (ist) eine relative Größe, die jederzeit irgendwelchen übergeordne-
ten Größen subsumiert werden kann."[25]

Menschliche Existenz steht in der Spannung zwischen Bewußtem und Unbewußtem, d. h. einer innerpsychisch doppelten Geöffnetheit zum Vernunft-
haft-Bewußten und zum nicht-determiniernaren Unbewußten.[26] "Das Erleben des Unbewußten ist ein persönliches Geheimnis, das nur schwer und nur
den wenigsten mitteilbar ist, darum isoliert es. ... Isolierung aber bewirkt
kompensatorische Belebung der psychischen Atmosphäre, und das ist un-
heimlich."[27]

Die Spannung zwischen Bewußtem und Unbewußtem steht auf Seiten des
Unbewußten wiederum in der Dialektik zwischen zwei verschiedenen
Seinsqualitäten des Unbewußten: Nach Jung [28] wäre es gewalttätig und un-
wissenschaftlich, das Selbst auf die Grenzen der individuellen Psyche zu beschränken. Das Selbst hat ebenso eine *kollektive* Qualität, die in den Tiefen

---

[23]. Vgl. PROKOP (1977), S. 844. Die Festmachung der taulerschen Seelengrunddynamik in diesem neumannschen Schlüsselbegriff ist - soweit ich sehe - noch nicht geleistet worden.

[24]. Vgl. SCHÄR, Hans: *Religion und Seele in der Psychologie C. G. Jungs.* Olten: Walter, o.J., S.
39

[25]. JUNG, Carl Gustav: Das Wandlungssymbol der Messe. In: *ERANOS - Jahrbuch* 1940 Bd.
VIII. Zürich 1941, S. 60-160, hier S.136

[26]. "...es gibt ein Apriori aller menschlichen Tätigkeiten, und das ist die angeborene und damit
vorbewußte und unbewußte individuelle Struktur der Psyche." JUNG, Carl Gustav: Die
psychologischen Aspekte des Mutterarchetypus. In: *ERANOS - Jahrbuch* 1938. Bd. VI.
Zürich 1939, S. 403-443, hier S. 407

[27]. JUNG (1935), S. 24

[28]. JUNG (1935), S. 104

der Person einen Non-Ego-Mittelpunkt der Psyche des Individuums annimmt.[29]

Zuerst muß immer das *individuell* strukturierte Unbewußte bewußt gemacht werden, um den Eingang zum *kollektiven* Unbewußten zu eröffnen.[30]

"Das Meer ist das Symbol des kollektiven Unbewußten, weil es unter spiegelnder Oberfläche ungeahnte Tiefen verbirgt."[31]

In diese Tiefe gilt es "hinabzutauchen".

Erinnern wir uns an das "Hinabtauchen" in den Grund bei Tauler: Ich versinke in solche Tiefen der Persönlichkeit, wo ich nicht mehr mir selbst gehöre, sondern in einen Begegnungsraum eines umfassenden Du eintrete.

Die ambivalente Struktur des Unbewußten scheint bei Jung archetypischen Charakter zu besitzen, denn diese Struktur deckt sich mit den Urerfahrungen des Menschen und ist damit ursprungslos.

Wie kommt Jung zum Begriff "Archetyp"?

"Der Ausdruck Archetyp hat seine Geschichte. Er wird gemeiniglich von *Augustins* Ideenlehre hergeleitet, indem Augustin die Idee auch als archetypon bezeichnet."[32]

Der Ausdruck erscheint bereits im neuplatonischen Corpus Hermeticum (3. Jahrhundert n. Ch.): τὸ ἀρχέτυπον εἶδος

"Seit 1911 habe ich mich in Anlehnung an Jacob Burckhart des Ausdrucks 'urtümliches Bild' bedient. Seit 1916 (Die Psychologie der unbewußten Prozesse) formulierte ich den Begriff '*Dominanten* des kollektiven Unbewußten', um deren *funktionalen* Charakter gerecht zu werden. Da nun meines Erachtens diese psychologische Erscheinung die empirische Basis der platonischen Ideenlehre darstellt, so hat sich seit etw. 1927 im Gespräch mit meinen

[29]. STREICH, Hildemarie: Über die Symbolik der Musik. In: *Jahrbuch für Psychologie, Psychotherapie und medizinische Anthropologie* 15 (1967), S. 120-133, hier S. 126

[30]. JUNG (1935), S. 30

[31]. JUNG (1935), S.21

[32]. vgl. SCHMITT, P.: Archetypisches bei Augustin und Goethe. In: *ERANOS - Jahrbuch XII.* Zürich 1945, S. 95-116, hier S. 99

Freunden und Schülern die Bezeichnung Archetypus (urtümliches Bild) allmählich eingebürgert."[33]

Schon in seiner frühen Wirkungszeit entwickelte Jung die Anfänge des Kon-
zeptes vom *kollektiven Unbewußten* als dem psychischen Korrelat der
menschlichen Gehirndifferenzierung, das die Gesamtheit von Bildern und
Symbolen formuliert, die er später Archetypen nennt.[34]
Das o.g. Unbewußte ist der Sitz der universellen Urbilder, der Archetypen.
Jung unterscheidet zwischen Archetypen im eigentlichen Sinn, die normalerweise latent und unterbewußt und archetypischen Bildern, die Manife-
stationen der Archetypen im Bewußtsein sind. Sie haben numinose Eigenschaft und manifestieren sich in kritischen Situationen durch ein äußeres Ereignis oder eine innere Veränderung.[35]
"Der Archetypus ist ein an sich leeres, formales Element, ein facultas prae-
formandae oder eine apriori gegebene Möglichkeit der Vorstellungsform....
Diese 'Bilder' sind insofern 'Urbilder', als sie der Gattung schlechthin eigen-
tümlich sind, und, wenn sie überhaupt je 'entstanden' sind, so fällt ihre Ent-
stehung mit dem Beginn der Gattung zusammen."[36]
SURY [37] definiert den Jungschen Archetyp als "dynamische, artgemäße und
unanschauliche Reaktionsbereitschaft und psychisches Strukturelement der
Psyche im kollektiven Unbewußten", die als *Dominante* bezeichnet wird. Es
handelt sich hierbei um die innere Bildwerdung von Ideen und Vorstellungen, die in identischer Form und Bedeutung in den Dominanten der
Menschheitsgeschichte nachgewiesen werden können. Sie werden als *Form*
vererbt, nicht als *Inhalt.*[38]
Nach JUNG erfährt der Mensch die Welt mit Hilfe der archetypischen Bilder,
die bereits einen psychischen Prozess höherer Ordnung darstellen. Die Natur

[33]. JUNG, Carl Gustav: Über den Archetypus. In: *Zentralbibliothek für Psychotherapie.* Bd. IX,
Heft 5, S. 264

[34]. vgl. RODE (1977), S. 672. Beispielsweise heranzuziehen wäre: LEISEGANG, H.: Der Gottmensch als Archetypus. In: *ERANOS - Jahrbuch* 1949. Bd. XVII. Zürich 1950, S. 9-45

[35]. vgl. RODE (1977), S. 673

[36]. JUNG (1939), S. 408 u. 410

[37]. SURY, K.: *Wörterbuch der Psychologie und ihrer Grenzgebiete.* Olten 1974

[38]. vgl. JUNG (1939), S. 410

der Archetypen kann nicht mit Sicherheit als psychisch bezeichnet werden.[39] Hier setzt der Jungsche Begriff des *Selbst* an.[40] Das *Selbst* ist nicht nur Mittelpunkt der menschlichen Psyche, sondern auch jener Bereich, der Bewußtsein und Unbewußtes einschließt; es ist das Zentrum dieser Totalität, so wie das *Ich* Zentrum des Bewußtseins ist.[41] Vergleichspunkt zum Menschenbild Taulers (vorab *grunt* und *gemuet*) ist "der psychologische Begriff des Selbst, der einesteils aus der Erkenntnis des ganzen Menschen abgeleitet ist, anderenteils sich spontan in den Produkten des Unbewußten als jene, durch innere Antinomien gebundene archetypische Vielfalt darstellt."[42] Jung entdeckt in der menschlichen Struktur die Gott-Ebenbildlichkeit darin, daß für das *Ich* wie für das *Selbst* das gleiche gilt: Beide sind gestaltend und gestaltlos zugleich.[43]

Das Selbst ist dabei vollends der persönlichen Reichweite entrückt und tritt, wenn überhaupt, nur als religiöses Mythologem auf, und seine Symbole schwanken zwischen Höchstem und Niedrigstem.[44]

Das Selbst erweist sich aufgrund seiner empirischen Eigenschaften als das $\varepsilon\tilde{\iota}\delta o\varsigma$ (Bild, Idee) aller Ganzheits- und Einheitsvorstellungen.[45] Es ist nicht nur die Idee von einer Ganzheit, die sich im Ablauf des individuellen Lebens mehr oder weniger sichtbar ausgestaltet, sondern das Selbst ist auch der ideelle Richtpunkt, auf den hin sich das Persönlichkeitsbewußtsein entwirft.[46]

Die Persönlichkeitsauffassung C.G. Jungs war lange Zeit in der theologischen Diskussion *materia non grata*. Erst in jüngster Zeit wird der Beitrag Jungs für die Theologie fruchtbar gemacht.[47]

---

[39]. Zur Wirkung der Archetypen im menschlichen Reifungsgeschehen siehe Kapitel 3.1.1.3.

[40]. Auf die *Genese* des Begriff kann hier nicht eingegangen werden.

[41]. vgl. JUNG (1935), S. 13

[42]. JUNG, Carl Gustav: Über das Selbst. In: *ERANOS - Jahrbuch* 1948, S. 285-315, hier S. 305

[43]. vgl. NEUMANN (1961), S. 48

[44]. vgl. JUNG (1948), S. 295

[45]. vgl. JUNG (1948), S. 300 u. 314 f.

[46]. vgl. ALBRECHT (1951), S. 176

[47]. vgl. die Studie von TENZLER (1975)

Gerade die Entschlüsselung der Struktur im Jungschen Persönlichkeitsmodell sowie die des Jungschen idealistischen Realismus ist für künftige Diskus-
sionen ebenso unabdingbar wie erhellend.

3.1.1.3. Die Wirkung der Archetypen
im menschlichen Reifungsgeschehen

Wir sind gewöhnt, uns unter Archetypen Urbilder und Motive vorzustellen,
deren allgemeine Verbreitung und mythologische Verwendung für den Zusammenhang mit einer allgemein-menschlichen Erlebnisweise oder Haltung
sprechen.[48] Es müßte gelingen, einen Zusammenhang zwischen der Wirkung
der Archetypen und dem menschlich/religiösen Reifungsgeschehen aufzu-
weisen. JUNG schreibt dem Erleben des Archetypus numinose Qualität zu
und stellt die Archetypen an den Uranfang jener religiösen Erlebnisse, aus
denen sich die religiösen Riten und Dogmen herleiten.[49] Wie aber der Archetyp nur innerhalb seiner relativen Bezogenheit zu der Psyche, der er erscheint, zur Erkenntnis führt, ist archetypische Erfahrung immer nur Erfahrung des Einzelnen. Als Einzelerfahrung entzieht sie sich somit einer Systematisierung.[50] Für den Erfahrenden sind die Archetypen nicht inhaltlich,
sondern formal bestimmt.[51] Sie können sich hinter den Konstanten verbergen, die wir zur Deutung der Reifung als *konzentrisches* Geschehen postuliert
haben.[52]

Meines Erachtens scheint der Archetyp des *Erlösungsweges* [53] eine Schlüsselstelle im menschlichen Reifungsgeschehen einzunehmen.

NEUMANN konstruiert zunächst einen Ur-Ritus, in dem der Frühmensch
einen Kultort sucht. "Es handelt sich um den Archetyp des Mysterienweges,·

---

[48]. BÄNZIGER (1950), S. 385

[49]. RODE (1977), S. 674

[50]. Vgl. NEUMANN, Erich: Die Bedeutung des Erdarchetypus für die Neuzeit. In: *ERANOS -
Jahrbuch* 1953. Bd. XXII. Zürich 1954, S. 11-56, hier S. 13

[51]. SCHÄR (o.J.), S. 52-54; KRINETZKI, Leo: Die erotische Psychologie des Hohen Liedes. In:
Tübinger Theologische Quartalschrift. 150 (1970), S. 404-416, hier S. 407, Anm. 12

[52]. Hinweis hierzu in: BENZ (1972), S. 650

[53]. Nach NEUMANN, Erich: Zur psychologischen Bedeutung des Ritus. In: *ERANOS - Jahrbuch* 1950. Bd. XIX. Zürich 1951, S. 65-120

an dessen Ende ein Wandlungsgeschehen steht, das am heiligen Ort, im zentralen Raum, dem Uterus der Großen Mutter sich abspielt. Dieser Wandlungsort ist aber nur auf einem Einweihungsweg zu erreichen, der durch ein todesträchtig gefährliches Labyrinth führt, in dem keine Bewußtseins-Orientierung möglich ist."[54]

Nach NEUMANN entspricht dem dunklen Innern des Berges (dem Archetyp der "Großen Mutter" - der "magna mater"[55]) die Faszination und Anziehung des dunklen Innern der Seele auf den heutigen Menschen. Diese Anziehung hat numinosen Charakter, weil im Dunklen des Unbewußten die Faszination des Archetypus wirksam wird, den der Mensch von je her als numinos erfahren hat.[56]

Die Erfahrungen des Erlösungsweges selbst sind archetypisch. Ihre überpersönliche Natur macht sie zu einem allgemein-menschlichen, im Unterbewußtsein ruhenden Besitz. Verstehen wir den Reifungsweg des inneren Menschen in der Liebe zu Gott als Erlösungsweg [57], müssen wir dem Reifungsgeschehen, dem Umbruch- und Wandlungsgeschehen als solchem archetypischen Charakter zuschreiben. Die Ausformung des Reifungsgeschehens in das Wechselspiel von Erwerben und Verlieren, Ekstatis und Enstatis, Einwohnung und Selbstüberstieg, hat als archetypische Zuständlichkeit transzendentale Funktion.[58]

---

[54]. NEUMANN (1951), S. 71

[55]. Vgl. NEUMANN, Erich: *Die große Mutter: Eine Phänomenologie der weiblichen Gestaltung des Unbewußten.* 3. Auflage. Olten, Freiburg i.Br.: Walter, 1978

[56]. NEUMANN (1951), S. 72; vgl. SURY, K.: *Wörterbuch der Psychologie und ihrer Grenzgebiete.* Olten 1974, Art. "Faszination": 1. Anziehung und Aktivierung der Libido des Bewußtseins durch einen unbewußten Inhalt, z.B. durch ein Symbol oder einen Archetypus.

[57]. dessen gnadenhafte Qualität bei Tauler in 2.3 aufgezeigt wurde

[58]. In Bezug auf den Ur-Ritus wird diese transzendentale Funktion ersichtlich: "Das Stiftungsgeschehen des Ritus besteht also darin, daß die Gruppe oder der Einzelne... einen Prozeß durchmacht, in dem der durchbrechende Archetyp zur bewußteren Erfahrung wird. Dabei entsteht das Bewußtsein, indem aus der unbewußten Spannung der archetypisch dirigierten Situation der Blitz der Erleuchtung und Offenbarung erstmalig als Bewußtsein aufleuchtet, oder aber in einem solchen schon bestehenden Bewußtsein ein neues Stück Bewußtsein in Gestalt des archetypischen Bildes und des Symbols erscheint. Wir haben uns also den bewußtseinsbildenden Prozeß in analoger Weise vorzustellen, wie den, der von Jung als Auftauchen der transzendentalen Funktion beschrieben worden ist." NEUMANN (1951), S. 74, Anm. 2

3.1.2. Ansätze zur Deutung des geistlichen Reifungswegs auf tiefenpsychologischer Grundlage

Die innermenschliche, unendliche Geöffnetheit übt auf den Menschen eine starke Anziehungskraft aus. Sie gehört zu den Grundgegebenheiten menschlicher Existenz und zu den tiefsten Voraussetzungen der Bewußtseinsentstehung.[59] Die geheimnisvolle Mitte der menschlichen Person, der Angelpunkt der doppelten Geöffnetheit, hat viele Namen. Jung nennt sie: *Selbst*, Tauler: *grunt* und *gemuet*, die spekulativen Schaumystiker: *scintilla animae*. Heutige Theologie sieht hier *Gewissen* und *Gottes- und Christusbild in uns* präformiert.

Bei aller Verschiedenheit der Deutungshorizonte [60] (sie zeigen, daß jene Begriffe nicht einfach identisch sind) eignet jenen Deutungsmodellen doch eine Gemeinsamkeit an: daß dieses "ineffabile" *numinosen Charakter* hat und sich dem Zugriff des Menschen entzieht.[61]

Wenn nun Jung sagt [62], daß die mystische Theologie im strengen Gegensatz zur rationalistischen Einstellung des Bewußtseins steht, welches als höchste Form des Verstehens und der Einsicht nur die intellektuelle Durchleuchtung kennt, ist es ein schwieriges Unterfangen, mystische Theologie und Tiefenpsychologie miteinander zu versöhnen.

Ansatzpunkt zur gegenseitigen Erhellung und Befruchtung dürfte vornehmlich die *Erfahrung* sein.

Es ist von vornherein eine schwierige Aufgabe, tiefenpsychologische Selbst-Erfahrung und mystische Erfahrung Gottes als Begegnung und Dialogie zu vermitteln. Es gilt in der weiteren Auseinandersetzung zwischen Tiefenpsychologie und Theologie aufzuzeigen, wo unüberbietbare Gegensätze und wo Gemeinsamkeiten bestehen.[63]

---

[59]. vgl. NEUMANN (1951), S. 73

[60]. Ansätze wie: LECLERCQ, Jean: Moderne Psychologie und die Interpretation mittelalterlicher Texte. In: *Erbe und Auftrag: Benediktinische Monatszeitschrift* 51 (1975), S. 409-426 sollten sicherlich noch mehr aufgegriffen und vertieft werden, zumal sie bewußt vom *sentire cum ecclesiae* getragen sind.

[61]. vgl. WEILNER (1961), S. 140

[62]. JUNG (1935), S. 26 f.

[63]. Die Doktorthese von Elmar SALMANN dürfte sich dieses Verdienst erworben haben. Die weithin Mode gewordene Perspektive des "aus dem Bauch Schreibens" muß sich nach

3.2. Lebensgeschichtlicher Ansatz

3.2.1. Die Phasen des Reifungsweges

Menschliche Entfaltung und religiöse Reifung sind keine zweigleisigen Prozesse, die voneinander unabhängig wären. Wir versuchen, anhand von Deutungen der lebensgeschichtlichen Dynamik des Menschen eine mögliche Interaktion von menschlichem und geistlichem Reifungsweg aufzuzeigen. Wir sahen in Kap. 3.1. die Bedeutung des Reifungsprozesses in tiefenpsychologischer Sicht. Die lebensgeschichtliche Deutung in entwicklungspsychologischer Perspektive fußt erheblich in den Erkenntnissen der Tiefenpsychologie. Sie übernimmt größtenteils deren Nomenklatur und schleppt somit ein gewichtiges Signum der traditionellen Tiefenpsychologie mit in die Entwicklungspsychologie hinein: Ziel des humanen Reifungsprozesses ist die *Selbstverwirklichung* der Person unter Hauptwirkung des Strahlungskernes Personmitte (des Selbst). Als Dominante der Tiefenpsychologie und Entwicklungspsychologie wirkt das Ich, das erst im *geistlichen* Reifeprozess zu neuen Dimensionen hin aus der Ich-Selbst-Fühligkeit aufgebrochen werden kann.

Diese Problematik sei kurz an A. VETTER dargestellt. Nach Vetter [64] ist von der älteren Psychologie naturwissenschaftlicher Prägung "Person" stillschweigend mit dem Ichbewußtsein gleichgesetzt. Gegenüber der bahnbrechenden Einsicht der Charakterkunde, daß die Person einerseits im emotionalen Kernbereich der Seele beheimatet, andererseits aber durch ihren Geistbezug transzendierend ist, verharrt z.B. die Freud'sche Psychoanalyse bei der Auffassung, die das seelische Gefüge in Bewußtes und Unbewußtes aufspaltet. Das Jung'sche Selbst als Bindungsmitte zwischen Bewußtem und Unbewußtem rückt im Individuationsprozess in nähere Beziehung zum *individuellen* Ich, das den eigentlichen Gegenpol zu der als kollektiv gedachten Tiefen-

---

wie vor der strengen historischen, hermeneutischen, theologie-, mentalitäts- und geistesgeschichtlichen Prüfung unterstellen - so erfolgversprechend der erste Augenschein auch ist. Ein Beispiel: KASSEL, Maria: *Das Auge im Bauch: Erfahrungen mit Tiefenpsychologie und Spiritualität.* Olten: Walter, 1986

[64]. VETTER, August: Die Person in strukturpsychologischer Sicht. In: *Der leidende Mensch. Personale Psychotherapie in anthropologischer Sicht.* Darmstadt 1960, S. 42-61. Hinzuzuziehen wäre: VETTER, August: *Kritik des Gefühls: Psychologie in der Kulturkrisis. /* TENZLER, J. (Hrsg.). 2. umgearb. Aufl. München, Paderborn, Wien 1977; VETTER, August: *Personale Anthropologie: Aufriss der Humanen Struktur.* München 1966

149

schicht bildet. Was aber im Begriff und Erlebnis des individuellen Selbst ausgeklammert bleibt, ist die Bindung an ein begegnendes Du. "Die Unbedingtheit dieser Du-Beziehung überschreitet den archetypischen Bildbereich seelischer Imagination, denn sie stammt aus einer geistigen Wirklichkeit, die sich in der Eigensphäre des sprachlichen Wortes, im Vernehmen des Angesprochenseins, in Rede und Antwort erschließt."[65]

Die Person ist einerseits eingebunden in den durch Aussprache und Gespräch vermittelnden Wechselbezug zwischen Ich und Du und andererseits abhängig von der Transzendenz eines unbedingten Du.

Vetter nimmt als den Personkern die Verquickung von Gewissen und Gemüt an, wobei das Gemüt als Vorbedingung für das Gewissen in ein horizontales Spannungsgefüge personalen Selbstseins zum Gewissen als Entstehungsort sittlichen Handelns und der Charakterbildung steht. Für Vetter wird der Personkern zum 'Incognito' schlechthin. Seine Verhülltheit erweist sich als Bild des verborgenen Gottes, der uns im Personkern berührt. Vetters Schema der personalen Binnendialektik lautet:

geistige
Oberschicht

Integration
des Gefühls

unbewußter
Lebensgrund

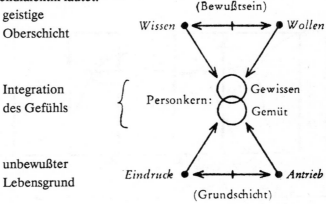

3.2.1.1. Modelle
Die Lebensdynamik vollzieht sich in den sich scheinbar ausschließenden Modalitäten eines linearen, aufsteigenden und eines phasenhaften, schwankenden Weges. Insofern linear, als die wachsende Welterfahrung [66] sich als

---

[65]. VETTER (1960), S. 45

[66]. "Integrale Reifung und Entfaltung ist nicht möglich ohne Widerstands und Realitätserfahrung." HEIMLER, Adolf: *Selbsterfahrung und Glaube: Gruppendynamik, Tiefenpsychologie und Meditation als Wege zur religiösen Praxis*. München: Pfeiffer, 1976, S. 22

Willen zu einer fortschreitenden Erkenntnis der Wirklichkeit kundtut; pha-
senhaft-schwankend, insofern es Konstanten gibt, die auf dem menschlichen
Reifungsweg in je eigener Wirkungsweise auf die Person ganzheitlich einwirken. Welche Deutungen finden wir im Bereich der Entwicklungspsychologie
und der Sozialwissenschaften?

Die biologischen Lebensalter werden nach BERGIUS [67] in zwei große Abschnitte eingeteilt: Die erste Phase - bis etwa zum 48. Lebensjahr - dient
biologisch der Fortpflanzung und Erziehung ("Aufzucht") der Nachkommen-
schaft. Geistig ist sie der Vorbereitung auf die zweite Hälfte des Lebens gewidmet. Die zweite Phase, die *biologisch* eine Rückbildungsphase ist, steht
geistig unter den Komponenten Reife und Erfüllung. Auffallend ist hier die
Bedeutung der Zahl 50 (40). Entwicklungspsychologisch bedeutet sie ein
Klimakterium, ein Knoten- und Scheitelpunkt, in dem sich - grob gesprochen
- die geistige und vitale 'Leistungs'kurve überschneiden.

Nach MOERS [68] ist die exponierte Stellung des 50. Lebensjahres in der lebensgeschichtlichen Dynamik besonders ersichtlich.

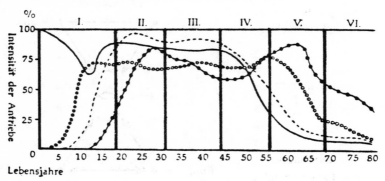

Im 50. Lebensjahr treffen zwei Kurven mit steigender Tendenz (sachliche
Strebungen und geistige Strebungen)) auf zwei Kurven mit fallender Tendenz (Triebe und vitale Strebungen). Im Knotenpunkt haben diese Strebun-

---

[67]. BERGIUS, Rudolf: Entwicklung als Stufenfolge. In: LERSCH, Philipp (Hrsg.): *Handbuch der Psychologie: Entwicklungspsychologie*. Bd. 3, Göttingen 1959, S. 104-184, hier S. 181

[68]. MOERS: *Die Entwicklungsstufen des menschlichen Lebens*. Ratingen 1953. zit. nach BERGIUS (1959), S. 187

gen ein hochpotenziertes Gleichgewicht (Gleichgewicht mit jeweils hohem Kräfteanteil der beteiligten Faktoren). Nach diesem Gleichgewichtstadium erfolgt ein extrem strukturierter Orientierungswechsel: radikaler Abfall der triebhaften und vitalseelischen Prägekraft mit gleichzeitigem Anstieg der personal-geistigen Prägekraft.[69]

Man wird bei der Betrachtung der lebensgeschichtlichen Dynamik nur schwer am dänischen Psychoanalytiker Erik Homburger ERIKSON vorbeikommen. Sein lebensgeschichtlicher Ansatz unterteilt das menschliche Lebensalter in acht Abschnitte:

> I. Säuglingsalter,
>
> II. Kleinkindalter,
>
> III. Spielalter,
>
> IV. Schulalter,
>
> V. Adoleszenz,
>
> VI. frühes Erwachsenenalter,
>
> VII. Erwachsenenalter,
>
> VIII. reifes Erwachsenenalter.

Beschränken wir uns in diesem Zusammenhang auf die Phasen V.- VIII. Eriksons Phasenmodell zum Erwachsenenalter stellt sich wie folgt dar:[70]

---

[69]. Ein vielleicht bemerkenswerter Hinweis auf Tauler: Tauler predigte vor Beginen- und Nonnenkonventen, in denen die allgemeine Lebenserwartung bei den meisten Schwestern unter 40 Jahren lag. In Europa liegt nun die Menopause (Sistierung der Monatsblutung entspr. natürliche Sterilität) zwischen dem 45. und 50. Lebensjahr, welche ihre psychische Ausformung in den sog. Wechseljahren findet.
Was konnten Taulers Zuhörerinnen mit der Bemerkung anfangen, die eigentliche Bekehrung finde erst nach dem 50. Lebensjahr statt? Angesichts der geringen Lebenserwartung mußte für die Nonnen das 50. Lebensjahr proleptisch-eschatologischen Charakter besitzen. Denn - die biologische Unfruchtbarkeit als eschatologische Befindlichkeit gedeutet (vgl. Gal 3,28) - sowie die verheißenen endgültige Hinwendung zu Gott (der Durchbruch, die 2. Bekehrung, die Überfahrt, die unio) ergeben im Menschen eine spannungsvolle Ausgerichtetheit auf das Lebensklimakterium.
Dieses geistlich-eschatologische Lebensklimakterium besitzt dann entweder seine Ausformung im Eschaton (nämlich dann, wenn der Tod den Menschen dieses Klimakterium nicht mehr erreichen läßt) oder eben als gnadenhaft geschenktes Umbruchserlebnis im irdischen Leben.

[70]. ERIKSON, Erik Homburger: *Identität und Lebenszyklus.* / HÜGEL, H. (Übers.). 3. Auflage. Frankfurt 1976 , hier S. 214f

	A Psychosoziale Krisen	B Umkreis der Beziehungspersonen	C Elemente der Sozialordnung	D Psychosoziale Modalitäten	E Psychosexuelle Phasen
V	Identität und Ablehnung gg. Identitätsdiffusion	»Eigene« Gruppen, »die Anderen«. Führer-Vorbilder	Ideologische Perspektiven	Wer bin ich (wer bin ich nicht) Das Ich in der Gemeinschaft	Pubertät
VI	Intimität und Solidari- tät gg. Isolierung	Freunde, sexuelle Partner, Rivalen, Mit- arbeiter	Arbeits- und Rivalitäts- ordnungen	Sich im anderen verlie- ren und finden	Genitalität
VII	Generativität gg. Selbstabsorption	Gemeinsame Arbeit, Zusammenleben in der Ehe	Zeitströmungen in Erziehung und Tradi- tion	Schaffen Versorgen	
VIII	Integrität gg. Verzweif- lung	»Die Menschheit« »Menschen meiner Art«	Weisheit	Sein, was man gewor- den ist; wissen, daß man einmal nicht mehr sein wird.	

Für unsere Betrachtung der lebensgeschichtlichen Wandlungsdynamik sind im Besonderen die psychosozialen Krisensituationen heranzuziehen.

Wir sahen bei Tauler, wie jede erreichte Reifestufe zunächst beglückt, dann entfremdet und in krisenhaftem Überstieg zur nächsten Reifungsstufe übergeht (jubilacio - getrenge - úbervart). Erikson, dem Tauler in seinen umfangreichen Lutherstudien begegnet sein dürfte [71], modifiziert die Krisensituationen der einzelnen lebensgeschichtlichen Reifungsstufen wie folgt:

a) Adoleszenz: Identität gegen Identitätsdiffusion [72]

Der jugendliche Mensch steht in der dipolaren Spannung, Identität zu erwerben (s.u.) und sie zu verlieren.

b) frühes Erwachsenenalter: Intimität und Solidarität gegen Isolierung

Hier steht der Mensch im inneren Widerstreit zwischen der be-glückenden Wir-Erschlossenheit im mitmenschlichen Du und der schuldhaften Abweisung angebotener Beziehungen.

---

71. ERIKSONs Frühwerk *"The young man Luther"* (1958), deutsch: ERIKSON, Erik Homburger: *Der junge Mann Luther: Eine psychoanalytische und historische Studie.* Frankfurt: Suhr-kamp, 1975, behandelt das Durchbruchserlebnis Luthers zur reformatorischen Er-kenntnis (Turmerlebnis).

72. Anscheinend fachfremd, so doch wertvoll ist die Hinzuziehung von: VEELKEN, Ludger: *Versuche zur Grundlegung einer Identitätstheorie und ihrer soziologischen Aspekte sowie ihre Bedeutung für die außerschulische Jugendarbeit.* Dortmund 1977. (Diss.)

c) Erwachsenenalter: Generativität gegen Selbstabsorption
(Stagnierung)

Generativität besagt das Interesse an Zeugung und Erziehung der
nächsten Generation (nicht nur biologisch verstanden!). Diese frei-
gesetzte Schöpfungsaktivität konkurriert mit dem nicht-schöpferi-
schen Kreisen um sich selbst ohne Selbstüberstieg.

d) reifes Erwachsenenalter: Integrität gegen Verzweiflung (und Ekel)

Die demütig-passive Eigenannahme im So-Sein des Menschen
konkurriert mit einer unversöhnten Nichtannahme seiner selbst,
die den Menschen in eine sinnleere Ortlosigkeit entläßt.[73]

Hiermit zeigt Erikson die Entwicklungsrichtungen auf, auf die der Mensch in
der jeweiligen Krisensituation zusteuern muß. Es ist in jedem Fall ein Überstieg in eine neue Seinsweise, jedoch besteht immer die Möglichkeit des
Scheiterns und der nicht angemessenen Abdriftung.

Eriksons Modell hat idealtypischen Charakter, wenn im menschlichen Leben
die Phasen I.- VIII. reibunslos aufeinander folgen.[74]

Die hier nur umrisshaft vorgestellten Beispiele einer lebensgeschichtlichen
Reifungsdynamik besitzen modellhaften Charakter. Sie wollen nur grob umreißen, wollen Verständnishilfen sein, wo sich wesentlich komplexere Ab-
läufe verbergen.[75]

3.2.1.2. Lebensgeschichtliche Dynamik

Das Wandlungsgeschen verbraucht immer große Energien. Die Erreichung
jeder neuen Seinsstufe fordert ihren Preis. Sie wird dem Menschen nicht um-
sonst überantwortet. Nach weitgehender Übereinstimmung der christlichen
Mystiker führt jeder Umbruch über das Stadium der 'Wüste'.[76]

---

[73]. ERIKSON (1976), S. 114-125

[74]. vgl. den Titel des Aufsatzes: "Wachstum und Krisen der gesunden Persönlichkeit". In:
ERIKSON (1976), S. 55-122

[75]. Gerade die naheliegende Frage nach dem genauen Verhältnis von Erikson zu Tauler kann
hier nicht beantwortet werden.

[76]. BENZ (1969), S. 209, 228 bringt das Beispiel des Visionärs, der gerade durch seinen Aufenthalt in der Wüste und die totale Isolation in einem kontemplativen Leben einen
fruchtbaren Boden für die Entfaltung ungewöhnlicher Formen geistlicher Erfahrung
findet. Hierbei ist die Abgeschiedenheit zunächst nicht passive Haltung gegenüber der

Die Erfahrung der Wüste, des unbedingten Ausgesetzt-Seins, ist immer Erfahrung der Angst. Alle menschliche Angst ist aber im Grunde - seit der Geburt - Trennungsangst. Und dennoch ist nach biblischem Zeugnis "Wüste" der qualifizierte "Ort" der Gottesbegegnung.

Wir sahen im Prozeß von jubilacio - getrenge - úbervart, daß der Mensch das bisher Erreichte loslassen muß, um in eine neue, höhere Seinsweise zu gelangen. Diese Beraubung sicher geglaubter Verdienste entläßt den Menschen in einen Leerraum der nackten Existenz.

Hier verdichten sich Ängste immer wieder zu einer allgemeinen 'Lebensangst'. Sie ist gesteigerte, ortlose, diffuse Angst, die die Tendenz hat, sich zu verselbständigen und dem Menschen seine Identität zu rauben.[77] Sie kann als "Angst vor der Angst" bezeichnet werden.[78]

Es gilt, dieses Wüstenstadium (vgl. Taulers "Bekumberungsprozeß" und das "Getrenge") in seiner existentiell bedrohenden Dunkelheit zu durchstehen.

Welt, sondern eine aktive Abwehrhaltung gegen alle Strömungen von außen, die die Seele in ihrer Begegnung mit Gott hindern könnten. Es ist anzunehmen, daß gerade diese Einengung des Bewußtseins und Abelenkung der Gedanken und Sinne von der Umwelt eine ungewöhnliche Wachheit, eine abnorme Helligkeit bewirkt, die dann die starke Konzentration auf den betreffenden Gegenstand ermöglicht. (vgl. SCHALLENBERG, G.: *Visionäre Erlebnisse im Europäischen Sprachraum nach dem 2. Weltkrieg: Eine psychopathologische Untersuchung ihrer Strukturen.* Bonn 1977 Diss. med.), S. 292) Später verschiebt sich der Akzent von der aktiven Abwehrhaltung zum Schauen und vom Schauen zu einem bewußten 'Innehaben', welches das äußere Tun unnötig macht oder sogar ausschließt. (vgl. NEUMANN (1951), S. 88)

[77]. (Darüber im nächsten Abschnitt) Über die Angst als Ursache von Fremd-, Schicht und Kernneurosen vgl. THURN, Hubert: Neurose und Frömmigkeit. In: *Geist und Leben* 22 (1949), S. 110-120, hier S. 111-118. Über die Schwierigkeiten der praktischen Anwendung jener Erkenntnisse sei kurz gesagt, daß die aus der diffusen Angst entstehende Kernneurose (die, von der Personmitte her entstehend) ebenso wie die endogene Depression eine (im taulerschen Sinn) Gemütskrankheit ist, wobei die innere Labilität des Menschen nicht verändert werden kann. Hier gewänne der Kernneurotiker nur Halt durch eine geordnete Lebensgemeinschaft. vgl. THURN (1949), S. 117. Vom selben Autor heranzuziehen wären: THURN, Hubert: Animus und Anima. In: *Geist und Leben* 26 (1953), S. 44-53; THURN, Hubert: Seelengrund und Frömmigkeit. In: *Geist und Leben* 23 (1950), S. 346-361; THURN, Hubert: Außergewöhnliche religiöse Erfahrung im Lichte der Psychologie. In: *Geist und Leben* 21 (1948), S. 170-178

[78]. so MOLTMANN (1979), S. 31; 42 f. Vgl. hierzu vom selben Autor: MOLTMANN, Jürgen: Theologie der mystischen Erfahrung: Zur Rekonstruktion der Mystik. In: KERN, Udo (Hrsg.): *Freiheit und Gelassenheit: Meister Eckhart heute.* / FALCKE, Heino (Mitarb.); HOFFMANN, Fritz (Mitarb.). München, Mainz 1980, S. 127-146

Dennoch: "Bewältigen" kann man diese Angst nicht. Aus Angst muß man "gerissen" werden.[79]

Der Raptus (das Gerissenwerden) wird zusammen mit der Ekstatis (dem Selbstüberstieg des Menschen) und der Enstatis (der gnadenhaften Einwohnung des Heiligen Geistes in der Seelengrunddynamik) zu jenen schmerzhaften dunklen Überstiegsgeschehen, welches den Menschen um eben diesen Preis in eine neue, höhere Seinsweise gelangen läßt.

Jede lebensgeschichtliche Dynamik hat ihre innere und äußere Grenze im Tod. Jedoch wäre es unschlüssig, diese Grenze *vor* dem Tod anzusetzen. Der Tod muß - wenn es noch nicht geleistet wurde - in die lebensgeschichtliche Dynamik einbezogen, integriert werden.

Der Tod transzendiert das Leben und gehört zum Leben; von daher ist ein anthropologischer Ort gegeben, von dem aus der Tod ins Auge gefaßt werden kann und (aus seiner bloßen 'Jenseitigkeit' herausgeholt) zu einem Konstitutivum von Leben überhaupt werden kann.[80]

Lebensgeschichtlich betrachtet ist der Tod eine *Lebens*krise, deren Gesetzlichkeit die einer jeden lebensgeschichtlichen Krisensituation gleicht: aus der zu eng gewordenen Haut eine "Überfahrt" in eine neue, höhere Seinsweise.

3.2.2. Synthese: Ansatz zur Deutung des geistlichen Reifeprozesses anhand der vorgegebenen Modelle der Humanwissenschaften

Bei der Betrachtung der Reifung bei Tauler und beim humanen lebensgeschichtlichen Reifungsprozeß dürfte klar geworden sein, daß Selbstverwirlichung (Individuation, Identitätsfindung) und geistlicher Reifungsweg fundamentale Unterschiede aufweisen:

---

[79]. Nach MOLTMANNscher Kreuzestheologie geschieht dieser Raptus nicht durch die göttliche Übermacht eines himmlischen Christus, sondern im Gegenteil durch Christi irdische, zutiefst menschliche Angst und Pein. vgl. MOLTMANN (1979), S. 32

[80]. vgl. LEEUW, G. v. d.: Unsterblichkeit. In: *ERANOS - Jahrbuch* 1950. Bd. XVIII, Zürich 1950, S. 183-201, hier S. 184-187

Taulers "2. Bekehrung" ist bei aller Verwandschaft zur allgemeinen krisenhaften Umbruchsituation der Lebensmitte nicht einfach identisch mit ihr, genausowenig das Endergebnis des humanen Reifungsweges (Selbstverwirklichung) mit dem des geistlichen Reifungsweges (Leben aus dem Grund; Leben in Gott) zusammenfällt.

WEILNER deutet als Synthese dieser fundamentalen Gegensätzlichkeiten eine Integration des humanen Reifungsmodells in das geistliche Reifungsgeschehen an: Der Mensch, der seine Selbstverwirklichung anstrebe, könne nicht einfach blind am Du des Anderen (und damit letztlich an Gott) vorbeigehen. Das Du den Menschen transzendiert schon je auf das Du Gottes hin.

Umgekehrt konstatiert WEILNER dem geistlichen Reifungsprozeß eine unwillkürliche Strebung nach Selbstentfaltung, die sich dem Menschen erst allmählich als ungenügend erschließt. Er kann dann die Sinnhaftigkeit der Selbstverleugnung als *Weg zu Gott* erkennen.[81]

Im Zusammenhang der lebensgeschichtlichen Dynamik sprachen wir von der kathartischen Funktion der Angst. Wir sahen, daß Angst nicht 'bewältigt' werden kann. Ebenso kann sie nicht 'religiös integriert werden'.[82]

Der Umgang mit der Angst im geistlichen Reifungsprozeß sieht sein Vor-Bild in der (mystischen) Ausgesetztheit in die dunkle Abgründigkeit im Trennungsschmerz der Gottesferne.[83]

Hier wäre der Platz für einen spezifisch-christlichen Umgang mit der archetypischen Paradoxerfahrung, also dem Evidenzerlebnis der Sinnhaftigkeit eines (nicht rational begründbaren, dafür in der Ausgesetztheit grundgelegten) 'trotzdem' ("...und *dennoch* glaube ich..."). "In der Erinnerung der Angst Christi ereignet und wiederholt sich, was Christus bereits mit uns und für uns getan hat..."[84]

---

[81]. WEILNER (1961), S. 142

[82]. vgl. MOLTMANN (1979), S. 43

[83]. "Dabei ist es merkwürdig, daß bei der Schilderung des Elends Ich-schwacher Menschen immer wieder die Stichworte der Mystik verwendet werden. Was aber für die Mystiker Tugenden sind, sind für den modernen Menschen Qualen und Krankheiten: Entfremdung, Einsamkeit, Schweigen, Abgeschiedenheit, innere Leere, Entblößung, Armut, Nichtwissen..." MOLTMANN (1979), S. 51

[84]. MOLTMANN (1979), S. 43

Bei der Betrachtung der unio mystica bei Tauler sahen wir, daß die Identität der Seele im 'Erkanntsein' durch den liebenden Gott besteht. Im gläubigen Vollzug der aktiv-passiven Bereitschaft spricht Gott dem Menschen Identität zu.

Wenn wir auch die gnadenhafte Zusprache von Identität in einen *konzentrischen* Reifungsprozeß einordnen, folgt daraus, daß in jeder Reifungsstufe Gottes Identitätszuspruch mit den persönlichkeitsgeschichtlichen Variabeln eines jeden Menschen verwoben ist. Gottes Identitätszuspruch wird sich durch die verschiedenen Lebensalter in je anderer Gestalt kundtun. So kann beispielsweise im Erwachsenenalter die sakramentale Wir-Erschlossenheit der Ehe *der* Raum sein, in dem Gottes Zusage von Identität inkarniert.[85]

---

[85]. Dieser Gedankengang soll nur angerissen werden - einmal, weil diese Untersuchung es weiter nicht leisten kann, zum anderen, weil dieser Ansatz erst weiterentwickelt werden muß.

4. Reifungsprozess als mystisches Geschehen (Theologie der Mystik, Spiritualitätsgeschichte und Religionsphänomenologie als Gesprächspartner)

4.0. Die Schwierigkeit der Begriffsbestimmung

> "Ich bin ein Mystiker und glaube an nichts."[86]
> NIETZSCHE

> "...ein Meer von Unfug..."[87]
> KARL BARTH

> "Die kostbarste Blüte am Prachtbaum der Kirche ist die Mystik."[88]
> G. MENGE OFM

In der Mystik scheiden sich - nicht nur im interkonfessionellen Gespräch - seit jeher die Geister.

Neuere Theologie bemüht sich, mystische Theologie und mystische Erfahrung innerhalb des heutigen Weltverständnisses festzumachen und als *Theologie* in den wissenschaftlichen Fächerkanon zu integrieren.[89] Der schon eingangs erwähnte marxistische Soziologe SEYPPEL sagt ohne Häme: "Wir wissen heute so wenig wie früher, was 'Mystik' im allgemeinen und 'deutsche Mystik' im besonderen ist."[90]

Je mehr man die Geschichte der christlichen Spiritualität betrachtet, desto mehr erscheint die Mystik als eine ihrem Wesen nach universale Gegeben-

---

[86]. zit. nach LUBAC, Henri de: Christliche Mystik in Begegnung mit den Weltreligionen. In: Sudbrack, Josef (Hrsg.): *Das Mysterium und die Mystik.* Würzburg: Echter, 1975, S. 77-110, hier S. 81

[87]. zit. nach HEILER, Friedrich: Die Madonna als religiöses Symbol. In: *ERANOS-Jahrbuch* 1943, Bd. II: Ostwestliche Symbolik und Seelenführung. 2. Auflage, Zürich 1935, S. 263-303, hier S. 270 f.

[88]. MENGE, G.: *Die Beschauung, das Kernstück der Mystik.* Paderborn 1943, S. VII. Es sei gestattet, auch Exoten zu zitieren.

[89]. Es sei hier stellvertretend auf die rege Publikationtätigkeit von SUDBRACK und HAAS hingewiesen.

[90]. SEYPPEL (1974), S. 120

heit.[91] Der Mut zur Beschäftigung mit einem solchen Thema wird zum einen dadurch gefördert, das mystische Theologie [92] in ihrer Binnenstruktur so angelegt ist, daß man eine weitgehende, geradezu weltweite Verwandschaft mystischen Gedankengutes annnehmen muß.[93] Der Mut beginnt dann zu sinken, wenn man feststellen muß, daß es keine Theologie der Mystik gibt, die innerhalb der katholischen Kirche Allgemeingut wäre (geschweige denn unter den christlichen Kirchen).[94]

Dabei ist es vonnöten, sich nicht - wie es weithin üblich ist - im Kuriositätenkabinett der Mystik umzutun und bei Visionen, Elevationen, Stigmatisationen, All- und Nichtserfahrungen stehenzubleiben (so aufschlußreich eine Erschließung dieser Grenzphänomene wäre).[95]

Wie schon bei Tauler ist der Hauptuntersuchungsraum das leibseelische und geistseelische Gefüge, das die menschliche Person ausmacht. Es zeigte sich, daß die Geistseele keine in sich ruhende Monade ist, "vielmehr findet sie ihre Mitte im Willen und dessen ekstatischen Selbstvollzug, in Ein- und Auskehr, in liebendem Kontakt mit der Wirklichkeit. Diese Struktur ist die Vorbedingung aller Mystik."[96]

Heilsgeschichtlicher Ort und Grundbewegung der Mystik ist die Spannung, außer sich (*extra se* und *infra se*) leben zu müssen und zu dürfen.[97] Das schließt ein, daß in christlicher Mystik Kreuzes- und Leiderfahrung integriert

---

[91]. vgl. LUBAC (1975), S. 81. Einen guten Überblick über die Stellung LUBACS zu Fragen der Mystik gibt: LUBAC, Henri de: Preface. En: RAVIER, A. (Direction): *La Mystique et le Mystiques*. Paris: Desclée de Brouwer, 1965, S. 7-39

[92]. die ein Versuch einer logischen Deutung einer überwältigenden Erfahrung ist... vgl. BENZ (1972), S. 303

[93]. vgl. MOELLER, Bernd: *Die Anfechtung bei Johann Tauler*. Mainz 1956 (Diss.), S. 4. Grundlegend zur Einführung in die Thematik zu empfehlen: LEEUW, G. v. d.: *Phänomenologie der Religion*. 4. Auflage. Tübingen 1977

[94]. so RAHNER (1975), S. 428

[95]. vgl. SUDBRACK (1979), S. 20

[96]. SALMANN (1979), S. 203

[97]. SALMANN (1979), S. 203

sind. "Sie ist eine Mystik, die durchzogen ist von 'Nicht-Mystik', ein Erfahren, das durchsetzt ist vom 'Nicht-Erfahren'."[98]

Einen bemerkenswerten Beitrag zur Verhältnisbestimmung von Erfahrung, "Nicht-Erfahrung" und deren Auswortung bietet der Ost-Berliner, leninistische, freie Schriftsteller J. SEYPPEL.[99]

Nach SEYPPEL ist es im Lauf der Kirchengeschichte vorgekommen, daß man oft mit (aus dem Stoff der "Mystik" entnommenen) Begriffen "definierte", die wiederum einer Definition bedurft hätten. Bei diesen Definitionsversuchen ist nicht beachtet worden, daß Mystiker (als Schriftsteller) vom Mystischen (als Erfahrungsform und als "objektive Mystik" (H. U. VON BALTHASAR)) je getrennt bleiben müssen (und es eingestehen). Wird der Versuch der Auswortung des mystischen Geschehens unternommen, zeigt sich Mystik als autonome Grenzform schrifttümlichen Ausdrucks. In einer weiteren Kommunikationsform dominiert Mystik: dem Schweigen. Rede (von ratio) *weiß*, Schweigen (mit eigener germanistischer Sprach-Wurzel) *ahnt*. Daher "borgt" Dichtung und Philosophie im Bereich des Nicht-Sprechen-Könnens thematisch von der Mystik. Aber aus Schweigen stößt Mystik - paradox und dialektisch - immer wieder zurück in Sprache, wenn auch widerwillig und anders als die in der Sprache beheimatete Dichtung.

In diesem Kapitel geht es u.a. darum, die Frage zu beantworten, ob es im Christentum eine Elite von "Erfahrenen" gibt oder ob in der Gotteserfahrung alle Christen zunächst einmal von gleichen Voraussetzungen ausgehen.[100]

Darauf soll anhand von Entwürfen aus der Theologie der Mystik eingegangen werden. Dabei kann der theologiegeschichtliche Rahmen nicht ohne weiteres übergangen werden:

---

[98]. SUDBRACK, Josef: Die Geist-Einheit von Heilsgeheimnis und Heilserfahrung. In: SUDBRACK, Josef (Hrsg.): *Das Mysterium und die Mystik*. Würzburg: Echter, 1974, S. 9-57, hier S. 21

[99]. SEYPPEL, J.: Mystik als Grenzphänomen und Existential. In: SUDBRACK, Josef: *Das Mysterium und die Mystik*. Würzburg: Echter, 1974, S. 111-153

[100]. Zum Unterschied bzw. Nicht-Unterschied von "Pistis" (nur Glaube) und "Gnosis" (als tiefe Gotteserkenntnis) vgl. SUDBRACK (1979), bes. S. 19 ff.

- Die auf *scholastischem* Fundament ruhende Mystik kennt dabei streng genommen nur ein partielles Zueinanderkommen Gottes und des Menschen.[101]

- Die protestantische Einstellung zur Mystik wird in das heutige Gespräch miteinbezogen werden müssen. Das Anliegen Martin Luthers bezüglich Gotteserfahrung besteht darin, daß der Einheitspunkt christlichen Glaubens nicht ausschließlich in Erfahrungen und auch nicht in Theologien, sondern im "Extra" - im "Außerhalb" - zu suchen ist. Für Luther ist die mystische Theologie nicht als *Theologie* mystisch, sondern darin, daß sie mystisch Erfahrung zur Sprache bringt.[102] Eins sind sich die Mystik und der Glaube in dem, den sie erfahren.[103]

- Die Unterscheidung von normalem christlichen Glaubensleben und Mystik, oder "Bewußtseinserweiterung", oder "ungegenständlicher Erleuchtung" ist erst von der Neuzeit herausgebildet worden.[104]

- In neuerer Zeit scheint die Bemühung zu einer Vermittlung zwischen fundamental-theologischer Erhellung der ersten Glaubenserfahrung und den Prinzipien des mystischen Erkennens besonders bei RAHNER, MÜHLEN und VON BALTHASAR [105] gelungen.

---

[101]. vgl. S Th, q. 173. Die thomistische Grundlegung der Mystik findet kaum einen wissenschaftlich besseren Zeugen als BALTHASAR, Hans Urs von: Besondere Gnadengaben und die zwei Wege menschlichen Lebens. In: *Die deutsche Thomas - Ausgabe: Summa Theologica.* Bd. 23. Heidelberg / Wien 1954, S. 252-464

[102]. vgl. MOLTMANN (1979), S. 46

[103]. siehe SUDBRACK (1979), S. 18

[104]. vgl. SUDBRACK (1979), S. 35

[105]. Bei BALTHASAR vor allem die streng biblisch-heilsgeschichtlich-neutestamentlich-kirchlich-christologische Festmachung der Mystik. Vgl. BALTHASAR, Hans Urs von: *Herrlichkeit: Theologie - Neuer Bund.* Bd. III, 2, Teil II. Einsiedeln 1969

Welche Fächerung der europäischen Mystik finden wir bei unserer Untersuchung vor? Es gibt zwei ausgeprägte Formen von Mystik: Die eine ist streng einzelgängerisch, die andere streng gemeinschaftlich.[106]

Vielleicht wäre noch eine Frage gesondert zu bedenken:

Die Frage nach der Zugehörigkeit und Eingebundenheit der Mystik in den Kanon der wissenschaftlichen Forschung.

Der Platz der Mystik im Gesamt der Theologie wird nun nicht mehr in Frage gestellt - allein: Zu welcher der klassischen theologischen Disziplinen soll man Mystik zuordnen?[107]

Karl RAHNER weist der mystischen Theologie ihren Platz eindeutig in der Dogmatik zu. "Mystische *Theologie* kann, wo sie mehr sein will als Parapsychologie (im weitesten Sinne des Wortes...) nur ein Stück der eigentlichen Dogmatik nach deren eigenen Prinzipien sein."[108]

Wenn dem so ist, muß im Bereich des Mystikers der spezifische Gegenstand jene gnadenhafte Geisterfahrung sein, die in der Selbstmitteilung Gottes an den Menschen gegeben ist.[109]

Zur Frage der psychologischen Deutung der Mystik sahen wir in Kap. 3.1., daß Mystik ursprünglich nicht psychologisch, sondern theologisch und ontologisch verstanden werden wollte und daß der Anspruch des Psychologismus als einziger möglicher Erklärung abgelehnt werden muß.[110]

---

[106]. vgl. BUONAIUTI, Ernesto: Die Ecclesia spiritualis. In: *ERANOS - JAHRBUCH* Bd. 5. 1937. 2. Auflage. Zürich 1938, S. 293-353, hier S. 345; HEILER (1935), S. 300 f. sieht als Unterscheidungsmerkmale der individuellen Mystik:

1. Die Bewußtmachung der kontemplativen Erfahrung in theologischer und psychologischer Reflexion.

2. Systematisierung der Kontemplation durch Meditationstechniken, Durchstrukturierung des geistlichen Lebens und dergl.

3. Intensivierung des kontemplativen Lebens bis hin zu Grenzformen visionärer ekstatischer Erfahrung.

Die gemeinschaftliche Form der Mystik wäre vornehmlich im Vollzug der Kirche zu sehen. (Kirche als "Mystik für alle"; HEILER (1935), S. 276)

[107]. Aufschlußreiche "Pionierarbeiten" auf diesem Gebiet bieten die bereits oft angeführten Autoren: MIETH, Dietmar: Mystik. In: EICHER, Peter (Hrsg.): *Neues Handbuch theologischer Grundbegriffe.* Bd. 3. München: Kösel, 1985, S. 151-163; SUDBRACK, Josef: Frömmigkeit / Spiritualität. In: EICHER, Peter (Hrsg.): *Neues Handbuch theologischer Grundbegriffe.* Bd. 2. München: Kösel, 1985, S. 7-16

[108]. RAHNER (1974), X, = RAHNER (1975), S. 432

[109]. vgl. RAHNER (1975), S. 433

[110]. vgl. SEYPPEL (1974), S. 114

Bevor wir uns in den Bereich des menschlichen Reifungsweges als mystisches Geschehen wagen, sei als Hinweis auf die Vielfalt der Deutungsmöglichkeiten eine unprogrammatische (und damit mitnichten vollständig sein wollende) Zusammenstellung einiger thesenhafter Definitionsversuche geboten zu dem, was Mystik sein soll. So werden auch gleichzeitig in etwa die Pole sichtbar, in deren Spannung die heutige Mystikdiskussion steht.

- *Contemplatio est simplex intuitus divinae a principio supernaturali pro-cedens.* (STh II, 2, q. 180 ad 3)
  (Kontemplation ist die einfache Schau der göttlichen Wahrheit, die aus einem übernatürlichen Prinzip hervorgeht.)

- 1. "Mystisch" als Christuswirklichkeit der hl. Schrift und als göttliche Wirklichkeit Christi.
  2. "Mystisch" als Anwesenheit des Herrn im sakramentalen und liturgischen Leben, in der eucharistischen Feier, in der Kirche.
  3. "Mystisch" als Erfahrung der Christuswirklichkeit in Wort und Sakrament.[111]

- "Mystik ist...zu verstehen als Rückgriff des Einzelmenschen auf eine spontane und direkte *Religio* zu Gott (oder einem nicht-personalen Höheren) ohne vermittelnde (hindernde) Institution."[112]

---

[111]. BOUYER, Louis: "Mystisch": Zur Geschichte eines Wortes. In: SUDBRACK, Josef: *Das Mysterium und die Mystik.* Würzburg: Echter, 1974, S. 57-76, hier S. 60; 64; 68

[112]. PLEUSER, Christine: *Die Benennung und der Begriff des Leides bei Johannes Tauler.* Berlin 1967, S. 35

- "Die Mystik ist ein Schauen und Erkennen unter Vermittlung eines höheren Lichts, und ein Wirken und Thun unter Vermittlung einer höheren Freiheit; wie das gewöhnliche Wissen und Thun durch das dem Geiste eingegebene geistige Licht, und die ihm eingepflanzte persönliche Freiheit sich vermittelt findet."[113]

- "Mystik ist sowohl das Ankommen eines Umfassenden im Versunkenheitsbewußtsein als auch das ekstatische Erleben eines Umfassenden."[114]

- "Menschliche Mystik ist nichts anderes als Umwandlung in das Selbstgefühl Gottes, in die Art und Weise, wie er sich dreifaltig in der Selbstvergessenheit der Liebe erfährt... Mystik ist erfahrene Teilhabe an der Dramatik des Mysteriums der Liebe Gottes, die sich ins andere verliert, um dieses Andere zur Freiheit der Hingabe zu rufen."[115]

- "a) Mystik meint so sehr den einzelnen Menschen, daß sogar seine Weltsicht und sein individuelles Sein miteinfließt in die Erfahrung;

  b) Mystik als persönliche Erfahrung bleibt deshalb (und wird vielleicht gerade deshalb) abhängig von der Wir-Haftigkeit des Menschen.

---

[113]. Joseph von GÖRRES, zit. nach SEYPPEL (1974), S. 114. Zur Vergegenwärtigung empfohlen: Stufenweg der Betrachtung nach BONAVENTURA: (Vgl. Schema bei: BOHNET-VON DER THÜSEN (1972), S. 94)
(I) Die Betrachtung Gottes aufgrund der Sinnenwelt:
    a) extra se per vestigia   (1)
    b) et in vestigiis   (2)
(II) Erkenntnis Gottes in der menschlichen Seele
    a) intra se per imaginem   (3)
    b) et in imagine   (4)
(III) über dem Menschen
    a) supra se se per divinae lucis similitudinem per nos relucentem (5)

    b) et in ipsa luce   (6)

[114]. ALBRECHT (1951), S. 254

[115]. SALMANN (1979), S. 278 f; 293

> Gerade weil Mystik ein "Existential" ist, ist sie auch "sozial" geprägt."[116]

Welches sind die Linien, die sich heute bei der sprachlichen Auseinandersetzng mit Mystik abzeichnen und welches sind die Perspektiven, von denen aus sich eine Spiritualität von morgen erfassen läßt?

Grundvoraussetzung für jeden, der sich mit Mystik befaßt, ist das Sich-Einlassen auf Sprache und Gedankenwelt der Mystik. Das gilt für jede Art der mystischen Ertfahrung gleich welcher religiöser Prägung.

Zum anderen: "Wer christliche Mystik wirklich verstehen will, muß christlich glauben."[117]

Es gilt, die in jedem christlichen Glauben innewohnende mystische Substanz freizulegen und als Möglichkeit zu einer spezifischen Umsetzung von Glaube und Erfahrung zu erkennen.[118]

"Christliche Mystik geht jeden Christen an. Denn sie meint den Erfahrungskern, der jedem christlichen Glauben innewohnt... Aber je stärker sich der Blick der sogenannten Fachleute auf das "Außergewöhnliche" richtete, desto breiter wurde der Graben zwischen mystischer Erfahrung und normalen Glaubenslebens."[119]

Es kann aber auch darum gehen, gerade die Grenzformen des religiösen Lebens in das Gesamt des christlichen Glaubens zu integrieren, um sich von daher der faszinierenden Vielfalt des christlichen Glaubens bewußt zu machen.

Die Frage ist nicht, ob Mystik eine Intensivierung des normalen christlichen Glaubenslebens ist oder ob es einen Wesensunterschied zwischen Glaubenserfahrung und mystischer Erleuchtung gibt. Vielmehr dürfte die Schlüsselstelle heutiger Theologie zum Umgang mit Mystik sein, daß mystische Erfahrung in ihrem Kern mit *Glaubens*erfahrung in eins fällt.[120]

---

[116]. SUDBRACK (1980), S. 19

[117]. SUDBRACK (1980), S. 23

[118]. SUDBRACK (1980), S. 19

[119]. SUDBRACK (1979), S. 21

[120]. vgl. SUDBRACK (1979), S. 20

"Man darf...'Mystik' nicht auf den subjektiven Anteil am Frömmigkeitsleben einschränken. Sie hat ihren Ort genau in der Mitte zwischen Glauben und Erfahrung, da sie, ohne noch die volle Schau Gottes *in statu patriae* zu vermitteln, ein Moment des *status viae*, der irdischen Pilgerschaft darstellt."[121] Mit anderen Worten: In erfahrungstheologischer Deutung entspricht Mystik einer geistig-religiösen Einstellung, die zur Erfahrung hinführt und Glaubensgewißheit reifen läßt.[122]

Hier wäre Mystik eine Haltung, die einerseits zum Glauben führt und andererseits eine Glaubens*haltung* ist, die selber wieder erfahrungsbildend wirkt. Die Wesensmerkmale der Mystik, die sich in jenem hermeneutischen Zirkel bewegen, stehen immer unter der Qualität des "transitus", des Vorläufigkeitscharakters und des je schon entschwundenen Gottes.

"Wo künftig christliche Mystik, christliche Gotteserfahrung geschieht, trägt sie diese Züge des Vorüberganges. Das Neue Testament kennt keine andere Mystik."[123]

4.1. Das Spektrum der Erfahrungsformen

Rufen wir uns nochmals kurz den Ausgangspunkt unserer Betrachtung, nämlich die Aussagen des mittelalterlichen Mystikers Tauler, ins Gedächtnis: "Aus dem Gegensatze gegen die Spekulation und Dialektik der Scholastik, welche sich mit ihrer begrifflichen Auffassung des Göttlichen an den Verstand des Menschen wendeten, die Seele aber leer ließ, war die mittelalterliche Mystik entstanden als das Bedürfnis, die Glaubenslehre von den Tiefen des Gemüts aus zu erfassen und des von der Kirche dargebotenen Heiles durch unmittelbare Erfahrung teilhaftig zu werden."[124]

Jedoch schon mit dem Begriff der Erfahrung begeben wir uns in einen kritischen Bereich: "Erfahrung" als zeitgemäße Chiffre für alles und jedes, was sich im menschlichen Innenraum abspielt, bedarf einer genauen Klärung, will

---

[121]. HAAS (1979), S. 169

[122]. vgl. WEHR (1980), S. 10

[123]. SUDBRACK (1979), S. 119

[124]. FIEBIGER, Ernst: Über die Selbstverleugnung bei den Hauptvertretern der deutschen Mystik des Mittelalters. In: KÖNIGLICHES GYMNASIUM ZU BRIEG: *BERICHT ÜBER DAS SCHULJAHR 1889/90.* Brieg 1890 (Teil 1: ebd. 1889), S. 5

der Theologe sich nicht der Verdächtigung einer einseitigen Psychologisie-
rung aussetzen.[125] Verdienst einer theologischen Untersuchung muß sein,
einen Beitrag zu liefern, der theologisches Sprechen von Erfahrung begründet und begründbar macht.

Das Reifungsgeschehen weist in den einzelnen psychischen Vollzugsebenen
unterschiedliche Formen der Erfahrung auf; das Spektrum der Erfahrungsformen, das eine in der Bekehrung von Gott Ergriffenen widerfährt, soll anhand der Zusammenschau SALMANNS [126] kurz dargestellt werden.
In dieser Zusammenstellung wird die Vielfalt und Komplexität der Gnaden-
widerfahrnis deutlich. Einige der Elemente schließen sich nicht aus, sondern
finden in je stärkerer oder schwächerer Akzentuierung ihren Platz im Ganzen des Reifungsweges des inneren Menschen in der Liebe zu Gott.

- **Betroffenheitserfahrung**
  Sie zeugt von der Fremdheit und Neuheit des Begegnenden.

- **Doppelte Überstiegserfahrung des Ichs**
  In der Ekstase supra se et infra se gelangt der Mensch im
  Akt des Sich-Aussetzens in Tiefen, in denen er sich selbst
  entzogen ist.

- **Entfremdungserfahrung**
  Die Berührung mit Gott, der die Liebe ist, gewahrt der
  Mensch schmerzhaft sein eigenes Schuldigbleiben an Liebe.
  Angesichts dessen muß er seine Werte relativieren (aufge-
  ben), ohne andere Werte sogleich an diese Stelle setzen zu
  können.

---

[125]. Was ihm sehr schnell passieren kann, wenn er sich - wie im Falle der mystischen Erfahrung - auf interdisziplinäres Gebiet begibt.

[126]. SALMANN (1979), S. 301-307

- Spannungserfahrung

>Erfahren wird die Einheit von Qual und Wonne, von Gewinnen und Verlieren, "Einheit und Zerrissenheit im Ich,... Aufdeckung der wahren Tiefe: die Identität erfährt sich als gewährte, der Entzug führt zu Befreiung..."[127]

- Prozesserfahrung

>Die Bekehrung wird als prozesshafte gesamtpersonale Totalität erfahren.

- Metanoia

>Vor allem der Wille erfährt eine Umfinalisierung zu dem, was Gott dem Menschen zuschickt.

- Personale Begegnungserfahrung

>"Mystik ist... weder Selbsterfahrungstraining noch sich verströmende Einfühlung, sondern dramatisches Werden des Selbst in und aus der widerfahrenden Liebe."[128]

- Objektivität der Sendung und Teilnahme an der Sendung

>Gnadenerfahrung erfährt sich als enteignet in die Sendung hinein. Sie ist insofern Mitvollzug der Gnadenerfahrung Christi.

- Vorläufigkeitserfahrung

>Auch und gerade mystische Erfahrung lebt im eschatologischen Vorbehalt.

- Liebeserfahrung

>Sie vollzieht sich in der ihr eigenen Dynamik von Anhub, Höhepunkt und Läuterung.

---

[127]. SALMANN (1979), S. 302
[128]. SALMANN (1979), S. 302

- trinitarische Struktur

Gnadenerfahrung ist Teilnahme an der Erfahrung des gott-
menschlichen Sohnes in Differenz und Einheit zu Vater und
Welt und beider Einheit im Geist.

- Gebetserfahrung

"Gerade in der Gebetserfahrung, also in der Realisierung
menschlicher Abhängigkeit von Gott, ist dieser dem Menschen näher als die Seele sich selbst und ferner als der kühn-
ste Gedankenflug reichen könnte."[129]

- "Erlebnis"

Das spontan Widerfahrende, unmittelbar sich Aufdrängende
oder Bewirkte des Prozesses als "Erlebnis" muß streng davon
unterschieden werden, daß Gott oder Gnade niemals "erlebt" werden können. Erlebt wird nur der Eindruck, das Ge-
wirkte der Nähe Gottes.

4.1.1. In der Geschichte

"Wann immer mir ein Kritiker oder ein Leser schrieb oder sagte, da oder
dort vertrete einer von meinen Mönchen zu moderne Gedanken, waren die
inkriminierten Stellen genau und ausschließlich jene Passagen, die ich wort-
wörtlich aus Texten des 14. Jahrhunderts abgeschrieben hatte."[130] So mag
UMBERTO ECO manchen beschämen, der die Argumentation mit geistlicher
Erfahrung für ein Kind unserer Zeit hält. Beschämend auch deswegen, weil
ein Rückgriff auf die historischen Grundlagen manchen Vorwurf der Unge-
schichtlichkeit und wissenschaftlichen Unredlichkeit zunichte machen
könnte. Aber das wird nicht häufig unternommen. Der Gang zu den Quellen
ist eben zu mühsam.

---

[129]. SALMANN (1979), S. 304

[130]. ECO, Umberto: Nachschrift zum "Namen der Rose". Deutsch von Burkhart Kroeber.
München, Wien: Hanser 1984 (ungek. Ausg. April 1986, dtv 10552) S.89

4.1.2. Kritik an der neuzeitlichen Erfahrungssucht:
Die Chance, am Gegner zu wachsen

Darf es bei einem Gespräch wie dem unsrigen überhaupt "Gegner" geben? Haben wir es nicht mit Gesprächs*partnern* zu tun? Wer das Suchen nach Erkenntnissen mit großer Ernsthaftigkeit führt, wer die Mühe der Erschließung nicht scheut, darf sich in die Reihen der Gesprächspartner eingereiht sehen. Wenn aber, wie es häufig geschieht, mit heißer Feder lediglich die Bücherflut im kommerziellen Bereich vermehrt werden soll, dann haben wir es mit "Gegnern" zu tun. Erfreulicherweise ist die Absicht solcher Autoren und die Qualität ihrer Werke relativ leicht zu erkennen. Es wäre in diesem Zusammenhang eine scharfe Anfrage an diejenigen großen Verlage zu stellen, die gute theologische Literatur neben kommerziell-esoterischem Wildwuchs in ihrem Verlagsprogramm bieten.

Ein Positives hat der (wenngleich einsame) Standpunkt derjenigen, die sich zweckfrei mühen: Die Auseinandersetzung mit den "Leichtfertigen" verhilft dazu, den eigenen Standpunkt und die eigene Methodik schärfer zu fassen und zu messen. Es ist eben die Chance, am Gegner zu wachsen.

"Was die Mönche suchten, um Gott zu finden, davor fliehen die modernen Menschen wie vor dem Teufel."[131]

Geistliche, numinose, transzendente, all-einheitliche, mystische Erfahrung herbeizuführen - das ist der große Wunsch Vieler. Aber möglichst ohne großen Aufwand, möglichst billig soll diese Erfahrung zu bekommen sein.

Genau hier trennen sich die Wege der Erfahrungs-Süchtigen Seelen der Postmoderne von denen, die den mühevollen Weg der Gottsuche gehen.[132]

---

[131]. MOLTMANN (1979), S. 51

[132]. Für das weite Feld unseres Anstoßes zur kritischen Einstellung hierzu sei hier eine Reihe derer genannt, die sich ebenfalls kritisch mit dem Erfahrungsmotiv auseinandersetzen: BADEN, Hans Jürgen: *Das Erlebnis Gottes: Was bedeutet uns die Erfahrung der Mystik?* Freiburg: Herder, 1981; EGERDING, Michael: Gott erfahren und davon sprechen: Überlegungen zu Gedanken der deutschen Mystik. In: *Erbe und Auftrag* 63 (1987), S. 95-106; GIEGERICH, Wolfgang: Gotteserfahrung - psychologisch gesehen. In: BÖHME, Wolfgang (Hrsg.): *Träume, Visionen - Offenbarung: Über Gotteserfahrung.* Karlsruhe 1984 (Herrenalber Texte 51), S. 83-102; HAAS, Alois Maria: Transzendenzerfahrung in der Auffassung der deutschen Mystik. In: OBERHAMMER, Gerhard (Hrsg.): *Transzendenzerfahrung, Vollzugshorizont des Heils: das Problem in indischer und christlicher Tradition.* Wien: Institut für Indologie der Universität Wien, 1978, S. 175-205; JAMES,

"*Niezen, enphinden, bevinden* und wie die Worte alle heißen, um die geistliche Erfahrung der Gegenwart Gottes auszudrücken, meinen also nicht einen schlichten Erfahrungsvollzug, sondern einen komplexen Vorgang, der neben Freude und Erfüllung immer auch Entbehrung und Leid in sich schließt. Ja, es scheint so, als ob die lustvolle Erfahrung Gottes innerlich ans Leid (der Askese oder dann des von der Umwelt her zugefügten Mißgeschicks) gebunden sei. Die Gotteserfahrung ist daher für den Menschen paradox, *wunderlich*." [133]

William: *Die Vielfalt religiöser Erfahrungen*. Olten: Walter, 1979; KEILBACH, Wilhelm: *Religiöses Erleben: Erhellungsversuche in Religionspsychologie, Parapsychologie und Psychopharmakologie*. Paderborn: Schoening, 1973; KIETZIG, Ottfried: Ist es theologisch legitim, bei der Behandlung von Glaubensaussagen von "Erleben" zu sprechen?: Erörtert in Auseinandersetzung mit BRUNNER, Emil: *Erlebnis, Erkenntnis und Glaube*. Tübingen 1933. In: *Archiv für Religiospsychologie*. 12. Bd. Göttingen: Vandenhoeck & Ruprecht, 1979, S. 105-117; KRAPF, Günther: Hypnose, autogenes Training, katathymes Bilderleben. In: *Die Psychologie des XX. Jahrhunderts*. Bd. III, 2. Zürich 1977, S. 1174-1797; RAHNER, Karl: Mystische Erfahrungen und mystische Theologie. In: *Schriften zur Theologie* XII. Freiburg 1975, S. 428-438; RELLER, Horst (Hrsg.); SEITZ, Manfred (Hrsg.): *Herausforderung: Religiöse Erfahrung: Vom Verhältnis evangelischer Frömmigkeit zu Meditation und Mystik*. Göttingen: Vandenhoeck & Ruprecht, 1980; SUDBRACK, Josef: Auf der Suche nach der Einheit von Theologie und geistlichem Leben. In: *Geist und Leben* 37 (1964), S. 421-441; SUDBRACK, Josef: *Die vergessene Mystik und die Herausforderung des Christentums durch New Age*. Würzburg: Echter, 1988; SUDBRACK, Josef: Mystik - Paramystik - Pseudomystik: Probleme und Fragen der Mystikforschung. In: *Kartäusermystik und -Mystiker*. Bd. 2. Salzburg 1981, S. 1-19; SUDBRACK, Josef: *Selbsterfahrung - Kosmische Erfahrung - Gotteserfahrung*. Mainz: Matthias Grünewald; Stuttgart: Quell, 1988. (Reihe: *Unterscheidung*: Christliche Orientierung im religiösen Pluralismus. Hsg. von Reinhart HUMMEL und Josef SUDBRACK)

[133]. HAAS (1984), S. 245

4.2. Mystagogische Entfaltung des Reifungsweges

4.2.1. Ontologische Struktur: der Ort des Aufbruchs [134]

Schon im ersten Teil der Untersuchung, bei Johannes Tauler, "... sind gerade in der Anthropologie der christlichen Mystiker unter dem Eindruck frischer religiöser Erfahrungen überraschend neue, frische und sogar revolutionäre Aspekte in der Auffassung und Verwirklichung christlicher Menschenbilder hervorgetreten." [135]

Es stellten sich uns die Fragen, wie sich das Innerste des Menschen, seine Seele, seine Fähigkeit zu lieben und die Geneigtheit Gottes sich begegnen und einander durchdringen können. Ebenso: Wie muß der Mesch sein, der die gnadenhaft gewährte Nähe Gottes erfahren will. Und: wie teilt sich die Gnade, das göttliche Heilsmysterium mit, um in die seelische Struktur des Menschen einzugehen? [136]

Auf der Suche nach der ontologischen Struktur des geistlichen Reifungsprozesses begegnete uns bei Tauler die Eigenschaft des menschlichen Geistes, alles auf Einheit zurückzuführen, die Vielfalt aus einem einzigen Erleben zu verstehen und die Verschiedenheit in einer übergreifenden Einheit zu erleben. [137]

Genau dies ist aber einer der Gründe, warum an jede mystische Erfahrung ein kritischer Maßstab angelegt sein will. Eigengesetzlichkeit der meschlichen Psyche ist es ebenso, daß sich die religiöse Erfahrung und die Theorie der Erfahrung ergänzen und sich gegenseitig bestimmen - und zwar rückwirkend, sodaß jede neue mystische Erfahrung eine Bestätigung der Richtigkeit der theoretischen Auslegung bringt, die ihr Empfänger entwickelt hat. Die Folge ist, daß sich auf diese Weise mystische Erfahrungen anpassen und sich

---

[134]. Dieses Kapitel möge als unmittelbar an die Darstellung der Seelenlehre JUNGs rückgekoppelt betrachtet werden.

[135]. DOBHAN, Ulrich: *Gott - Mensch - Welt in der Sicht Teresas von Avila*. Frankfurt am Main, Bern, Las Vegas: Peter Lang, 1978 (Europäische Hochschulschriften: Reihe 23, Theologie; Bd. 101), S. 1.

[136]. siehe SALMANN (1979), S. 2 und HEILER (1935), S. 246

[137]. SUDBRACK (1980), S. 23

zu ganzen Systemen zusammenordnen.[138] "Im Grunde ist das Unternehmen einer mystischen Reintegration des Geist-Ichs in seine causa exemplaris in Gott nichts anderes als der Versuch, jenen Identitätspunkt in Gott aufzuspüren, in dem Egreß und Regreß des Geschöpfs zusammenfallen mit Gottes Schöpferabsicht, mit der göttlichen Idee, die Gott vom betreffenden Menschen hat."[139]

Die menschliche Seele - so sahen wir - steht sowohl in der Spannung der wirhaften Verbundenheit (kollektives Unbewußtes bei JUNG; Seelengrunddynamik bei Tauler) und einer letzten Einsamkeit mit Gott. Dennoch gibt es nur eine einzige Gotteserfahrung, die wiederum gespannt ist zwischen Gottes Immanenz im Menschen und Gottes Auf-uns-Zukommen aus der Transzendenz. Man muß sich dem ganzen Paradox des christlichen Glaubens stellen, um das Paradox der Gotteserfahrung (Immanenz - Transzendenz) aufzeigen zu können.[140]

Was uns bei Tauler begegnete und uns in Kap. 5. begegnen wird, ist die Liebesdynamik im Reifungsgeschen. Für den, der sich damit befaßt, stellt sich die Frage, ob er die bis ins äußerste Paradox gehende Liebessprache für sich stehen läßt oder sie auflöst in ontologische Seinsaussagen.[141]

- Das *Versunkenheitsbewußtsein* bei Carl ALBRECHT.

Eine Deutungsmöglichkeit der ontologischen Struktur, die uns im Zusammenhang mit Tauler noch nicht begegnete, sei kurz angedeutet. Es handelt sich um die "eigenartige Verbindung von Bewußtseinspsychologie und Mystik".[142] Für die Beschreibung der innerseelischen Dramatik prägt ALBRECHT den (vielleicht etwas mißdeutbaren) Begriff des "Versunkenheitsbewußtseins". Er beobachtet im Versunkenheitsbewußtsein, daß es in keinem Augenblick des menschlichen Umgangs mit Gott ein Verlöschen des Ichs

---

[138]. BENZ zeigt dieses anhand der visionären Erfahrungsformen auf; BENZ (1969), S. 90 ff

[139]. HAAS (1970), S. 105

[140]. SUDBRACK (1980), S. 45f

[141]. vgl. SUDBRACK (1980), S. 38

[142]. es ist anzufügen: bei Carl ALBRECHT. vgl. SALMANN (1979), S. 253

gibt.[143] Stattdessen geschieht als Neuintegrierung des Versunkenheitsbewußtseins eine Ausformung der rezeptiven und passiven Erlebnisweisen des
Ichs. Im Endzustand der Versunkenheit ist das einfache und identische Ich
nicht nur ein unmittelbares innehabendes Ich, sondern auch ein schauendes
Ich geworden.[144]

Die o.g. Albrechtsche Definition von Mystik (als Ankommen eines
Umfassenden im Versunkenheitsbewußtsein) versteht das Umfassende so,
daß es aus einer fremden Sphäre kommend, als letztes unerkanntes Sein erlebt wird. Auf dessen ganzheitliche Einheit werden alle vergangenen, gegenwärtigen und zukünftigen Erlebnisgehalte Bezug nehmen.[145]

Der numinose Charakter des mystischen Erlebens ist nach dem je individuellen Erleben des Versunkenen mehr oder weniger deutlich ausgeprägt. Das
Nichts oder das *Ur* kann dabei ein größeres tremendum sein als die Liebe
oder das Licht. Andererseits kann die Liebe ein größeres fascinosum sein als
das Nichts.[146]

Auch ALBRECHT ist der Meinung, daß der (psychologische) Begriff der Mystik nicht von der ekstatischen Einstellung her entwickelt werden darf, sondern von der Fundierung der Erlebnisbereiche her, die in ihrer typischen
Wiederkehr tragendes Element des Lebens- und Reifungsgefüges der Mystiker sind.[147]

4.2.2. Die gangbaren Wege

Wenn heute von Mystik gesprochen wird, die im alltäglichen Vollzug des
Menschen greifbar sein soll, - nichts anderes meint unser Thema: Reifungsgeschehen als mystisches Geschehen - tritt die Schwierigkeit auf, daß es so

---

[143]. ALBRECHT (1951), S. 67
[144]. ALBRECHT (1951), S. 67
[145]. ALBRECHT (1951), S. 218
[146]. ALBRECHT (1951), S. 221
[147]. ALBRECHT (1951), S. 252

gut wie keine Basis für das Mitteilen mystischer Erfahrung gibt, die Allgemeingut der Beteiligten wäre.[148]

So muß heutige Theologie zuweilen neue Wege der Mitteilung beschreiten, dann nämlich, wenn die klassische Terminologie keine Erfahrungsdeckung mehr besitzt. So gewinnen z.B. die menschlichen Grenzerfahrungen als Ansatzpunkt religiöser Erfahrung immer mehr an Bedeutung. Grenzerfahrungen wie Liebe, Schuld und Tod dürfen nicht verdrängt oder gemildert werden, da Verdrängung stark erfahrungsmindernd wirkt.[149]

Dem vorausliegend ist in jedem Fall das intensive Erleben des eigenen Wesens, einschließlich seiner personalen Tiefe. "Für die religiöse Erfahrung ist es wichtig, daß hier die "negative Theologie" des ahnenden, ehrfürchtigen Spüren Gottes allem Verbalisieren in analogen Bildern und Worten vorausgeht."[150]

Heutige mystische Theologie muß sich der Aufgabe stellen, eine Darstellung der ursprünglichen Fülle des Glaubensbegriffes zu versuchen, die es dem modernen Menschen ermöglichen könnte, in seinem Leben Spuren und Keime gläubiger Haltung wiederzufinden.[151] Also den Glauben als weit und offen zu erfahren (und: darzustellen), wo so viele scheinbar miteinander unvereinbare Erscheinungsformen ihren Platz haben.

In der erworbenen bzw. gewachsenen religiösen Erfahrung wird die Bezogenheit auf Gott so ins Bewußtsein gehoben, daß sie unsere Existenz integrativ erfaßt.[152]

Bei der Entfaltung des Reifungsweges werden sich Beobachtungen machen lassen, die Ansatzpunkte zu einem heutigen Reden vom Reifungsweg als mystisches Geschehen werden können.

---

[148]. vgl. BENZ (1969), S. 248: "... zu bedenken, daß die Verfolgung in all ihren Stadien und das Martyrium selbst ein psychologisches Milieu und eine geistige Spannung der Frömmigkeit schuf, die besonders günstige Voraussetzungen für das Auftreten ekstatischer und visionärer Erfahrungen bot."

[149]. vgl. EGENTER, Richard: Religiöse Erfahrung in christlicher Sicht. In: GRÜNDEL, J. (Hrsg.): *Spiritualität, Meditation, Gebet.* München 1974, S. 129-136, hier S. 133

[150]. EGENTER (1974), S. 132; auch BOLLEY (1949), S. 271

[151]. vgl. BÄNZIGER (1950), S. 379

[152]. vgl. EGENTER (1974), S. 132

- Korrelation von gnadenhaftem Geschehen und der menschlichen Antwort: aktiv-passive Bereitschaft.

Passivität gehört wesentlich zu einem mystischen Geschehen, weil es nur als Geschenk angenommen werden kann. "Auch in höchsten mystischen Zuständen ist sie (die Passivität) noch Entfaltung jenes radikalen An-sich-geschehen-Lassens."[153]

- Transitus-Charakter des Gotteserlebens

Aus den Erfahrungen visionärer Tradition hinreichend belegt,[154] hat die Gottberührung jenen Charakter des augenblickhaften Geschenktseins, in der sie sich als schmerzhaft enteignete Liebesbeziehung erweist.[155]

- Indifferenz der Deutungen

Mystische Erfahrungen als solche zu deuten unterliegt der Gratwanderung zwischen mystisch-ekstatischer Gnadenwirkung und Psychopathologie. Ebenso droht hierbei eine Verwechslung der objektiven transzendenten Wirklichkeit mit subjektiven Erlebnisinhalten, welche nur die Projektionen menschlicher Gefühle und Wünsche darstellen.[156]

[153]. LUBAC (1975), S. 89 f; HEILER (1934), S. 306 u. 308

[154]. Die Schau der unendlichen Schönheit geschieht "schlag- und fluchtartig" (perstrictim et raptim), "wie im Vorübergehen" (quasi per transitum), "in einem Stoß eines zitternden Anblicks" (in ictu trepidans aspectus), in "einer flüchtigen Gedankenberührung" (rapida cogitatione attigimus). AUGUSTINUS, A.: Confessiones. VII, S. 23; IX, S. 25; En. in Ps 41,10. zit. nach HEILER (1935), S. 312

[155]. vgl. auch SUDBRACK (1974), S. 21

[156]. siehe hierzu die aufschlußreiche medizinische Studie von G. SCHALLENBERG: SCHALLENBERG, G.: Visionäre Erlebnisse im Europäischen Sprachraum nach dem 2. Weltkrieg: Eine psychopathologische Untersuchung ihrer Strukturen. Bonn 1977 (Diss. med.) Auf das kenntnisreiche und vielgelobte Schrifttum von ZAEHNER kann hier leider nicht näher eingegangen werden: ZAEHNER, Robert C.: Mystik - religiös und profan: Eine Untersuchung über verschiedene Arten aussernatürlicher Erfahrungen. Stuttgart: Klett, 1960; ZAEHNER, Robert C.: Mystik - Harmonie und Dissonanz: Die östlichen und westlichen Religionen. / HAAS, Alois Maria (Geleitwort). Olten, Freiburg i.Br.: Walter, 1980. Ebenso muß unerwähnt bleiben, was sich auf interreligiösen Gespräch in der Mystikforschung abspielt (hier vor allem mit den östlichen Religionen).

Dem entgegenzuwirken, unternahm die Mystikforschung seit jeher den Versuch, Kriterien für die Echtheit mystischer Erfahrung aufzustellen.[157]

- Die "dunkle Nacht der Seele"

Gott erfahren heißt gleichzeitig: Gottes Dunkelheit erfahren,[158] Gott in seiner Dunkelheit und Nicht-Erkennbarkeit erfahren. Es ist ein Leiden an Gott, das - im Schweigen des Vaters zum Gethsemanegebet des Sohnes grundgelegt - durch die Jahrhunderte zu den Ur-Erfahrungen gottsuchender Menschen gehört.[159] Was Menschen in der Trennungsangst an Schmerz, Schwäche und Einsamkeit erfahren, kulminiert in der Erfahrung der Gottverlassenheit. Mystische Existenz sucht in der Spannung der Anwesenheit des abwesenden Gottes diese "Nacht" zu durchstehen. Wenn auch diese Gottferne keinen Endgültigkeitscharakter besitzt, ist sie aber auch kein Durchbruchserlebnis, an dem sich ewiger

---

[157]. so z.B. ZAHN, Joseph: *Einführung in die christliche Mystik.* 5. Aufl. Paderborn 1922, S. 554-572; zit. nach WALDMANN, Michael: Trancen und Ekstasen in ihrer psychologischen Gegensätzlichkeit. In: *Geist und Leben* 25 (1952), S. 54-67, hier S. 65. Kriterien gegen übernatürlichen Charakter von außergewöhnlichen mystischen Erfahrungen:
a) Das Auftreten ekstatischer Phänomene bei den Anfängern im geistlichen Leben.
b) Die Häufigkeit der Ekstasen, besonders dann, wenn sie in der Öffentlichkeit erfolgen.
c) Die Periodizität der betreffenden Zustände, da dieses Moment im engsten Zusammenhang mit pathologischen Dispositionen zu stehen pflegt.
d) Die Willkürlichkeit in dem Sinne, daß der Ekstatiker nach seinem Belieben in den ekstatischen Zustand tritt.
g) Die Bewußtlosigkeit während der Ekstasen und die Erinnerungslosigkeit nach derselben.
i) Die sichtliche Zerrüttung des körperlichen Lebens, also vor allem hysterische Krankheitserscheinungen.
Vgl. auch HEILER (1935), S. 319 ff. oder auch WULF, Friedrich: Glaubenserfahrung als Voraussetzung des Glaubenszeugnisses. In: GRÜNDEL, J. (Hrsg.): *Spiritualität, Meditation, Gebet.* München 1974, S. 137-145, hier S. 141; vgl. auch SALMANN (1979), S. 282 f.

[158]. vgl. SUDBRACK (1979), S. 106

[159]. Martin BUBER prägt dafür den Begriff der "Gottesfinsternis", JOHANNES VOM KREUZ "Dunkle Nacht der Seele und des Geistes". Als Beispiel neuerer Literatur: MOSER, Tillmann: *Gottesvergiftung.* 3. Aufl. München 1977

Friede anschließt: Der menschliche Geist wird niemals die Nachterfahrung ganz hinter sich lassen können.[160]

- unio Mystica

Der Ausblick der Erfüllung, die Ekstase der Vereinigung, ist dunkel, unerkennbar und unbeschreibbar. Weil er nur mit ganzer Seele oder gar nicht erlebt wird, ist der Mensch als Erlebender auf sich selbst zurückgeworfen; seine Erfahrung ist nicht verbal adäquat mitteilbar. "weil man also davon nicht reden kann, muß man schweigen. Um durch das Schweigen aber die mystische Stille...in der...Gegenwart Gottes zu qualifizieren, muß man reden."[161]

- Ethische Konsequenzen

"...wo eine Transponierung der eigenen Erfahrung in das Leben nicht geschieht, war wohl auch die Erfahrung selbst eine Täuschung. Nur die vom Tun ratifizierte Erfahrung ist echt."[162]

Der an mystischer Erfahrung gereifte Mensch schreitet von der Beschauung zur Tat. Nicht als ob sein Tun in einen exklusiven ethischen Verhaltenskanon festzumachen wäre - vielmehr begreift er sein Leben als von Gott durchformt, getrieben und getragen "in rechter Gelassenheit seiner selbst."[163]

Wenn wir hier noch einmal auf die Seelenlehre JUNGS zurückblicken und von daher eine mystische Qualität des Reifungsweges entwickeln wollen, liegt die Pointe darin, daß das Zusammenwirken von Integration, Archetyp und Erscheinen des Selbst im mystischen Weg, der "2. Bekehrung" entspricht.

[160]. vgl. SUDBRACK (1980), S. 27
[161]. MOLTMANN (1979), S. 57
[162]. SUDBRACK (1979), S. 10
[163]. (Übers. HOFMANN (1979), S. 43

4.2.3. Weg und Ziel: Begegnung zur Wir-Erschlossenheit im Heiligen Geist

Ernst BENZ erkannte einen großen Mangel theologischen Redens von der mystischen Erfahrung, als er sagte: "Nun ist die heutige Theologie gegen jede Art von Mystik eingestellt, weil sie die mystische Erfahrung rein psychologisch und als rein innerseelischen Vorgang interpretiert, der nicht mit einer wirklichen Begegnung mit dem Transzendenten zu tun hat und der letzthin auf das psychologische Erleben von mystischen Glückszuständen hinausläuft."[164]

Gerade das, was die *nur* tiefenpsychologische und *nur* lebensgeschichtliche Deutung des Reifungsweges kennzeichnet, nämlich das Kreisen um die innerseelische Energetik des Ichs (Selbst),[165] vermag ja gerade in der mystischen Deutung zu einem Selbst-Überstieg, einer Begegnung mit dem Du (des Menschen und Gottes) aufgebrochen zu werden.[166]

Bei der Betrachtung der ontologischen Struktur des Reifungsgeschen bei Tauler sahen wir, daß im Seelengrund des Menschen der Ort für die Begegnung mit dem liebenden Gott gegeben ist.

Alois MAGERs weiterentwickelter Beitrag zur Theorie der Mystik bei SALMANN nimmt in den Tiefen der Geistseele jenen Punkt an, in dem ich nicht mehr mir selbst gehöre, sondern in eine Gemeinschaft der Wir-Erschlossenheit im Heiligen Geist eintrete.[167] Diese Begegnung wird aber erst möglich unter der Vorbedingung des Schweigens.[168] "Nicht nur das Tun in seinen vielen Formen, sondern auch das Nichts-Tun hat eine konstitutive Funktion

---

[164]. BENZ (1972), S. 304. Vgl. vom selben Autor: BENZ, Ernst: *Urbild und Abbild.* Gesammelte ERANOS - Beiträge, 1974; darin auch: BENZ, Ernst: Vision und Führung in der christlichen Mystik. In: *ERANOS - Jahrbuch 1962: Der Mensch - Führer und Geführter im Werk.* Bd. XXXI. Zürich 1963, S. 117-170

[165]. vgl. SUDBRACK, Josef: Christliche Meditation. In: *Geist und Leben* 43 (1970), S. 437-454, hier S. 446 f.

[166]. vgl. hierzu RAHNER (1975), S. 432; SUDBRACK (1970), S. 448; SUDBRACK (1980), S. 29

[167]. vgl. auch das "kollektive Unbewußte" JUNGS

[168]. siehe auch die oben beschriebene menschliche Haltung der Demut und Passivität, die dem Schweigen wesenhaft entspricht. vgl. auch BENZ (1969), S. 81 und SALMANN (1979), S. 280

in der Begegnung. Wir kennen dieses Nichtstun schon in der ruhigen gelösten Haltung... und besonders im Schweigen."[169]

Da es bei Mystik immer um Erkenntniserfahrung im Horizont des Glaubens [170] geht, vermag der Mystiker die wirkende Gegenwart Gottes in der Tiefe seines Persongefüges in je eigen ausgeprägten Modi zu erfahren.[171] Drei Begegnungsmodi sind möglich:

1. Anmutung des Begegnenden als ein Neutrum

   Der Christ sollte das Stadium, in dem das Heilige als ein Neutrum anmutet, nicht überspringen wollen. Die Erlebnisqualität als apersonales faszinosum oder tremendum stellt einen Bewußtseineindruck dar, worin das Göttliche sich ankündigt.[172]

2. Der Begegnende als *ER*

   Hierbei handelt es sich weniger um eine Absetzung gegnüber dem Begegnenden als *DU*, als vielmehr um eine Erlebnisqualität, die eine ehrfurchtvolle Distanz, eine Begegnung ohne zwingenden personalen Bezug aussagen will.[173]

3. Der Begegnende als *DU*

   In dieser Vollform der Begegnung als *DU* ist das personal-liebende "für mich" die Aura des Begegnungsvorganges. Im Sehen "von Angesicht zu Angesicht" offenbart sich die unauslotbare Tiefe der Person des anderen als ontisches Geheimnis.

---

[169]. vgl. aber auch die funktionale Qualität des Schweigens auf Sprache hin. Siehe SUDBRACK (1969), S. 21

[170]. "Es ist selbstverständlich, daß die mystische Erfahrung den Glaubensakt weder schwächt noch gar ersetzt, sondern ihn als Grundlage hat, um erneut, bereichert, in ihn hinein zu münden." BALTHASAR, Hans Urs von: *Erster Blick auf Adrienne von Speyr*. Einsiedeln: Johannes, 1969, S. 75

[171]. vgl. WULF (1974), S. 139

[172]. vgl. EGENTER (1974), S. 133

[173]. vgl. auch die wechselnde Anrede von *DU* und *ER* in den Psalmen.

Die eigenständige Ausformung des Reifungsgeschehen als Teilhabe am innertrinitarischen Liebesgespräch ist erst jüngeren Datums.

Ansätze hierzu finden sich u.a. bei C. G. JUNG:

Da der ursprünglichen Geisterfahrung die personhaften Züge fehlen,[174] kann von einer expliziten Du-Begegnung zum Heiligen Geistes keine Rede sein. "So ist der Heilige Geist psychologisch heterogen, indem er logisch aus dem Naturverhältnis von Sohn und Vater nicht abzuleiten ist, sondern als Konzeption nur aus der Einschaltung eines Reflexionsvorganges beim Menschen zu begreifen ist."[175]

Das trinitarische Geschehen besteht nach JUNG darin, daß Vater und Sohn in derselben Seele (= ihr gemeinsames Leben) vereinigt sind [176] und der Mensch an dieser Wirklichkeit teilhat.

Eine Einbindung dieser Ansätze in Kirche wäre dann nicht mehr unpopulär, mit vereinnahmend-bitterem Beigeschmack. Sie ist nicht nur stillschweigend duldbar, sondern gefordert, insofern sie eine Kirche meint, die von sich selbst weg- und auf Christus hinblickend, selber *Dienerin* am Heil aller Menschen ist : "...*echte* christliche uns kirchliche Mystik (es gibt falsche genug) ist wesenhaft Charismatik,...ein von Gott zugeteilter Dienst an der Gesamtkirche...und zwar nicht zu peripheren Auswüchsen der Theologie,...sondern im Gegenteil zu ihrer *zentralen Vertiefung und Verlebendigung*."[177]

---

[174]. vgl. BENZ (1969), S. 563 und 565

[175]. JUNG (1935), S. 47

[176]. JUNG (1935), S. 46

[177]. BALTHASAR, Hans Urs von (1968), S. 50

5. Reifungsprozess als dynamisches Liebesgeschehen (Trinitarische Theologie als Gesprächspartner)

> Werden sie mir sagen, daß man keine Furcht zu haben brauche, da Gott doch der Gott der Liebe ist?
> Ach, ich verstehe zu viel von der Liebe, als daß ich nicht wissen müßte, eine wie furchtbare Macht sie ist.
> Gibt es etwas härteres, als zu lieben, wirklich zu lieben, das heißt: ausschließlich, vorbehaltlos, glühend, ohne Berechnung, ohne Erwartung, ohne eine Möglichkeit des Rückzuges?
> Man muß ein Kind sein und harmlos, um Gott zu lieben, oder aber sehr stark, bewußt und groß. Ich bin keines von beiden
> Was also?
>
> LUISE RINSER [1]

Was macht eine Begegnung zum Liebesgeschehen?

Auch außerhalb der christlichen Offenbarung wurde in den Grenzbereichen religiöser Erfahrung das Absolute immer wieder als ein Jemand, ein ansprechbares Du erfahren.[2]

Was aber Begegnung ist, kann nur im Mitvollzug des Begegnens bewußt werden.[3] Denn "je persönlicher die Erfahrung ist, je näher ein Zeugnis dem Urerlebnis steht, desto deutlicher tritt hier eine personal-dialogische Grundstruktur hervor; je weiter sich aber das Zeugnis von der Erfahrung entfernt, je mehr es von bewußter oder unbewußter Reflexion durchzogen ist, desto deutlicher wird der pantheisierende Unterton."[4] Dieses Urteil SUDBRACKS sehen wir in aller Deutlichkeit bei Johannes Tauler bestätigt. Bei ihm ist Gott im Leben zu suchen, im eigenen Seelengrund. Die eigene Befindlichkeit

---

[1]. RINSER, Luise: *Abenteuer der Tugend.* Frankfurt a.M. 1957, S. 158 f.

[2]. vgl. SUDBRACK (1979), S. 13 und BUBER, der die Zweiheit der Begegnung ursprünglicher und seinshaft tiefer denkt als die Einheit des Zusammenfallens. Bei SUDBRACK (1980), S. 23. Die Beschäftigung mit Bubers Dialogie verlangt Kenntnis von: BUBER, Martin: *Das dialogische Prinzip.* 4. Auflage. Heidelberg: Lambert Schneider, 1979

[3]. vgl. BUYTENDIJK, F. J.: Zur Phänomenologie der Begegnung. In: *ERANOS - JAHRBUCH* Bd. XIX. 1950: *Mensch und Ritus.* Zürich 1951, S. 431-486, hier S. 439 u. 466

[4]. SUDBRACK (1980), S. 20

kündet von Gottes Wirken. Die Liebe, zu der ein Mensch fähig ist, ist der "Ort" des Gnadengeschehens.

Wenn hier vom Reifungsweg des Menschen als dynamisches Liebesgeschehen gesprochen werden soll, gehen wir davon aus, daß das ganze Leben selbst das "Drama der Liebe" ist.[5]

Und zwar in der weitestmöglichen Auffächerung als unglückliche, verzweifelte, befreite, suchende oder selige Liebe.

"Mysterium und Mystiker finden sich nur, indem sie sich liebend aneinander verlieren."[6]

5.1. Wege der Liebe

Mystische Erfahrung weist einen grundlegenden Ansatzpunkt zur Erschließung der Bekehrung als dynamisches Liebesgeschehen auf. Mystische Gotteserfahrung beinhaltet immer eine ausgeprägte subjektive Evidenz des "für mich" und "für dich".[7] D.h. das Erleben des Gnadensoges und schließlich der unio mystica wird nicht als beziehungslose Kenntnisnahme von Botschaft (Inhalten), Erkenntnis oder Gnadenwirkung aufgefaßt, sondern als Geschehen-für-mich, in einer stark ausgeprägten Erlebnisqualität der personalen Zuwendung Gottes an den Menschen und umgekehrt.

Dies ruft die übermäßige Betroffenheit hervor, die dem Mystiker zuteil wird, wenn er sich und seine Erfahrung in das dialogische dramatische Geschehen zwischen Gott und sich selbst einbezogen weiß. Ansatzstelle für heutiges Verständnis der mystischen Erfahrung als dynamisches Liebesgeschehen bietet (auch hier) die Analogie zum menschlichen Liebesakt.

Zwischen zwei liebenden Menschen entfaltet sich ein Wort, ein Zeichen zu einem personalen Ich-Du-Geschehen, wenn es von einem Wir-Raum des liebenden Zueinander- und Aufeinander-Verwiesenseins gesprochen wird. Hier bekommt ein Wort seinen eigentlichen Sinn. Hier wird im Sinn eines Offenbarungsgeschehens letzte Evidenz und Sinnhaftigkeit gestiftet.

---

[5]. vgl. MOLTMANN (1979), S. 46

[6]. SALMANN (1979), S. 5

[7]. vgl. SUDBRACK (1970), S. 451

Denn wenn ein Wort, eine Geste, eine Haltung, ein Leben als "für mich" vollzogen erkannt wird, vermag der liebende Mensch erst die eigentliche Tiefe des Wortes (des Aktes etc.) auszuloten.

Im Folgenden gilt es, diese Evidenz des "für mich" immer mitzubedenken, wenn der Phasenweg des dynamischen Liebesgeschehens angedeutet werden soll.

5.1.1. Anhub

> Es gibt keinen treffenderen Bibeltext zum Verständnis der christlichen Mystik. Alle mystischen Erfahrungen der christlichen Tradition messen sich an den Worten:
> "Jesus sagte zu ihr: Maria! Da wandte sich diese um und sagte zu ihm: Rabbuni!"[8]

Die Liebesdynamik beginnt mit der Begegnung.

Aus der Subjekt-Objekt-Beziehung wird im Akt der zuneigenden Hinwendung zu dem die Begegnung begründenden Objekt die Struktur der Beziehung (von einer reinen Subjekt-Objekt-Relation) zur Begegnung zweier Ich erschlossen.

Hierbei ist das Ich Gegenstand der Begegnung; in der Zuwendung bleibt das Ich noch bei sich selbst.[9]

In der *Sehnsucht* beginnt das Ich aus sich herauszubrechen. Hier beginnt der Überstieg von der Liebelei (dem Verliebtsein) zur Liebe.[10]

"Im Unterschied zur Liebelei verspricht sich das Ich in der Liebe *nichts*. Jedenfalls nicht *etwas*. Dafür verspricht die Liebe selbst ihm nun allerdings *alles*. Genauer: mehr als alles."[11]

---

[8]. SUDBRACK (1979), S. 122

[9]. vgl. JÜNGEL, Eberhard: *Gott als Geheimnis der Welt*. 3. Auflage. Tübingen: Mohr, 1978, hier S. 438

[10]. "Diese... Grundsehnsucht der Liebe ist nur möglich in der Entscheidung zur Liebe und zum Geliebten. Es bleibt gültig, daß das Sprechen über Mystik immer eine Entscheidung einschließt; ja, daß die mystische Erfahrung im innersten Kern von einer Entscheidung getragen ist."SUDBRACK (1980), S. 26

[11]. JÜNGEL (1978), S. 439

Ich will mich selbst nicht ohne das geliebte Du haben. Um dem geliebten Du nahe zu sein, dafür riskiert es jede Ferne - eben letztlich die Ferne zu sich selbst.[12]

Das Ich hat das Du erwählt.[13]

Es hat *dieses* Du erwählt und nicht jenes.

"Im geistigen Gefühl der Liebe finden Selbst und Gegenstand in ungeahnter Weise zueinander"[14] und zwar so, daß "die Liebe die Augen öffnet. Nicht für alles, wohl aber für das geliebte Du."[15]

Welche Kräfte werden hierbei freigesetzt, welche die Liebe zum dynamischen Geschehen machen? Bei der Beantwortung dieser Frage treten wir in den Bereich großer Bewegungen und Energien ein, die höchste gesamtpersonale Prägekraft besitzen.

- Das Du ist begehrenswert.[16]

> Als unbewußter Eros erweist sich die Sehnsucht immer als Macht.[17] Als "erotisches Wesen"[18] entsteht im Menschen eine gottgewirkte, endlose Leidenschaft, "die alles Endliche und Irdische zerstört, wenn sie nicht in seiner Unendlichkeit Ruhe findet. Darum ist Maßlosigkeit das Maß der Liebe."

- Die Begegnung mit dem geliebten Du hinterläßt Wunden.

> Der Gedanke von der Verwundung des Liebenden ist ein Grundmotiv aller Brautmystik.[19]

---

[12]. vgl. JÜNGEL (1978), S. 435

[13]. vgl. oben, JÜNGEL (1978), S. 443

[14]. SALMANN (1979), S. 222

[15]. JÜNGEL (1978), S. 437

[16]. JÜNGEL (1978), S. 437

[17]. vgl. JUNG (1939), S. 419

[18]. vgl. MOLTMANN (1979), S. 47

[19]. vgl. BENZ (1972), S. 397

In der Literatur der mystischen Erfahrung wird daher oft vom "Feuer der Liebe", "Liebesberührung", "Liebeswunden" und "Liebespfeilen" gesprochen.[20]

"Was seit Jahrhunderten als ewiges Symbol der Liebesverbindung bekannt ist, was in der Tradition der mystischen Theologie längst eine Übertragung auf das Verhältnis der Seelenbraut und ihres mystischen Bräutigams gefunden hat, und was durch die Deutung der Liebespein als der imitatio der Passion Christi bereits ein sublime theologische Deutung erfahren hat, das wird hier Gegenstand einer spontanen ekstatischen Erst-Erfahrung, in der die ganze Variationsbreite der geistlich-sinnlichen Emotionen sich in seiner unverkennbaren Analogie zu der hochzeitlichen unio entfaltet."[21]

- Das liebende Ich will das geliebte Du *haben*.[22]

Nicht im Sinne einer Vereinnahmung des Du, das eine Entlassung in freiheitlicher Preisgabe ausschlösse, vielmehr im Sinn einer Verwandlung der Struktur des Habens.

"... in der Liebe begegnen sich ein Ich und ein anderes Ich so, daß sie einander gegenseitig zum Du werden. Ich muß dem anderen jeweils zum Du werden, wenn ich nicht vom anderen Ich so gehabt werden können soll, daß Ich zum Es wird. In der Liebe gibt es kein Haben, das nicht der Hingabe entspringt.... Das liebende Ich hat sich selbst nur noch, als hätte es sich gerade nicht. Es will gehabt werden, und zwar von dem Du, das es selber haben will. Um dieses Du aber zu haben, muß es sich selbst diesem hingeben, also aufhören, sich selbst zu haben."[23]

---

[20]. In die Reihe der großartigsten Belege mystischer Erfahrungsformen in künstlerischer Darstellung ist eingegangen vor allem Berninis Skulptur der Liebesekstase der Hl. Teresa von Avila. Der "Schütze" ergreift von allen getroffenen Gegenständen Besitz. Vgl. BENZ (1972), S. 401. Daher haftet der Liebe auch immer ein "Besessenwerden" und "Besessen-sein" an. Vgl. JÜNGEL (1978), S. 439

[21]. BENZ (1969), S. 400

[22]. vgl. JÜNGEL (1978), S. 435 u. 437 f.

[23]. JÜNGEL (1978), S. 437 f.

Hier ist Liebe "weder Willensakt noch übermächtiges Verhängnis, sondern ein Weg in der Freiheit von Schicksal und
Freiheit, ist Zuwendung in unwiderstehlicher Freiheit bzw. in
freier Unwiderstehlichkeit."[24]

- Das energieraubende Kräftespiel fordert seinen Preis.

In der vereinheitlichten Intensivierung von Aufmerksamkeits-
haltung und Selbstwahrnehmung in gegenseitiger Durchdringung von Erkennen und Wollen, Akt und Gegenstand,[25] die
nur in der liebenden Begegnung möglich ist, steht der Mensch
letztlich in der Spannung der "Huld der Ankünfte" und der
"Wehmut des Abschieds"[26], in der sich die Ohnmacht der
menschlichen Liebe offenbart.[27]
In der Erkenntnis, daß das geliebte Du zwar Sinn, Sein, Ewigkeit und Identität verheißt, dies jedoch nur annähernd zu erfüllen vermag (eben die Erkenntnis, daß der Mensch zwar
Liebe *hat*, aber nicht Liebe *ist*), öffnet sich der Wir-Raum des
liebenden Beieinanderseins zur glaubenden Hoffnung, daß sich
in der endlichen Liebe eine Macht enthüllt, deren Wesen die
Liebe ist.[28] Dem "Sog in die unendliche Erfüllung, diesem
Glauben... verdankt sich jede konkrete Gemeinschaft unter
Menschen."[29]

---

[24]. SALMANN (1979), S. 315

[25]. SALMANN (1979), S. 222

[26]. SALMANN (1979), S. 314

[27]. vgl. JÜNGEL (1978), S. 445 f. und SALMANN (1979), S. 314

[28]. siehe SALMANN (1979), S. 314

[29]. SALMANN (1979), S. 314

5.1.2. Höhepunkt

Wo ich gehe - Du!
Wo ich stehe - Du!
Nur Du, wieder Du, immer Du!
Du, du, du!
Ergeht's mir gut - du!
Wenn's mir weh tut - du!
Nur du, wieder du, immer du!
Du, du, du!
Himmel - du, Erde - du,
oben -du, unten - du,
wohin ich mich wende
an jedem Ende
nur du, wieder du, immer du!
Du, du, du!

MARTIN BUBER

Die ekstatische Qualität des dynamischen Liebesgeschehens gehört zu den menschlichen Urerfahrungen. THOMAS VON AQUIN bietet hierzu einen Ansatzpunkt, das Liebesgeschehen als Ekstasis, als Selbstüberstieg zu deuten, wenn er fragt, ob die Liebe eine Ekstase verursachen könne.[30]
Über diese Liebesekstasen kommt es nach THOMAS [31] zu einer Entsinnlichung (abalienatio a sensibus), die teils natürlichen, teils übernatürlichen Charakter hat. "Übernatürlich deshalb, weil diese Liebe aus der christlichen Gnade, aus Glaube, Hoffnung und Liebe quillt, natürlich, weil das äußere Erscheinungsbild der Ekstase eine unliebsame Folge unseres geistleibseelischen Wesens bildet."[32]
Hier ist es Zeit zu bemerken, daß eine systematische Trennung von mystischem und liebesdynamischen Aspekt des Reifungsgeschehens der Komplexität des menschlichen Reifungsweges nicht entspräche. Mystik und Liebe wir-

---

[30]. S. Th. II, I, q. 28 ad 3. Thomas bejaht diese Frage, denn
1....weil sie (die Liebe) bewirke, daß der Liebende sich immer und immer wieder und fast nur mit der geliebten Sache oder der Person geistig beschäftige; eine angespannte geistige Beschäftigung aber ziehe von den anderen Dingen ab.
2. weil insbesondere die Liebe der Freundschaft sich derart in des Freundes Wohl und Wehe, seine Persönlichkeit und Wünsche hineinlegen könne, daß er nur zu leicht alles andere vergesse.
siehe WALDMANN (1952), S. 9

[31]. vgl. a. S. Th. II, II q. 173 ad 3

[32]. WALDMANN (1952), S. 60

ken in eins, sie verhalten sich vergleichsweise zueinander wie Grund und Gemüt.

"Aber eine Mystik, die in der Liebe ihren Höhepunkt erfährt, wird niemals sprachlos werden wie eine Mystik, die sich am Versinken ins grundlose Meer und am Aufgeben der eigenen Individualität orientiert."[33]

Wie die Mystik, erweist sich auch das Liebesgeschehen als Reich der Grenze - nicht: als Reich der Grenzen.[34]

In der Liebesberührung werden die Subjekt-Objekt-Kategorien nicht anwendbar. Stattdessen überwiegt das "umsichtige Zugreifen, gerichtet auf das sich hingebende Erleben von Qualität und Gestalt des Anderen."[35]

"In der zwischenmenschlichen Berührung *erlebt* das Ich in den aufgewiesenen Spannungen seine ekstatische, auf Erfüllung von außen angewiesene Bedürftigkeit, den enteignenden Sog wie die neugewährte Heimat aus der Wirgemeinschaft mit dem Du."[36]

Im "reinen Akt gegenseitiger Zuneigung und Verwirklichung"[37] *erfährt* das Ich das Du "im Medium des schöpferischen Impulses im eigenen Innenraum im Eingehen in die zwischen Ich und Du währende Liebesbewegung..."[38]

Im Höhepunkt der Liebesdynamik wird das greifbar, was BUBER mit "Einswerdung im Selbst und das Sich-Beziehen auf ein Du"[39] gemeint hat.[40]

---

33. SUDBRACK (1979), S. 59 Jedoch wird es aus der unterschiedlichen Geläufigkeit der Erfahrungshintergründe für den heutigen Menschen schwer, seine Erfahrungen (sie sind mit dem herkömmlichen Erfahrungsraster nicht in Deckung zu bringen, weil sie eigene Sprachspiele und Wortfelder gebrauchen) ohne Widerspruch und Unverständnis auszuworten.

34. vgl. SEYPPEL (1974), S. 135

35. vgl. BUYTENDIJK (1951), S. 451

36. SALMANN (1979), S. 316

37. SALMANN (1979), S. 328

38. SALMANN (1979), S. 329

39. zit. nach SUDBRACK (1979), S. 13

40. vgl. auch SUDBRACK (1980), S. 24: "Liebe und Begegnung sind wie Selbstwerden ein Einheitserleben, aber völlig anderer Art. Der Liebende vergißt sich, vergißt die Umwelt, vergißt die Zeit und lebt nur noch aus dem Hinschauen auf den anderen. Das Du des Geliebten und die Beziehung zu ihm wird ihm zur Unendlichkeit, die alles andere vergessen macht. Psychologisch ist dies ein Einheits-Erleben; ontologisch aber ist es das Gegenteil von Verschmelzen oder vom titanischen Verharren im Selbst. Es ist Begegnung, Aus-Sich-Heraustreten."

Welche Tiefen verbergen sich nun aber im Vereinigungsgeschehen?

Die dynamische Liebesbeziehung ist eine ganzheitlich prägende Kraft, die Ich und Du zu einem Wir zusammenschließt, ohne die Unterschiedenheit aufzuheben.[41]

"Denn gerade durch die Unterscheidung, die nicht nur beibehalten wird, sondern (nach dem Bilde der göttlichen Dreifaltigkeit) zur Vollendung des personalen Selbstandes führt, ensteht wahre Einheit."[42]

Wie ist das näherhin zu verstehen?

Das Ich gibt sich liebend an das geliebte Du so hin, daß es ohne dieses Du nicht mehr sein will.[43]

Dieser Akt der Entäußerung ist dadurch auch immer mehr oder weniger Selbstopfer. Der Grad hängt von der Bedeutung der Gabe ab.[44]

Oben sahen wir bei JÜNGEL, daß das Haben-Wollen eine innere Verwandlung durchlaufen muß. Da das geliebte Du mich mir *gibt*, indem es mich *hat*,[45] geschieht im Ereignis der liebenden Ganzhingabe eine radikale Selbstentfernung zugunsten einer neugewirkten Nähe zu sich selbst; "einer Nähe freilich, in der nun das geliebte Du mir näher ist, als ich mir selbst nahe bin."[46] Eine der poetischsten Stellen im Werk Heinrich Seuse spricht genau diese Sprache:

> *Ich gib mich dir und nime dich dir und vereine dich mit mir; du verlúrest dich und wirst verwandelt in mich.* [47]

In der Dynamik des "zuvorkommenden Seinswechsel" (JÜNGEL) zwischen dem sich hingebenden Ich und dem mich mir selbst neu gebenden Du ge-

---

[41]. vgl. SALMANN (1979), S. 236 und 312

[42]. LUBAC (1975), S. 97

[43]. vgl. JÜNGEL (1978), S. 435

[44]. vgl. JUNG (1941), S. 141

[45]. JÜNGEL (1978), S. 441

[46]. JÜNGEL (1978), S. 440

[47]. BÜCHLEIN DER EWIGEN WEISHEIT 299,6-8: "Ich gebe mich dir und vereine dich mit mir; du verlierst dich und wirst in mich verwandelt." (Übers. HOFMANN (1986), S. 303)

schieht in der Vereinigung von Du und Ich eine neue, von innen heraus geöffnete Einheit des Ich mit mir selbst.[48]

"Das Erkennen verwandelt den Erkennnenden, nicht das Erkannte."[49]

Auf der anderen Seite spricht das geliebte Du - ohne selber aktiv zu werden - dem liebenden Ich Dasein und Identität zu.

5.1.3. Gereifte Läuterung durch Liebe

Ex amore procedit et gaudium et tristitia.

THOMAS VON AQUIN [50]

Hört die Liebe auf, sich zu ereignen, hört sie auf zu sein.
EBERHARD JÜNGEL [51]

Immer wieder

Du kennst meine Wut
Meine Macken, meine Angst
Du kennst all meine Fehler
Und machst mir immer, immer wieder

Immer wieder neuen Mut
Wenn die Welt zusammenbricht
Holst du alles aus mir raus
Und tust mir immer, immer wieder

Immer wieder richtig gut
Wenn mich meine Zweifel quäln
Bist du immer für mich da
Und du hast immer, immer wieder

---

[48]. JÜNGEL (1978), S. 444

[49]. MOLTMANN (1979), S. 49

[50]. S.Th. II, III q. 28 ad 1

[51]. JÜNGEL (1978), S. 444

Immer viel Geduld mit mir
Breitest deine Flügel über mir aus
Und du behälst die Nerven
Und hilfst mit immer, immer wieder

Immer wieder fängst du mich auf
Immer wieder ziehst du mich zu dir rauf
Immer wieder hast du auf mich gebaut
Immer wieder hast du an mich geglaubt

Du weißt wie ich bin
Und nimmst viel für mich in Kauf
Du hörst mir immer noch zu
Und gibst mir immer, immer wieder

Immer wieder das Gefühl
Daß ich auf dich zählen kann
Du hälst immer wieder zu mir
Und schaffst es immer, immer wieder

Immer wieder fängst du mich auf
Immer wieder ziehst du mich zu dir rauf
Immer wieder hast du mich aufgebaut
Immer wieder hast du an mich geglaubt

INA DETER [52]

Was die alten und modernen Mystiker beschreiben, ist im Grunde die "..Geschichte der Befreiung der menschlichen Leidenschaft aus den verunglückten und melancholischen Formen ihrer Befriedigung."[53]
Schon sehr bald gerät man an die Grenze der ekstatisch-lustvollen Fühligkeit [54], die sich schnell auszehrt. Auch und gerade in der Liebe ist das Läuternde, die schmerzhafte Durchgestaltung, die reibungsintensive Neuwerdung ein unverzichtbares und nicht eliminierbares Konstitutivum. Der liebende

[52]. DETER, Ina: *Ich will die Hälfte der Welt*. (LP) ZANKI, Edo (Produzent), Phonogramm Gmbh im Vertrieb von PMV (PolyGram Musik Vertrieb), 1987 (Best.-Nr. LP 832 927-1)

[53]. MOLTMANN (1979), S. 47

[54]. "Die Begegnung zwischen Ich und Du schwingt...nicht in sich selbst, erschöpft sich nicht in gegenseitiger Selbstbestätigung." SALMANN (1979), S. 315

Mensch ist, wie kein anderer, der Dialektik von Haben und Loslassen, Leben und Sterben, ausgesetzt.[55]

Einige Aspekte seien genannt:

- das Geheimnis des anderen Du wird erst erfahrbar in der Selbstauslieferung des Ich. "Das Ich wird sich selbst los, wird ein selbstloses Ich. In solcher Selbst-Losigkeit empfangen die Liebenden ihr Sein neu, und zwar jeweils vom anderen und nur von ihm her."[56] Selbstauslieferung begegnet hier als Sterben-Können in der Hoffnung, Leben neu gewährt zu bekommen.

"Jetzt ist mir das geliebte Du näher, als ich mir selbst jeweils nahe zu sein vermag, und bringt mich in ganz neuer Weise zu mir, so daß ich aus letzter Ferne neu zu mir selbst komme, genauer: zu mir selbst gebracht werde."[57]

- Liebe vereinnahmt den andern nicht, sondern läßt ihn er selbst sein.[58]

Im freien Loslassen-Können fühlen und handeln die Liebenden aus einer gemeinsamen Wir-Sphäre heraus und auf sie hin, tun genau das Richtige, das den anderen und die eigene Gemeinschaft berührt, ohne sie zu verletzen.[59] So steigern sich Selbstand und Freiheit, Bewußtheit und Hingabefähigkeit und Wir-Einheit im gegenseitigen Dusagen miteinander.[60]

[55]. "...der Ernst der Spannung zwischen dem erscheinenden und dem verborgenen Sein, die Leere in der Fülle, das unsichere zunächst vieldeutige antizipierende Anwesen, die Verpflichtung, eine Rolle auf sich zu nehmen und diese in allen leiblichen Äußerungen in einer Stileinheit zu vollbringen, die Funktion des Schweigens...im Räumlichen und Zeitlichen des Zusammenseins..." BUYTENDIJK (1951), S. 485

[56]. JÜNGEL (1978), S. 443

[57]. JÜNGEL (1978), S. 443

[58]. Vgl. auch WALTER. E.: Zur Ontologie der Liebe. In: *Geist und Leben* 22 (1949), S. 442-56 und JÜNGEL (1978), S. 435 ff.

[59]. Vgl. SALMANN (1979), S. 312

[60]. Vgl. SALMANN (1979), S. 315

- Jede Liebesverzweiflung ist ein indirekter Hinweis darauf, wie ernst in der *gelungenen* Liebe die Liebenden dem Nichts ausgesetzt sind.[61] In der Grenzerfahrung der Liebesqual ist der Raum gegeben, in dem der liebende Mensch sich gleichsam in das Nichts verlieren kann oder sich in das *ungeschaffene Nichts*, den Abgrund Gottes entäußert freigeben kann. "*In* der Erfahrung der eigenen Tiefe..., *in* der Erfahrung des Du als gewährtem und schmerzlich entzogenem Geheimnis, *in* der Erfahrung des einenden Wir, des Einander... wird von Dir und Mir auf unthematische Weise jene Kraft der Hingabe und jener Geist *miterfahren*, in dem uns das göttliche Mysterium berührt."[62]

- Zu den dunkelsten Erfahrungen der Liebe gehört die Trennung. Die Abwesenheit, die Entzogenheit des geliebten Du läßt den Liebenden radikal auf sein entblößtes Selbst zurückfallen - auf sein Selbst, das sein Dasein dem geliebten Du verdankt. Die Entsagung läßt den Menschen schmerzlich bewußt werden, daß Liebe keine romantische Idylle ist, sondern ein Geschehen, das die gesamte Hingabe der Person einfordert. Mit eben jenem Risiko, alles zu gewinnen und (oder) alles zu verlieren (und darin alles geschenkt zu bekommen). "Aber gerade in diesem Zustande der völligen Trostlosigkeit tritt klar zutage, ob die Seele ...(in ihrem Erleben) von der Wirklichkeit des ewigen Gottes ergriffen war oder ob sie sich nur an illusionären Gefühlen und Bildern des eigenen Ich berauscht hatte, ob ihre Frömmigkeit in einer transzendenten Realität wurzelte oder nur die Spiegelung einer sublimierten Sehnsucht war."[63]

---

[61]. Vgl. JÜNGEL (1978), S. 441 f. und 442 f.: Nicht schon dies, daß sie Liebende sind, sondern allein dies, daß sie zugleich Geliebte sind und sich so jeweils vom Du her empfangen, macht sie zu *ex nihilo existierenden* Menschen."

[62]. SALMANN (1979), S. 317

[63]. HEILER (1935), S. 321

- Jedes radikale Ausgesetztsein (dem anwesend Abwesenden und dem abwesend Anwesenden Gott) muß seine existentielle Wurzel im "Gott
im Nächsten" haben. "Die Nächsten- und Feindesliebe...enthüllen
ein heilsgeschichtlich zu vermittelndes, universales Wir, das in jeder konkreten Beziehung inkarniert und vergegenwärtigt wird."[64]
Die intensive Gottbegegnung hat auch immer erlebnismäßig ihren
Ort in der Begegnung des Nächsten.[65]

Menschlicher Reifungsweg als dynamisches Liebesgeschehen partizipeirt
immer an der Ohnmacht der Liebe, ohne die der Mensch nicht zur Liebe fähig ist. Wer die dunklen Tiefen der Liebesdynamik durchschritten hat, erkennt, daß Liebe leidensfähig macht.
So zieht sich diese Dunkellinie mit ihrem archetypischen Charakter durch jedes menschliche Reifungsgeschehen. So wird Liebe *als* Weg begreifbar. "Erfahren wird...der Kreislauf der Liebe, in dem sich Sehnsucht, Erfüllung, Verzicht, Verheißung und je größere Sehnsucht in enger Weise miteinander steigern, daß sich der Kreislauf als eine Spirale erweist, die das ganze Leben
prägt und selbst im Sterben noch Leben verheißt, da die Anziehungskraft
Gottes sich als ihr Ursprung..., als bewegende Mitte... und erfüllende Vollendung offenbart."[66]
"Mystik ist demnach nie nur Erfahrung des pneumatisch-vertikal einfallenden
Nähe des verklärten Herrn, sondern stets auch kirchlich vermittelter Nach-
und Mitvollzug des Geschicks Jesu wie der Heilsgeschichte, leibhafte Nach-
Erfahrung von Leid, Tod und Auferstehung, der Sendung zur Vollendung der
Geschichte."[67]

---

[64]. SALMANN (1979), S. 315

[65]. Vgl. SUDBRACK (1969), S. 90

[66]. SALMANN (1979), S. 317

[67]. SALMANN (1979), S. 338. Hier wäre noch eine Rückbindung an Tauler wie auch an die Ar-
beiten von JUNG und WEILNER denkbar.

5.2. Der Zusammenhang von Liebesgeschehen und Geschlechtlichkeit: Der ganze Mensch ist geheiligt

Wir sind bei unserer Untersuchung von einer vergangenen Epoche ausgegangen. Auf sie blicken wir kurz zurück. Die Bedeutung der Geschlechterliebe im Mittelalter ist in Taulers Werk in eine größere Wirklichkeit hinein aufgehoben:

"In der Liebe verwirklicht sich das Heraufsteigen des Menschen aus der Einsamkeit des Ichs zur Gemeinschaft mit der Frau, zur Gemeinschaft der Menschen unter sich und zur Gemeinschaft mit Gott."[68] Was für den mittelalterlichen Menschen galt, wird auch heute nachzuvollziehen sein.

Die Phänomenologie der Geschlechter kann die Realität der Liebe als konkretes Dasein im Modus der Wirheit deutlich machen.[69]

Die Polarität der Geschlechter birgt schon allein jene Dynamik, die eine menschliche Begegnung (die nicht schon a priori *liebende* Begegnung sein muß) zum Liebesgeschehen machen kann.[70]

Phänomenologische Ansätze für ein Betrachten des Liebesgeschehens aus einer Perspektive, welche die menschliche Seinsweise als geschlechtliches Wesen (ernsthaft) mit einbezieht, sind kaum auszumachen.[71]

Ein neuerer Versuch, sich auf diese Perspektive einzulassen, findet sich bei Leo KRINETZKI [72]. Es gelingt ihm, anhand einer sorgsamen, sowohl medizinisch-psychologischen wie theologisch weitsichtigen Analyse des Hohenliedes

---

[68]. BOESCH, Bruno: Zur Minneauffassung Seuses. In: MOSER, Hugo (Hsg.); SCHÜTZEICHEL, Rudolf (Hsg.); STACKMANN, Karl (Hsg.): *Feststschrift Josef Quint: anläßlich seines 65. Geburtstages überreicht.* Bonn: Emil Semmel, 1964, S. 57-68, hier S. 57

[69]. Vgl. BUYTENDIJK (1951), S. 480

[70]. Gemeint ist hier immer die gesamtpersonale Geschlechtlichkeit, nicht etwa eine methodische Engführung auf die vital-leibliche Geschlechtlichkeit.

[71]. Versuche wie BUYTENDIJK (1951), S. 478 ("Der Junge findet durch seine Expansivität eine Welt vor, die in der Begegnung als Wider*stand* und Gegen*stand* anwest und erneute expansive Bewegungen hervorruft. Das Mädchen begegnet in seiner adaptiven Dynamik einer Welt von sinnlichen Qualitäten und Formen, die wiederum adaptive Bewegungen hervorrufen.") haben eher Randständigkeitscharakter, so beachtenswert sie sind.

[72]. KRINETZKI, Leo: Die erotische Psychologie des Hohen Liedes. In: *Tübinger Theologische Quartalschrift*. 150. Bd. 1970, S. 404-416

einen Zusammenhang von (dramatischen) Liebesgeschehen und gesamtmenschlichen Bezügen aufzuzeigen.

KRINETZKI betont die Notwendigkeit der psychologischen Einfühlung in die
Motive und Zusammenhänge dieser Liebeslieder.[73]

Im Hohenlied kommt nicht in erster Linie die objektive Schönheit zur Sprache, sondern der sehr subjektive Eindruck, den der Liebespartner auf den
Sprecher ausübt.[74] Aus dem personalen Bezug des *für mich* entsteht mittels
eines Erwählungsaktes [75] jene nicht zu überbietende Schönheit, die per defi-
nitionem *nicht kommensurabel* ist.[76]

Die archetypischen Bilder in der Psyche des Jünglings (Animus, Anima, Magna Mater)[77] decken sich vollkommen mit der erwählten Partnerin. Daher
sein vollkommenes Glück: Sie ist "ganz schön" und "kein Makel ist an ihr."
(Hl 4,7) Hier ist die Ganzwerdung der Individuation gelungen.[78] Das Du des
Anderen spricht dem liebenden Ich Identität zu.

Elementarste Grunderfahrung der Menschheit vom Weiblichen ist sein
Kernsymbol, das Gefäß.[79] Als das gefäßhaft Enthaltende ist der weibliche
Schoß zunächst das Symbol des Lebens, der schützenden und bergenden

[73]. Vgl. KRINETZKI (1970), S. 405

[74]. Vgl. KRINETZKI (1970), S. 405

[75]. Vgl. JÜNGEL (1978), S. 443

[76]. Vgl. JÜNGEL (1978), S. 443: Der Liebende erwählt nicht aufgrund eines Vergleichs. Das
geliebte Du wir damit aber nicht aus der Vielzahl der Anderen herausgehoben. "Diese
Unterschiedenheit aufgrund von Erwählung ist aber auch für das auserwählte Du eine
solche Erhebung, daß die hypothetische Negation des Erwähltseins nicht mehr eine
einfache *Rückkehr* in den Status quo ante, in die Vielzahl der Nichterwählten wäre, sondern vielmehr *Verwerfung*, und das heißt *Einkehr in den Horizont des Todes*."

[77]. "Jeder der beiden Partner wird aufgrund der Projektion der eigenen Animus- oder Anima-
Vorstellung auf den anderen zu einer Art Konkretisierung eines Teils des gegenge-
schlechtlichen Archetypus." KRINETZKI (1970), S. 416. "In der verehrenden Liebe zum
anderen Geschlecht erlebte so männliche Kraft die hingebende Seite ihres Wesens."
MONHEIM, Hedwig: *Heinrich Seuses Madonnenbild*. Marburg 1951 (Diss. phil.), S. 65

[78]. KRINETZKI (1970), S. 415

[79]. KRINETZKI (1970), S. 408 und ebd., Anm. 20: "Das Runde ist aber auch psychologisch für
die 'ganzheitliche' Art des weiblichen Empfindens, Denkens und Verlangens
charakteristisch, für das In-sich-Ruhen der Frau, für ihre Sehnsucht, aufzunehmen und
zu bergen, sowie das Verlangen des Mannes, 'in' die Frau 'einzugehen' und sich in und
bei ihr (wie ein Kind) zu ruhen."

Glücksverheißung. "Hier im Schoß findet er zu dem verlorenen Mütterlichen
zurück... Hier begegnet er in dichtester Form der 'Liebe', die birgt und aufnimmt und sättigt, berauscht und beglückt. (Hl 7,7)... Vom weiblichen Schoß,
dem Zielpunkt allen männlichen Begehrens, gehen sozusagen strahlenför-
mige Reflexe aus, die die materielle Umwelt der Liebenden einbeziehen:
Um der Geliebten willen wird auch das 'Haus', der 'Garten', in dem sie weilt,
liebenswert."[80]

Schon C. G. JUNG und NEUMANN haben auf die ambivalente Struktur des Archetypus *magna mater* hingewiesen. Der gefäßhafte Charakter des Weiblichen steht in der Antinomie des Glückshaften, Beschenkenden, Identität Zu-
sprechenden auf der einen Seite und des "Verschlungenwerdens", der Selbstaufgabe und des Todes auf der anderen Seite.[81]

Die gereifte Läuterung durch Liebe besteht in dieser Perspektive nun gerade
darin, sich eben dieser ambivalenten Struktur des Weiblichen [82] bejahend
auszusetzen (als Analogie zum ganzheitlich-personalen, schmerzhaften Liebesgeschehen) und um gerade dieser Qualität wegen (und nicht aufgrund
der positiv-beglückenden Qualität) den anderen in seinem Sosein liebend
anzunehmen.[83]

[80]. KRINETZKI (1970), S. 410

[81]. KRINETZKI (1970), S. 411; 413, Anm. 49

[82]. Beachtung verdient der ungewöhnliche Ansatz von BYNUM, Caroline Walker: *Jesus as Mother*. Berkley, Los Angeles, London 1982

[83]. Vgl. BALTHASAR, Hans Urs von: *Herrlichkeit*. Bd.I. Schau der Gestalt. Einsiedeln 1961, S. 180. Hier wäre noch die Weiterführung zu den Themenkreisen *animus/anima*, *Mann/Frau* und der *Brautmystik* zu leisten.

Der geheimnishaften, vielschichtigen Tiefe der Person des anderen ausgesetzt sein und trotzdem oder gerade deswegen verantwortet frei zu handeln,
ist ein "...Ereignis inmitten noch so großer Selbstbezogenheit immer noch
größerer Selbstlosigkeit."[84] Somit das, was Liebe als ganzheitlich-schmerz-
haftes Geschehen ausmacht.

5.3. Von der Erfahrung zur Sendung: Ich - Du - Wir

"...eine tiefe Theologie wird nie den Menschen und seine Erfahrung und eine
christliche Reflexion auf die Erfahrung nie deren theologische Tiefe verleug-
nen."[85]

Wir sahen bereits in Kap. 2.4.3. bei Tauler, daß aus der gnadenhaft gewirkten
Seelengrunddynamik die ethische Konsequenz folgt: die Tat. So auch und gerade in der Liebe. Wenn sich Selbst- und Wirgefühl als in eine unbegreifliche
Liebesdynamik hinein enteignet erfährt, weiß sich Mystik aufgehoben im Mysterium der Liebe.[86] "Wer für andere handeln will, ohne sein Selbstverständnis vertieft, ohne seine Liebesfähigkeit sensibilisiert, ohne Freiheit gegenüber
sich selbst und Selbstvertrauen gefunden zu haben, der wird nichts in sich
finden, was er anderen geben könnte."[87]

---

[84]. JÜNGEL (1978), S. 434. Auf Taulers geistesgeschichtlichen Hintergrund bezogen: "In der
Liebe verwirklicht sich das Heraufsteigen des Menschen aus der Einsamkeit des Ichs
zur Gemeinschaft mit der Frau, zur Gemeinschaft der Menschen unter sich und zur
Gemeinschaft mit Gott." BOESCH (1964), S. 57
Was für Seuse gilt, trifft in diesem Fall sicherlich auch auf Taulers Reden von der Liebe
zu: "...in dieser Sprengung und Entselbstung, die den Weg zum Du freilegt, liegt jenes
kaum zu beschreibende Zwiegefühl aus Lust und Schmerz beschlossen, das zur zweipoligen, erlösenden Minne gehört." BOESCH (1964), S. 57

[85]. SALMANN (1979), S. 3

[86]. Vgl. SALMANN (1979), S. 259

[87]. MOLTMANN (1979), S. 50

- Liebe kann sich nur durch Liebe durchsetzen. Hierin ist ihre Ohnmacht grundgelegt.[88] "Mit dieser...Erkenntnis der Ohnmacht der Liebe führt das Verständnis des Phänomens Liebe über das Ich-Du-Verhältnis hinaus, selbstverständlich ohne dieses damit nunmehr hinreichend hinter sich zu lassen. Es geht vielmehr gerade die Ich-Du-Beziehung über sich selbst hinaus."[89]

- Hat das liebende Ich das geliebte *menschliche* Du gefunden, wird in deren Liebesdynamik das absolute Du als "Zwischen" miterfahren.[90] Die Erfahrung des mitmenschlichen Du ist weit offen für Gott, es treibt das Ich aus dem Horizont des menschlichen Du's hinaus - ohne es jedoch aufgeben zu müssen. Das Ich zieht das geliebte Du mit sich als Weggefährte auf der Suche.

- Ein so gelichteter Horizont verwandelt (neben der Struktur des *Habens*) die Struktur der Hingabe.
  Schöpfte sich die Hingabe nur im gegenseitigen Austausch aus, erfährt nun die Hingabe aneinander neue Dimensionen, wenn sie, je in die Richtung auf den Mitmenschen hin aufgebrochen, bereichert und gewandelt zum Du wieder zurückkehrt und im liebenden Austausch neue Kraft zur Sendung erfährt. Der Mensch muß dies nicht mehr erfahren, er lebt aus Gott und mit Gott auf Gott und die Menschen zu. Nicht die Erfahrung ist das letzte Wort, sondern die Hingabe."91

---

[88]. Vgl. JÜNGEL (1978), S. 444 ff.

[89]. JÜNGEL (1978) S. 445

[90]. Vgl. SALMANN (1979), S. 316

[91]. SALMANN (1979), S. 279

- Liebesdynamik als Sendung und Teilhabe am Weg Christi

    "Die Geschichte des leidenden, verlassenen und gekreuzigten Christus ist so weit offen, daß die Leiden, Verlassenheit und Ängste jedes liebenden Menschen darin Platz haben und aufgenommen sind."[92] Die ganze lebensgeschichtliche Dialektik von Auszehrung und Erfüllung, Ohnmacht und Übermacht, Sprachnot und Sprachgunst, Bedingtheit der Kräfte und Unbedingtheit des Anspruchs wird auf dem Reifungsweg (als Weg Christi) als Einheit erfahren.[93]

    Hingabefähig wird das liebende Ich in seiner vollendeten Form erst dann, wenn es die Entäußerung Christi, den Weg bis zum Kreuz in aller Gefahr, ins Leere zu laufen, nachvollzieht.

    Hier steht das Risiko des absoluten Alleinseins, ohne Hoffnung, im Geliebten Du liebende Resonanz zu finden.

    Wenn das liebende Ich - nur insofern es liebt - diesen Weg der Entäußerung geht, "...also in unbedingt zwingender und nicht mehr reflektierbarer Weise 'Speise' wird, von der der andere lebt, da erfährt das Ich, daß Halt und Inhalt solcher Wesenstat Teilhabe an Sein und Sendung Christi ist."[94]

Lassen wir es MEISTER ECKHART recht einfach (wiewohl selten bei ihm) sagen:

Wie ich auch sonst schon gesagt habe: Wäre der Mensch so in Verzückung, wie's St. Paulus war, und wüßte einen kranken Menschen, der eines Süppleins von ihm bedürfte, ich erachte es für weit besser, du ließest aus Liebe von der Verzückung ab und dientest dem Bedürftigen in größerer Liebe.[95]

---

[92]. MOLTMANN (1979), S. 64

[93]. Vgl. SALMANN (1979), S. 316

[94]. SALMANN (1979), S. 316

[95]. MEISTER ECKHART: *Deutsche Predigten*. Hhsg. v. J. QUINT, Bd. I, tract. 2, S. 221

5.4. Reifung in Gott:
Teilhabe am trinitarischen Liebesgespräch

> Mystik ist ein dramatisches Gespräch zwischen dem
> Selbstverständnis Gottes und dem des Menschen, in
> dem aus der Initiative Gottes beide aufeinander ein-
> gehen, einander durchdringen, wohl auch aneinander
> sterben.
>
> Elmar SALMANN [96]

Meister Eckhart und Johannes Tauler haben das Verhältnis Gottes zum
Menschen in eindringlicher Weise beschrieben als ein auf Gegenseitigkeit
beruhendes Liebesverhältnis: Gott will nicht allein sein; sein innerstes Wesen
ist Liebe; Liebe kann sich nur in freier Gegenliebe erfüllen.[97]
Beide Partner werden vorgefunden als eine aus sich selbst heraus bestimmte
Einladung, Frage zur Begegnung. Jeder Partner *erwartet* eine Antwort - auch
wenn diese ausbleibt.[98]
Wir sahen, daß jede Ich-Du-Beziehung von Gott als Mitte personaler Begegnung her die Kraft empfängt, das Du zu entdecken und zu eröffnen.[99] Dabei
wird "...das Innerste des Selbst sich selbst in eine Liebesdynamik hinein entzogen; es muß und darf die Liebeshingabe Gottes, seines dreifaltigen Lebens,
erfahren."[100]
Angesichts dieser Liebeshingabe und der drängenden Nähe Gottes wird sich
der Mensch in schmerzlicher Weise seiner Selbstverhaftetheit, seiner Unfä-
higkeit zur Liebe und seines Schuldigbleibens an Liebe bewußt.
Im menschgewordenen Logos finden Ich und Du zueinander. Dieses Selbstbewußtsein verdanken sie einander (im gegenseitigen Ja-sagen) und der sich
ihnen gemeinsam schenkenden Mitte.[101] Der Logos ist nicht nur ausge-
grenztes Du, sondern umfassendes Wir, Weggefährte.[102] "Einer, der neben

[96]. SALMANN (1979), S. 324 f.
[97]. Vgl. BENZ (1972), S. 305
[98]. Vgl. BUYTENDIJK (1951), S. 440
[99]. Vgl. SALMANN (1979), S. 313
[100]. SALMANN (1979), S. 290
[101]. Vgl. SALMANN (1979), S. 313
[102]. Vgl. SALMANN (1979), S. 320

mir und mit uns durchs Leben geht, wohl eine nächste Analogie zum einsamen Ich, dem sich im Selbst ein Du gesellt, denn 'Selbst' ist zunächst fremdes Non-Ego. Dies ist das Motiv des zauberischen Weggefährten: ...die Jünger auf dem Weg nach Emmaus."[103]

Dieses Wir-*Erlebnis* (ebenso wie u. a. das Prozess*erlebnis* christlicher Gnadenerfahrung) ist "...drängend-tröstende Pneumaerfahrung, die sich dann zunehmend zur Gegenüberstandserfahrung konturierte, in welcher die Freiheit des Ich wie die Gegenwart des Du Christi, Huld der Nähe und Wehmut der erst jetzt aufgehenden Vorenthaltenheit des Vaters im Sohn zugleich aufgehen konnte."[104]

So setzen Geist- und Christuserfahrung einander voraus - sowie Wir- und Du-Erfahrung sich in den Tiefen des Ich berühren.[105]

Die beschriebenen Dynamismen werden in der liebend-geöffneten Ausgerichtetheit des Menschen auf Gott im Akt des Gebetes offenbar. Im Gebet berührt der Mensch Gott nicht nur im Medium seines Selbstvollzuges, sondern nimmt teil am innergöttlichen Liebesgespräch.[106] "Er betet freilich auch nicht einfach zu einem gegenüberstehenden Du. Denn das große Du des Vaters entzieht sich ins unzugängliche Licht, das nahe Du des Sohnes eröffnet und verbirgt sich zugleich in seinem, den Beter umgreifenden Liebesgeist. Gerade in der Nähe des Sohnes verliert der Beter den Boden unter den Füßen, weil er in ihm zugleich das Geheimnis des in ihm lebenden Vaters und seiner Sendung in die Welt hinein berührt. Das Taktgefühl des Beters schwingt sich in diese geisterfüllte Doppelbewegung Christi ein."[107]

[103]. JUNG (1935), S. 62
[104]. SALMANN (1979), S. 336
[105]. Vgl. SALMANN (1979), S. 329 f.
[106]. Vgl. SALMANN (1979), S. 312
[107]. SALMANN (1979), S. 321

3. Teil:

Einladung zum Gespräch

6. Ermutigung am runden Tisch

Schauen wir auf den beschrittenen Weg zurück.

Es war der Weg, zunächst eine *systematische* Zusammenfassung und Darstellung des bisher Erforschten zu versuchen. Dieser Versuch, die Verhältnisbestimmung zwischen Gott und Mensch als dynamisches Reifungsgeschehen zu begreifen, ging vom spätmittelalterlichen Mystiker Johannes Tauler aus.

Hierbei stellt Tauler nicht einfach einen beliebigen, austauschbaren Aufhänger zum Thema dar. Als bewußt in der mystischen Theologie und mystischen Erfahrungsform festgemachter Zeuge der christlichen Mystik ist von ihm her ein wesentlicher Impuls zur Erschließung der dynamischen Beziehung zwischen Gott und Mensch gegeben - und zwar in der Eingebundenheit des gesamtmenschlichen Reifungsweges.

Die enge Verzahnung von lebensgeschichtlicher Entwicklung und religiöser Reifung, von dynamischer Liebesdramatik und gnadenhaft gewährter Bekehrung war innerhalb des Persongefüges festzumachen.

Dabei sind die Kräfte, die den Reifungsweg determinieren, außerordentlich variabel - und ebenso variabel ist das Ergebnis. Mit Zunahme der Variabilität der die Entwicklung beeinflussenden Kräfte nimmt daher das Ich des Menschen an Komplexität zu.

Diese Komplexität ließ sich am Modell der personalen Binnendialektik bei Tauler (*grunt/gemuet*) sowie in den Persönlichkeitsmodellen von Tiefenpsychologie, Entwicklungspsychologie und mystischer Theologie (hier vor allem SALMANN [108]) darstellen.

---

[108]. Josef SUDBRACK schreibt dazu (in einem Brief an mich vom 2.2.1982): "Grundsätzlich habe ich nur eine Anfrage: Ich glaube nicht, daß man die Erfahrungen so sehr schematisieren darf, wie es P. E. Salmann in seiner vorzüglichen Arbeit versucht hat. Mir scheint, man müsse sie in dem Bereich stehen lassen, wo sie auch Tauler hat: zwischen objektiv-subjektiv, in einer Art poetischen Sphäre, die viel mit Bild usw. zu tun hat. Je stärker man einen Tauler "systematisiert", je weiter weg von ihm geht man."

Dabei soll nicht unterschlagen werden, daß sich Tauler gegen jede Übertragung ins heute und in die heutige Diskussion sträubt. Zum anderen ist es diskutabel, ob der Tansfer (Teil 2) nicht nur vom Teil 1 her (Johannes Tauler) anstünde. Da von einem Fachfremden geschrieben, können Bedenken und Kritik vom psychologisch-therapeutischen Standpunkt aus nur dankbar angenommen werden.[109]

Für heutige *Theologie* kann eine Kenntnisnahme der Erschließung dieser Komplexität der menschlichen Person nur dringend angeraten sein.

Vordringliche Aufgabe heutiger *Pastoral* müßte sein, die lebensgeschichtlichen personalen Dynamismen zu sehen und die pastorale Praxis den Tiefen und Eigenarten dieser Dynamik anzupassen.[110] Ein gläubiger Christ darf sich nicht scheuen, auf diesem Weg Neuland zu erschließen. Er kann dort, wo bisher reine innerseelische Energetik vermutet wurde, seinen lebensgeschichtlichen Reifungsprozess gnadenhafter Überformung ausgesetzt sehen. Er kann die Schlüsselstellen lebensgeschichtlicher Reifung - die Grenzfälle der Liebe in Leben und Tod - von der menschlichen Erfahrung her auf ihre religiöse Tiefe ausloten. Er kann von der menschlichen Liebesdynamik her das Verhältnis von Gott und Mensch als dynamisches Liebesgeschehen begreifen, wobei ein solches Verständnis wiederum gestaltend auf die menschliche Liebesdynamik zurückwirkt.

6.1. Die Überwindung der Gegensätze

Zur Überwindung der Gegensätze müssen wir den gegenwärtigen Stand der Mystikforschung erkennen: "Wir sind von einer wirklich geschichtlichen Dar-

---

[109]. Die beiden letzten Hinweise verdanke ich einem Brief von HERMANN JOSEF REPPLINGER SJ

[110]. Das Wenige, was es bislang hierzu gibt, kann man als wegweisende Impulse bezeichnen, die bis jetzt jedoch kaum Breiten- und Tiefenwirkung zeigen. Etwa die kenntnisreiche Analyse: BÖCKMANN, Jef: Sexualität als Problem der Tiefenpsychologie und der Seelsorge. In: *Die Psychologie des XX. Jahrhunderts.* Bd. XV. Zürich 1979, S. 420-425. Ältere Versuche haben diese impulsgebende Kraft noch nicht. Z. B.: HEUN, Eugen: Psychotherapie und Seelsorge. In: *Zeitschrift für Psychotherapie und medizinische Psychologie* 3 (1953), S. 76-81

stellung der mittelalterlichen Mystik noch weit entfernt."[111] Wünschenswert
wäre eine Verbesserung des Klimas bei den *innerwissenschaftlichen* Kontro-
versen.[112]

6.2. Die Freude der Gemeinsamkeit

Gespräch ist nur möglich in gegenseitigem Zuhören. Das Zuhörenwollen
wird in den verschiedenen Wissenschaftsbereichen heute durchaus prakti-
ziert.[113]

Über den *sensus communis* derjenigen, die ernsthaft versuchen, mit Mühe
und Akribie aus ihrem Wissenschaftsbereich heraus das Gespräch mit Anderen zu suchen (in "Gegnerschaft" zu denen, die nur die kommerzielle Bücherflut vermehren wollen), ist nur Freude angebracht. Das war nicht immer so.
Es wird leicht fallen, einen Gesprächspartner zu respektieren, wenn er mit
größter Redlichkeit aus seinem eigenen Bereich heraus sich einbringt in das
Gespräch. Jede Form von apodiktischer Inanspruchnahme, letztgültige Aussagen machen zu können, läßt das begonnene Gespräch verstummen.

---

[111]. KÖPF (1985), S. 73

[112]. Als Beispiel, auf das jedoch nicht eingegangen werden kann, sei die Kontroverse um Eu-
gen DREWERMANN genannt. Von der Vielzahl des Schrifttums Drewermanns sei ledig-
lich verwiesen auf: DREWERMANN, Eugen: *Die Wahrheit der Formen: Traum, Mythos,
Märchen, Sage und Legende.* Olten: Walter, 1984 (Tiefenpsychologie und Exegese Bd.
I); DREWERMANN, Eugen: *Strukturen des Bösen: Die jahwistische Urgeschichte in exegetischer, psychoanalytischer und philosophischer Sicht.* 3 Bände. Paderborn 1978; DRE-
WERMANN, Eugen: *Die Wahrheit der Werke und der Worte: Wunder, Vision, Weissagung,
Apokalypse, Geschichte, Gleichnis.* Olten, Freiburg i.Br.: Walter, 1985 (Tiefenpsycholo-
gie und Exegese Bd. II). Die Kontroverse dauert an. Sie wird, nicht immer glücklich, auf
dem Büchermarkt ausgetragen. Warum hier nicht mehr *gelazenheit* auf allen Seiten?

[113]. Als Beispiel mag dienen: MAAS, Fritz Dieter: *Mystik im Gespräch: Materialien zur Mystik -
Diskussion in der katholischen und evangelischen Theologie nach dem ersten Weltkrieg.*
Würzburg 1972

7. Schlußbemerkung- oder :
Was hätte Johannes Tauler dazu gesagt?
Johannes Taulers Predigt "consummatum est" (Fiktiv)

consummatum est

Joh 19,30

Liebe Kinder

Als unser Herr am Kreuz hing, sprach er jene glorreichen Worte, die ihn zum König über Leid und Tod machten. Welche Herrschaft und Gelassenheit spricht aus diesen Worten! Fragen wir uns: auf was blickt der Herr über Himmel und Erde zurück? Was hat er vollbracht?

Nicht nur die Tage zuvor, da man ihm schändlich mit einem Kuß verriet, ihn wie einen Verbrecher verurteilte, ihn geißeln ließ und mit Dornen krönte, er den Spott und Hohn der Juden ertrug, er das drückende Kreuzesholz auf seine blutenden Schultern nahm und all das, was er erleiden mußte. Nicht nur das, meine lieben Kinder, hat unser Herr Jesus vollbracht. Er hat vor allem seinen Lebenslauf vollendet. Er hat all das, was er auf Erden gewirket hat, hinter sich gelassen und ist zum Vater heimgekehrt.

Könnten doch auch wir einmal so gelassen und königlich ausrufen: Es ist vollbracht! Auf was werden wir dann zurückblicken? Etwa auf Kreuz, Dornenkrone, auf Geißelung und Verurteilung, auf gute Werke oder ein gottförmiges Leben?

Ja, ich höre euch schon sagen: Gewiß, unser ganzes Leben war ein einziger Kreuzweg. Hütet euch! Nichts von alledem!

Wenn ihr kleine Lasten tragen müßt, glaubt ihr sogleich, ihr trüget gleich dem Simon von Cyrene das Kreuz des Herrn. Und wenn ein Lesemeister einen Traktat auf das Papier gebracht hat, glaubt er sogleich, dem Allwissenden Gotte noch etwas gelehrt zu haben, was er noch nicht wußte. O kleingläubige Torheit!

Was fehlt euch, daß ihr solche Anmaßungen wagt? Unser Herr Jesus hat sich niemals seiner Taten gerühmt, obgleich keiner mehr Recht zum Rühmen hatte. Er hat sich stattdessen kleingemacht in unendlicher Liebe. Er ist den Weg der Liebe geschritten, auf dem alle menschlichen Regungen, Tugenden und Laster, Sünden und Gebrechen am Wegesrand liegen und hat sie auf sich geladen.

Ihr werdet fragen: Wo ist dieser Weg der Liebe, sodaß auch wir ihn gehen können? Ihr fragt recht, doch sucht ihn nicht an der falschen Stelle!

Sucht ihn nicht zwischen Chorgestühl und Refektorium. Ihr werdet ihn dort nicht finden.

Der Weg der Liebe führt mitten durch euren Grund. Dorthin steigt hinab und sucht. Ihr werdet aber keine Tafeln und Meilensteine finden; auch keine breite Straße. Der Weg der Liebe windet sich durch Geröll, Geäst und Gestrüpp, führt durch dunkle Täler und über reißende Bäche. Aber ihr werdet ihn finden, wenn ihr euch in euren Grund kehrt. Denn nicht nur ihr sucht ihn. Er, der von sich selber sagt "Ich bin der Weg", er sucht euch ebenfalls. Und jeder Schritt, den ihr tut, macht den Weg der Liebe um genau einen Schritt länger. Ihr selbst erschließt ihn euch. Wenn ihr ihn demütig suchend geht, wird er erschaffen.

Schaut aber nicht zurück, sonst ergeht es euch wie Frau Lot, blickt geradeaus und vertraut darauf, daß euch jeder Schritt weiterführt auf dem Weg der Liebe.

Ebenso ist es mit allen liebenden Menschen auf der Welt. Aber ist die Liebe immer gleichgestaltig? Liebt jemand sein Weibe nach zwanzig Jahre im Ehesakrament noch genauso wie am Tag der Vermählung?

Ach, es gibt keine menschliche Regung im Gemüt, die so hoch ist wie die Liebe. Das ist das einzige Geschenk, das du armer, sündiger Mensch deinem Gotte machen kannst.

Nun spreche ich aber zu euch, wie ihr dasitzt: junge Dinger, die ihr gerade auf die Frühlingswiese des Lebens getreten seid, und auch ihr, die ihr euch in der Winterstube des Lebens am Kamin wärmt. Versteht ihr es alle recht, wenn von einem so großen Geschenk wie der Liebe die Rede ist?

Gehen wir diesen Weg der Liebe! Den Weg, der von dem Verliebtsein über die Erfüllung geht; von der wonniglichen Erfüllung bis zur bitteren Entsagung; und der von der Entsagung bis zur verdorrten Liebe gehen kann.

Da ist einmal der Verliebte. Hat in ihm einmal die Liebe ihr Feuer entzündet, brennt es gar sehr in ihm. Es zwackt im Magen, kriecht durch die Gedärme, macht den Kopf heiß. Nachts läßt es ihm keine Ruhe und er wälzt sich auf seinem Lager hin und her. Das ist das Feuer der anhebenden Liebe. Es macht den Menschen zum Gefangenen - aber welch süße Fesseln sind das! Das Feuer entfacht die Sehnsucht, er strebt zur Geliebten hin.. Es zieht ihn hierhin und dorthin, er läuft durch Wiesen und Wälder, aber er ist noch nicht bei der Geliebten angekommen.

Dann endlich, wenn er zur Geliebten gefunden hat und beim andren ist, verschmilzt er in den wonniglichen Abgrund und findet sich da nicht allein. Hier ist lautere Ewigkeit im Augenblick. Kein Mensch kann in dieses, sein Geheimnis, eindringen., Taucht der Liebende aus diesem Abgrund wieder hervor, sieht er alles neu: Er sieht mit den Augen des geliebten Du die Menschen, die Welt, ja sogar sich selbst mit diesem lauteren Blick liebender Einfachheit.

Aber da, liebe Kinder, bleibt die Liebe nicht stehen. Sie geht weiter auf ihrem Weg. Das Miteinander-eins-Sein währt nicht ewig und du wärst ein Narr, wolltest du es für immer besitzen. Schnell wirst du überdrüssig, gerätst in Bedrängnis und Not, weil du die ganze Zeit in dein Ich gekehrt warst. Kehre dich in deinen Grund! Was findest du da? Wer diesen Grund verkostet hat, der findet da die lautere Liebe, die nicht an sich selbst kleben bleibt, sondern dir in Demut geschenkt wird.

Doch zuvor mußt du im Schmelzofen des Grundes geläutert werden. Deine Liebe muß vom Schmutz und allem, was nicht lautere Liebe ist, gereinigt werden. Das ist eine gar große Qual. All deine Eifersucht und Besitzstreben mußt du dem Brand der Läuterung aussetzen. Da wird alles in sein Gegenteil verkehrt. Du glaubst, dir ist deine Geliebte entrissen, du bist von ihr getrennt, alles sei verloren. Doch das sind nur die Liebeswunden, die der Allmächtige in deine

Seele schlägt. O wie glücklich wäre der Mensch, der das erkennt. Er wäre beschämt, wenn er mit seiner Kleingläubigkeit vor den Höchsten hintreten müßte. Ihm würde gesagt werden: Kind, ich habe dich von je her angeschaut und geliebt, ich habe dich in meine Hand geschrieben. Warum hast du gezweifelt?

Hier tut sich der bodenlose Abgrund lauterer Liebe auf und du tätest gut daran, in Tränen der Reue auszubrechen vor deiner so kleinen, ungeläuterten Liebe.

Doch, liebe Kinder, ich will euch auch noch die letzte Weise der Liebe vor Augen führen, die im Grunde gar keine Liebe ist: die verdorrte Liebe.

Ist der Mensch nicht durch den läuternden Grund gegangen, wird sein Gemüt derart bekümmert, daß er den Liebenden und den Geliebten nicht mehr wahrnimmt. Er läuft an den weit geöffneten Armen vorbei und entzieht sich so der liebenden Umarmung. Ihm ist der Geliebte gleichgültig geworden, sein Grund ist zugewachsen und nimmt nichts mehr wahr.

Das, meine lieben Kinder, ist die Hölle. In ihr ist es eisig kalt, das Gemüt erstarrt zu Eis und will nicht mehr aufgetaut werden.

Diesen Weg ist unser Herr Jesus gegangen. Und das letzte Stück Wegs, den Weg der verdorrten Liebe, ist er für dich gegangen.

Wie kannst du da noch weiter um deine kleinen Liebeswunden klagen? Gehe den Weg der Liebe in deinen eigenen Grund. Zögere nicht, brich auf! Und wenn du dein Lebtag auf dem Weg sein solltest, du sollst wissen, daß am Ende die weit geöffneten Arme auf dich warten, die dich für immer umschließen werden.

Daß uns dies allen zuteil werde, dazu helfe uns Gott.
Amen.

213

8. Literatur

8.1. Textgrundlage / Quellen

VETTER, Ferdinand (Hsg.): *Die Predigten Taulers: aus der Engelberger und der Freiburger Handschrift sowie aus Schmidts Abschriften der ehemaligen Straßburger Handschriften.* Berlin: Weidmann, 1910

HOFMANN, Georg (Hsg.): *Johannes Tauler: Predigten.* Vollständige Ausgabe. Übertragen und herausgegeben von Georg HOFMANN, Einführung von Alois M. HAAS. 2 Bände. Einsiedeln: Johannes, 1979 (Christliche Meister Bd. 2 und 3)

JASPERT, Bernd (Hsg.): HEINRICH SEUSE, JOHANNES TAULER: *Mystische Schriften.* Werkauswahl von Winfried ZELLER, Herausgegeben von Bernd JASPERT. Erw. Neuausgabe 1988. München: Eugen Diederichs, 1988

QUINT, Josef (Hsg.): *Textbuch zur Mystik des deutschen Mittelalters: Meister Eckhart, Johannes Tauler, Heinrich Seuse.* Halle/ Saale: Max Niemeyer, 1952 [114]

ZELLER, Winfried (Hsg.): *Deutsche Mystik: Aus den Schriften von Heinrich Seuse und Johannes Tauler.* Übertragen von Walter Lehmann. Düsseldorf - Köln: Eugen Dierichs, 1967

BIHLMEYER, Karl (Hsg.): *Heinrich Seuse: Deutsche Schriften.* Im Auftrag der Würtembergischen Kommission für Landesgeschichte. Hsg. v. Dr. Karl BIHLMEYER. Stuttgart 1907 (Unveränderter Nachdr. Frankfurt: Minerva, 1961)

HOFMANN, Georg (Hsg.): *Heinrich Seuse: Deutsche mystische Schriften.* Aus dem Mittelhochdeutschen übertragen und herausgegeben von Georg HOFMANN. Neuausgabe mit einem Nachwort von Gotthard FUCHS. Düsseldorf: Patmos 1986

---

[114]. BLUM, Heinz: Rezension zu QUINT, Josef: Textbuch zur Mystik des deutschen Mittelalters. Halle/Saale 1952, In: *Journal of English and Germanic Philology,* Urbana, III, Vol. 51 (1952), Nr. 4, S. 595

Zur Bewältigung des Mittelhochdeutschen für Theologen empfiehlt sich die Benutzung folgender Hilfsmittel:

LEXER, Matthias: *Matthias Lexers mittelhochdeutsches Taschenwörterbuch.* 33. Auflage (mit Nachtrag), unv. Neudr. Stuttgart 1972.

SARAN, Franz: *Das Übersetzen aus dem Mittelhochdeutschen.* Neubearbeitet von Bert Nagel. 5., erg. Aufl. Tübingen: Max Niemeyer 1967.

BERGER, K.: *Die Ausdrücke der Unio Mystica im Mittelhochdeutschen.* Berlin: Verlag Dr. Emil Ebering, 1935 (Germanische Studien Heft 168)

8.2. Sekundärliteratur

8.2.1. Tauler

ABSIL, Theodor: Die Gaben des Hl. Geistes in der Mystik des Johannes Tauler. In: *ZAM* 2 (1928), S. 254-264

BEVAN: *Trois amis de Dieu: Tauler, Nicolas de Bàle, Suso.* Lovanio 1891

BIZET, J.: *Mystiques allemands du XIV. siecle. Eckhart - Suso - Tauler.* 1957 (Bibliotheque Germanique 19)

BRÜGGER, Magret: *der Weg des Menschen nach der Predigt das Johannes Tauler: Studien zum Bedeutungsfeld des Wortes "Minne".* Tübingen 1955 (Diss.)

CHUZEVILLE, Jean: *Les mystiques allemands du XIIIe au XIXe siècle.* Paris: Edition Bernard Grasset, 1935

CLARK, James M.: Johannes Tauler: Der "Lebemeister". In: SUDBRACK, Josef (Hrsg.); WALSH, J. (Hrsg.): *Große Gestalten christlicher Spirutualität.* Würzburg 1969, S. 205-216

CLARK, James M.: *The great German Mystics Eckhart, Tauler and Suso.* Oxford: Basil Blackwell, 1949

COGNET, Louis: *Gottesgeburt in der Seele: Einführung in die deutsche Mystik.* Freiburg: Herder, 1980

COGNET, Louis: *Introduction aux mystiques rhéno-flamands.* Paris 1968

FISCHER, Gottfried: *Geschichte der Entdeckung der deutschen Mystiker Eckhart, Tauler und Seuse im XIX. Jahrhundert.* Freiburg i. Ue. 1931 (Diss.)

GANDILLAC, Maurice de: De Johann Tauler a Heinrich Seuse. In: *Etudes Germaniques* 5 (1950), S. 241-256

GANDILLAC, Maurice de: Tradition et développement de la mystique rhenane: Eckhart, Tauler, Seuse. In: *Mélanges de sciences religieuse* 3 (1946), S. 37-82

GIERATHS, Gundolf: Art.: Tauler. In: *LThK* 5, Sp. 1090 f.

GIERATHS, Gundolf: Johannes Tauler und die Frömmigkeitshaltung des 15. Jahrhunderts. In: FILTHAUT, Ephrem M. (Hrsg.): *Johannes Tauler, ein deutscher Mystiker: Gedenkschrift zum 600. Todestag.* Essen 1961, S. 422-434

GNÄDINGER, Louise: Der Abgrund ruft den Abgrund: Taulers Predigt Beati oculi (V 45). In: HAAS, Alois Maria (Hrsg.); STIRNIMANN (HRSG.): *Das "EINIG EIN".* Freiburg (Ch.) 1980 (Dokimion Bd. 6), S. 167-208

GNÄDINGER, Louise: Der minnende Bernhardus: Seine Reflexe in den Predigten des Johannes Tauler. In: *Citeaux* 31 (1980), S. 387-409

GNÄDINGER, Louise: Johannes Tauler von Straßburg. In: GRESCHAT, Martin (Hrsg.): *Gestalten der Kirchengeschichte.* Bd. 4: Mittelalter II. Stuttgart, Berlin, Köln, Mainz: Kohlhammer, 1983, S. 176-198

GRUNEWALD, Käte: *Studien zu Johannes Taulers Frömmigkeit.* Leipzig 1930 (Diss.)

HAAS, Alois Maria: Mystische Erfahrung im Geiste Johannes Taulers. In: *Internationale kath. Zeitschrift "Communio"* 5 (1976), S. 510-526

HAAS, Alois Maria: *Nim din selbes war: Studien zur Lehre der Selbsterkenntnis bei Meister Eckhart, Johannes Tauler und Heinrich Seuse.* Fribourg 1971 (Dokimion 3)

HAAS, Alois Maria: Sprache und mystische Erfahrung nach Tauler und Seuse. in: HAAS, Alois Maria (Hsg.): *Geistliches Mittelalter.* Freiburg 1984 (DOKIMION Bd. 8), S. (239)-(247)

HANSEN, Monika: *Der Aufbau der mittelalterlichen Predigt unter besonderer Berücksichtigung der Mystiker Eckhart und Tauler.* Hamburg 1972 (Diss.)

HERNANDEZ, Julio A.: *Studien zum religiös-ethischen Wortschatz der deutschen Mystik: Die Bezeichnung und der Begriff des Eigentums bei Meister Eckhart und Johannes Tauler.* Berlin 1984 (Philologische Studien und Quellen, H. 105)

HIPPEL, Gabriele von: *"Licht" und "finsternis" in der Sprache Meister Eckharts: Eine Studie zu Meister Eckhart; Angeschlossen ein besonderer Vergleich mit Tauler und Seuse.* Bonn 1953 (Diss. phil.)

HORNSTEIN, Xavier de: *Les grands Mystiques Allemands du XIVe Siècle: Eckhart, Tauler, Suso.* Karlsruhe 1923

JASPERT, Bernd: Bibliographie zur deutschen Mystik. in: HEINRICH SEUSE, JOHANNES TAULER: *Mystische Schriften.* Werkauswahl von Winfried ZELLER, Herausgegeben von Bernd JASPERT. Erw. Neuausgabe 1988. München: Eugen Diederichs, 1988

KARCH, L.: *Das Bild vom Menschen bei Tauler und Thomas a Kempis unter besonderer Berücksichtigung seiner Stellung zu Gott.* Würzburg 1947 (Diss.)

KIRMβE, Curt: *Die Terminologie des Mystikers Johannes Tauler.* Leipzig 1930 (Diss.)

KORN, Adolf: *das rhetorische Element in den Predigten Taulers.* Münster 1927 (Diss.)

LINDEMANN, Hans: Drei deutsche Mystiker nach Meister Eckhart. (Tauler, Seuse, "Frankfurter") In: *Christentum und Wissenschaft* 13 (1937), S. 55-64; 93-107, (Forts. "Kirche im Angriff")

LOSSING, Peter: *Life of Taulerus.* York 1831 (gekürzte Übersetzung von ARNOLD, Gottfried: *Vitae Patrum.*)

MAURER, Theodor: *Tauler: Schauspiel in fünf Akten.* Leipzig, Strassburg: Heitz & Co., (1942)

MIETH, Dietmar: *Die Einheit von vita activa und vita contemplativa in den deutschen Predigten und Traktaten Meister Eckhart und Johannes Tauler: Untersuchung zur Struktur des christlichen Lebens.* Regensburg 1969

MOELLER, Bernd: *Die Anfechtung bei Johann Tauler.* Mainz 1956 (Diss.)

MÜLLER, A. V.: *Luther und Tauler.* Bern 1918

MÜLLER, Günther: Scholastikerzitate bei Tauler. In: *Deutsche Vierteljahresschrift* 1 (1923), S. 400-418

PEDERZANI, J.: *Stimmen aus dem Mittelalter: die Spruchweisheit der Gottesfreunde Eckhart, Tauler und Suso.* Basel: Kober, 1913

PLEUSER, Christine: *Die Benennung und der Begriff des Leides bei Johannes Tauler.* Berlin 1967

RATTKE, Robert: *Die Abstraktbildungen auf -heit bei Meister Eckhart und seinen Jüngern: Ein Beitrag zur Geschichte der deutschen wissenschaftlichen Prosa.* Berlin 1906 (Teildruck; Diss. phil. Jena)

REYPENS, Leontius: Der "Goldene Pfennig" bei Tauler und Ruusbroec. In: RUH, Kurt (Hrsg.): *Altdeutsche und altniederländische Mystik.* Darmstadt: Wissenschaftliche Buchgemeinschaft, 1964 (Wege der Forschung Bd XXIII.)

ROHKOHL, Walter: *Die Bedeutung Jesu Christi bei Johannes Tauler.* Halle - Wittenberg. (Diss. lic. ev.)

SCHEEBEN, Heribert Christian: Der Konvent der Predigerbrüder in Straßburg - Die religiöse Heimat Taulers. In: FILTHAUT, E. (Hsg.): *Johannes Tauler. Ein deutscher Mystiker. Gedenkschrift zum 600. Geburtstag.* Essen 1961, S. 37-74

SCHEEBEN, Heribert Christian: Zur Biographie Taulers. In: FILTHAUT, Ephrem M. *(Hsg.): Johannes Tauler: Ein deutscher Mystiker. Gedenkschrift zum 600. Todestag. Essen: Hans Driewer, 1961,* S. 19-36

SCHEEL, O.: *Taulers Mystik und Luthers vorreformatorische Entdeckung.* Tübingen 1920 (Kaftan-Festgabe)

SCHMIDT, Carl: *Johannes Tauler von Straßburg: Beitrag zur Geschichte der Mystik und des religiösen Lebens im vierzehnten Jahrhundert.* Aalen: Scientia, 1972. - Neudruck der Ausgabe Hamburg: Perthes, 1841

SCHMIDT-FIACK, Renate: *Wise und wisheit bei Eckhart, Tauler, Seuse und Ruusbroec.* Meisenheim am Glan: Anton Hain, 1972 (Deutsche Studien Band 16)

SCHREYER, Lothar (Hrsg.): *Der Weg zu Gott: Zeugnisse deutscher Mystiker, Worte von Meister Eckhart, Heinrich Seuse, Johannes Tauler.* Freiburg: Caritasverlag, 1939

SCHRUPP, Charlotte: *Das Werden des "gotformigen" Menschen bei Tauler: Studien zum sprachlichen Ausdruck des seelischen Bewegungsvorganges in der Mystik.* Mainz 1962 (Diss.)

SCHULTZ, Walter (Hrsg.): *Mittelalterliche Mystik unter dem Einfluß des Neuplatonismus: Hugo von St. Victor, Meister Eckhart, Johannes Tauler.* Berlin: Evangelische Verlagsanstalt, o.J.

SIEDEL, Gottlob: *Die Mystik Taulers nebst einer Erörterung über den Begriff der Mystik.* Leipzig 1911

STEIN, Edmund Ludwig: *Deutsche Mystiker des Mittelalters* (Meister Eckhart, Tauler und Seuse). Paderborn 1926 (Schöninghs Sammlung kirchengeschichtlicher Quellen und Darstellungen, 17. Heft)

SUDBRACK, Josef: Gotteserfahrung und Selbsterfahrung: Kommentar und Übertragung einer Tauler-Predigt. In: *Geist und Leben* 49 (1976), S. 178-191

TÖNNIES, Emmanuel: Deutsche Mystiker: Eckhart, Tauler, Seuse. In: *Unitas.* Monatsschrift des Verband der wissenschaftlichen katholischen Studentenvereine 74 (1935), S. 138-143

VOGT - TERHORST, Antoinette: *Der bildliche Ausdruck in den Predigten Johannes Taulers.* Hildesheim, New York: Georg Ohms Verlag, 1977 (Nachdr. der Ausgabe Breslau 1920)

WALZ, Angelus: "Grund" und "Gemüt" bei Tauler. In: *Angelicum* 40 (1963), S. 328-369

WEILNER, Ignaz: *Johannes Taulers Bekehrungsweg: Die Erfahrungsgrundlagen seiner Mystik.* Regensburg 1961

WEILNER, Ignaz: Tauler und das Problem der Lebenswende. In: FILTHAUT, E. (Hrsg.): *Johannes Tauler: Ein deutscher Mystiker.* Essen: Hans Driewer, 1961. - Gedenkschrift zum 600. Todestag, S. 321-340

WEITHASE, Irmgard: Die Pflege der gesprochenen deutschen Sprache durch Berthold von Regensburg, Meister Eckhart und Johannes Tauler. In: KORFF, H. A. (Festschrift für)*: Gestaltung Umgestaltung.* Leipzig 1957, S. 46-75

WENTZLAFF - EGGEBERT, Friedrich Wilhelm: *Studien zur Lebenslehre Taulers.* Berlin 1940 (Abhandlungen der Preußischen Akademie der Wissenschaften Jg. 1939)

WREDE, Gösta: *Unio mystica: Problem der Erfahrung bei Johannes Tauler.* Uppsala 1974 (Acta Universtatis Upsalensis 14)

WYSER, Paul: Der "Seelengrund" in Taulers Predigten. In: PHILOSOPHISCHE FAKULTÄT FRIBOURG (Hrsg.): *Lebendiges Mittelalter.* / STAMMLER, Wolfgang (Festgabe für). Fribourg 1958, S. 203-311

WYSER, Paul: Taulers Terminologie vom Seelengrund. In: RUH, Kurt (Hrsg.): *Altdeutsche und altniederländische Mystik.* Darmstadt: Wissenschaftliche Buchgesellschaft, 1964 (Wege der Forschung Bd. XXIII), S. 324-352

ZAHN, J.: *Taulers Mystik in ihrer Stellung zur Kirche.* Freiburg 1920

ZEKORN, Stefan B.: *Wir in Gott und Gott in uns: Gegenwart und Wirken Gottes im Menschen bei Johannes Tauler.* Lizenzarbeit für die Spezialisation in Dogmatik an der Theologischen Fakultät der Pontificia Universitas Gregoriana. Rom 1985

8.2.2. Sonstige

ALBRECHT, Carl: *Das mystische Erkennen.* Bremen 1958

ALBRECHT, Carl: *Das mystische Wort.* / FISCHER-BARNICOL, H.A. (Hrsg.); RAHNER, Karl (Vorwort). Mainz 1974

ALBRECHT, Carl: *Psychologie des mystischen Bewußtseins.* Bremen 1951

ARMKNECHT, Werner: *Geschichte des Wortes "süß": I. Teil, bis zum Ausgang des Mittelalters.* Berlin 1936 (Germanistische Studien, Heft 171; Nachd. Nendeln / Liechtenstein 1967)

BADEN, Hans Jürgen: *Das Erlebnis Gottes: Was bedeutet uns die Erfahrung der Mystik?* Freiburg: Herder, 1981

BALTHASAR, Hans Urs von: Besondere Gnadengaben und die zwei Wege menschlichen Lebens. In: *Die deutsche Thomas - Ausgabe: Summa Theologica.* Bd. 23. Heidelberg / Wien 1954, S. 252-464

BALTHASAR, Hans Urs von: *Erster Blick auf Adrienne von Speyr.* Einsiedeln: Johannes, 1969

BALTHASAR, Hans Urs von: *Herrlichkeit.* Bd.I. Schau der Gestalt. Einsiedeln 1961

BALTHASAR, Hans Urs von: *Herrlichkeit: Theologie - Neuer Bund.* Bd. III, 2, Teil II. Einsiedeln 1969

BALTHASAR, Hans Urs von: Zur Ortsbestimmung christlicher Mystik. In: BEIERWALTES, W.; BALTHASAR, Hans Urs von; HAAS, Alois Maria; (Hrsg.): *Grundfragen der Mystik.* Einsiedeln: Johannes, 1974, S. 37-71

BAUMGARTNER, Carl: Contemplation: Conclusion Générale. In: *DSAM* II. Paris 1953, Sp. 2171-2193

BAUMGARTNER, Carl: Extase. In: *DSAM* IV. Paris 1960, Sp. 2045-2189

BAYER, Hans: Zur Entwicklung der religiös-mystischen Begriffswelt des Mittelalters. In: *Zeitschrift für deutsche Philologie* 96 (1977), S. 321-347

BÄNZIGER, H.: Der Glaube als archetypische Haltung. In: *ERANOS - Jahrbuch XVIII: Aus der Welt der Urbilder.* Zürich 1950 (Sonderband für C.G. Jung), S. 377-412

BECKMANN, Till: *Daten und Anmerkungen zur Biographie Meister Eckharts und zum Verlauf des gegen ihn angestrengten Inquisitionsprozesses.* Frankfurt a.M.: Rita G. Fischer, 1978

BENZ, Ernst: Der Mensch als imago dei. In: *ERANOS - Jahrbuch 1969: Sinn und Wandlungen des Menschenbildes.* Bd. XXXVIII. Zürich 1972, S. 297-330

BENZ, Ernst: *Die Vision: Erfahrungsformen und Bilderwelt.* Stuttgart: Klett, 1969

BENZ, Ernst: *Urbild und Abbild.* Gesammelte ERANOS - Beiträge. Zürich 1974

BENZ, Ernst: Vision und Führung in der christlichen Mystik. In: *ERANOS - Jahrbuch 1962: Der Mensch - Führer und Geführter im Werk.* Bd. XXXI. Zürich 1963, S. 117-170

BERGER, Kurt: *Die Ausdrücke der Unio mystica im Mittelhochdeutschen.* Berlin: Ebering, 1935 (Germanische Studien Heft 168)

BERGIUS, Rudolf: Entwicklung als Stufenfolge. In: LERSCH, Philipp (Hrsg.): *Handbuch der Psychologie: Entwicklungspsychologie.* Bd. 3, Göttingen 1959, S. 104-184

BIZET, Jules Augustin: Die geistesgeschichtliche Bedeutung der deutschen Mystik. In: *Deutsche Vierteljahresschrift.* XL. Bd. 40 (1966), S. 305-315

BLANK, Walter: *Die Nonnenviten des 14. Jahrhunderts: Eine Studie zur hagiographischen Literatur des Mittelalters unter besonderer Berücksichtigung der Visionen und ihrer Lichtphänomene.* Freiburg 1962 (Diss. Phil.)

BLANK, Walter: Umsetzung der Mystik in den Frauenklöstern. In: HOFSTÄTTER, Hans H. (Hrsg.): *Mystik am Oberrhein und in benachbarten Gebieten.* Freiburg 1978. - Augustinermuseum Freiburg i.Br., 10. September bis 22. Oktober 1978, Ausstellungskatalog, S. 25-36

BOECKMANS, Jef: Mystik als Bewußtseinsprozess und als Gemeinschaft der Liebe: Zum Problem der natürlichen Mystik bei Ruusbroec. In: HAAS, Alois Maria (Hrsg.); STIRNIMANN (HRSG.): *Das "EINIG EIN".* Freiburg (Ch.) 1980, S. 417-443 (Dokimion Bd. 6)

BOESCH, Bruno: Zur Minneauffassung Seuses. In: MOSER, Hugo (Hsg.); SCHÜTZEICHEL, Rudolf (Hsg.); STACKMANN, Karl (Hsg.): *Festschrift Josef Quint: anläßlich seines 65. Geburtstages überreicht.* Bonn: Emil Semmel, 1964, S. 57-68

BOHNET - VON DER THÜSEN, Adelheid: *Der Begriff des Lichtes bei Heinrich Seuse*. München 1972 (Diss. phil.)

BOLLEY, Alfons: Das Gotteserleben in der Betrachtung. In: *Geist und Leben* 22 (1949), S. 343-356

BOLLEY, Alfons: Das mediative Gotteserlebnis als personal bedingtes seelischen Gefüge. In: In: KEILBACH, Wilhelm (Hrsg.); KRENN, Kurt (Hrsg.): *Archiv für Religionspsychologie*. Bd. 12. Göttingen: Vandenhoeck & Ruprecht, 1976, S. 85-104

BOLLEY, Alfons: Versenkungsstufen in der Betrachtung. In: *Geist und Leben* 22 (1949), S. 258-73

BORST, Otto: *Alltagsleben im Mittelalter*. 1.Auflage. Frankfurt: Insel, 1983 (Insel Taschenbuch 513)

BOSS, Medard: Entmythologisierung der psychosomatischen Medizin. In: *Zeitschrift für klinische Psychologie und Psychotherapie* 25 (1977), S. 136-151

BOUYER, Louis: "Mystisch": Zur Geschichte eines Wortes. In: SUDBRACK, Josef: *Das Mysterium und die Mystik*. Würzburg: Echter, 1974, S. 57-76

BÖKMANN, Johannes: Sexualität als Problem der Tiefenpsychologie und der Seelsorge. In: *Die Psychologie des XX. Jahrhunderts*. Bd. XV. Zürich 1979, S. 420-425

BREURE, Leen: männliche und weibliche Ausdrucksformen in der Spiritualität der Devotio moderna. In: DINZELBACHER, Peter (Hrsg.); BAUER, Dieter R. (Hrsg.): *Frauenmystik im Mittelalter*. 1. Auflage. Ostfildern: Schwabenverlag AG, 1985, S. 231-255

BUBER, Martin: *Das dialogische Prinzip*. 4. Auflage. Heidelberg: Lambert Schneider, 1979

BUONAIUTI, Ernesto: Die Ecclesia spiritualis. In: *ERANOS - JAHRBUCH* Bd. 5. 1937. 2. Auflage. Zürich 1938, S. 293-353

BUYTENDIJK, F. J.: Zur Phänomenologie der Begegnung. In: *ERANOS - JAHRBUCH* Bd. XIX. 1950: *Mensch und Ritus*. Zürich 1951, S. 431-486

BYNUM, Caroline Walker: *Jesus as Mother.* Berkley, Los Angeles, London 1982

CANEVET, Mariette: Grégoire de Nysse. In: *Dictionaire de Spiritualité.* Tome VI, Paris 1967, Sp. 971-1011

DAVID-WINDSTOSSER, M.: *Frauenmystik im Mittelalter.* Kempten, München: Kösel, 1919 (Deutsche Mystiker Bd. V)

DELACROIX, Henri: *Études d'histoire et de psychologie du Mysticisme: Les grands mystiques chrétiens.* Paris 1908 (Nouvelle édition. Paris: Alcan, 1938)

DENIFLE, Heinrich S.: Über die Anfänge der Predigtweise der deutschen Mystiker. In: *Archiv für Literatur- und Kirchengeschichte des Mittelalters.* 2 (1886), S. 641 ff.

DENIFLE, Heinrich Seuse: *Das geistliche Leben: Deutsche Mystiker des 14. Jahrhunderts.* / AUER, Albert (Hrsg. u. Einl.). 9. Auflage. Salzburg, Leipzig: Pustet, 1936

DENIFLE, Heinrich Seuse: *Die deutschen Mystiker des 14. Jahrhunderts: Beitrag zur Deutung ihrer Lehre.* / Aus dem literarischen Nachlass hrsg. v. SPIESS, Otwin. Freiburg CH.: Paulus, 1951

DINZELBACHER, Peter: *Vision und Visionsliteratur im Mittelalter.* Stuttgart: Anton Hirsemann, 1981 (Monographien zur Geschichte des Mittelalters Bd. 25)

DITSCHE, Magnus: Zur Herkunft und Bedeutung des Begriffs devotio moderna. In: *Historisches Jahrbuch* 79 (1960), S. 124-145

DOBHAN, Ulrich: *Gott - Mensch - Welt in der Sicht Teresas von Avila.* Frankfurt am Main, Bern, Las Vegas: Peter Lang, 1978 (Europäische Hochschulschriften: Reihe 23, Theologie; Bd. 101)

DREWERMANN, Eugen: *Die Wahrheit der Formen: Traum, Mythos, Märchen, Sage und Legende.* Olten: Walter, 1984 (Tiefenpsychologie und Exegese Bd. I)

DREWERMANN, Eugen: *Die Wahrheit der Werke und der Worte: Wunder, Vision, Weissagung, Apokalypse, Geschichte, Gleichnis.* Olten, Freiburg i.Br.: Walter, 1985 (Tiefenpsychologie und Exegese Bd. II)

DREWERMANN, Eugen: *Strukturen des Bösen: Die jahwistische Urgeschichte in exegetischer, psychoanalytischer und philosophischer Sicht.* 3 Bände. Paderborn 1978

ECO, Umberto: *Der Name der Rose.* / KROEBER, Burckhart (Übers.). 14. Auflage. München, Wien: Carl Hanser, 1983

ECO, Umberto: *Nachschrift zum "Namen der Rose"* / KROEBER, Burckhart (Übers.). München, Wien: Carl Hanser, 1984 (ungek. Ausgabe dtv 10552, 1986)

EGENTER, Richard: Die Idee der Gottesfreundschaft im vierzehnten Jahrhundert. In: LANG, Albert (Hrsg.) u.a.; GRABANN, Martin (Zur Vollendung des 60. Lebensjahres): *Aus der Geisteswelt des Mittelalters: Studien und Texte.* Münster 1935 (Beiträge zur Geschichte der Philosophie und Theologie des Mittelalters. Suppl. Bd. 3), S. 1021-1036

EGENTER, Richard: *Gottesfreundschaft: Die Lehre von der Gottesfreundschaft in der Scholastik und Mystik des 12. Und 13. Jahrhunderts.* Augsburg: Filser, 1928

EGENTER, Richard: Religiöse Erfahrung in christlicher Sicht. In: GRÜNDEL, J. (Hrsg.): *Spiritualität, Meditation, Gebet.* München 1974, S. 129-136

EGERDING, Michael: Gott erfahren und davon sprechen: Überlegungen zu Gedanken der deutschen Mystik. In: *Erbe und Auftrag* 63 (1987), S. 95-106

ERIKSON, Erik Homburger: *Der junge Mann Luther: Eine psychoanalytische und historische Studie.* Frankfurt: Suhrkamp, 1975

ERIKSON, Erik Homburger: *Identität und Lebenszyklus.* / HÜGEL, H. (Übers.). 3. Auflage. Frankfurt 1976

FIEBIGER, Ernst: Über die Selbstverleugnung bei den Hauptvertretern der deutschen Mystik des Mittelalters. In: KÖNIGLICHES GYMNASIUM ZU BRIEG: *BERICHT ÜBER DAS SCHULJAHR 1889/90.* Brieg 1890 (Teil 1: ebd. 1889)

FILTHAUT, Ephrem M. (Hrsg.): *Heinrich Seuse. Studien zum 600. Todestag 1366-1966.* Köln: Albertus Magnus, 1966

FILTHAUT, Ephrem M.: Heinrich Seuse in dominikanisch- priesterlich- seel-sorgerlicher Sicht. In: FILTHAUT, Ephrem M. (Hrsg.): *Heinrich Seuse. Studien zum 600. Todestag 1366-1966.* Köln: Albertus Magnus, 1966, S. 267-304

FRANK, Isnard W.: Zur Studienorganisation der Dominikanerprovinz Teutonia in der ersten Hälfte des 14. Jahrhunderts und zum Studiengang des Seligen Heinrich Seuse OP. In: FILTHAUT, Ephrem M. (Hrsg.): *Heinrich Seuse. Studien zum 600. Todestag 1366-1966.* Köln: Albertus Magnus, 1966, S. 39-69

GARRIGOU-LAGRANGE, Réginald: *Die drei Bekehrungen und die drei Wege. Übertragen von M. Birgitta zu Münster OSB.* Freiburg i. Br.: Herder, 1948

GARRIGOU-LAGRANGE, Réginald: L'ascétique et la mystique: Leur distinction et l'unité de la doctrine spirituelle. In: *La vie spirituelle.* Tome 1 (1919/1920), Paris, S. 145-165

GARRIGOU-LAGRANGE, Réginald: La Théologie ascétique et mystique ou la doctrine spirituelle.: Objet et méthode. In: *La vie spirituelle.* Tome 1 (1919/1920), Paris, S. 7-19

GHERARDINI, Brunero: Lutero mistico? In: *Renovatio.* Genova, 15 (1980), S. 372-397

GIEGERICH, Wolfgang: Gotteserfahrung - psychologisch gesehen. In: BÖHME, Wolfgang (Hrsg.): *Träume, Visionen - Offenbarung: Über Gotteserfahrung.* Karlsruhe 1984 (Herrenalber Texte 51), S. 83-102

GINS, Kurt: Analyse von Mystiker-Aussagen zur Unterscheidung christlicher und ekstatischer Erlebnisweise. In: *Archiv für Religionspsychologie.* 15. Bd. 1982, S. 155-194

GOLDBRUNNER, Josef: *Individuation: Die Tiefenpsychologie von Carl Gustav Jung.* München 1949

GRUNDMANN, Herbert: Die geschichtlichen Grundlagen der deutschen Mystik. In: RUH, Kurt (Hrsg.): *Altdeutsche und niederländische Mystik.* Darmstadt: Wissenschaftliche Buchgesellschaft, 1964 (Wege der Forschung Bd. XXII)

GRUNDMANN, Herbert: *Religiöse Bewegungen im Mittelalter.* 2. Auflage. Hildesheim 1961

GRUNDMANN, Herbert: *Religiöse Bewegungen im Mittelalter*: Untersuchungen über die geschichtlichen Zusammenhänge zwischen Ketzerei, den Bettelorden und der religiösen Frauenbewegung im 12. und 13. Jahrhundert und über die geschichtlichen Grundlagen der deutschen Mystik. 4., um einen Anhang erw. Aufl. Darmstadt 1977

GURJEWITSCH, Aaron J.: *Das Weltbild des mittelalterlichen Menschen.* Dresden 1978. - Lizenzausgabe München: Beck, 1980

HAAS, Alois Maria (Hrsg.); STIRNIMANN (HRSG.): *Das "EINIG EIN".* Freiburg (Ch.) 1980 (Dokimion Bd. 6)

HAAS, Alois Maria: Die Beurteilung der Vita contemplativa und activa in der Dominikanermystik des 14. Jahrhunderts. In: VICKERS, Brian (Hsg.): *Arbeit, Muße, Meditation: Betrachtungen zur Vita activa und Vita contemplativa.* Zürich 1985, S. 109-131

HAAS, Alois Maria: Die Problematik von Sprache und Erfahrung in der deutschen Mystik. In: BEIERWALTES, W. (Hrsg.); BALTHASAR, Hans Urs von (Hrsg.); HAAS, Alois Maria (Hrsg.): *Grundfragen der Mystik.* Einsiedeln: Johannes-Verlag, 1974, S. 73-104

HAAS, Alois Maria: *Sermo mysticus: Studien zur Theologie und Sprache der deutschen Mystik.* Fribourg 1979 (Dokimion 4)

HAAS, Alois Maria: Thema und Funktion der Selbsterkenntnis im Werk Heinrich Seuses. In: *Freiburger Zeitschrift für Philosophie und Theologie.* 17 (1970), S. 84-138

HAAS, Alois Maria: Transzendenzerfahrung in der Auffassung der deutschen Mystik. In: OBERHAMMER, Gerhard (Hrsg.): *Transzendenzerfahrung, Vollzugshorizont des Heils: das Problem in indischer und christlicher Tradition.* Wien: Institut für Indologie der Universität Wien, 1978, S. 175-205

HAAS, Alois Maria: Wege und Grenzen der mystischen Erfahrung nach der deutschen Mystik. In: ROSENBERG, Alfons (Mitarb.); HAAS, Alois Maria (Mitarb.), u.a.: *Mystische Erfahrung: Die Grenze menschlichen Erlebens.* Freiburg, Basel, Wien: Herder, 1976, S. 27-50

HAGEN, Hans W.: Mystische Weltanschauungsformen und ihr Ausdruck in der Stilgebung. In: *Zeitschrift für deutsche Philologie* 58 (1933), S. 117-140

HEILER, Friedrich: Die Kontemplation in der christlichen Mystik. In: *ERA-NOS - Jahrbuch* 1933 Bd. I. Zürich 1934, S. 245-327

HEILER, Friedrich: Die Madonna als religiöses Symbol. In: *ERANOS-Jahrbuch* 1943, Bd. II: Ostwestliche Symbolik und Seelenführung. 2. Auflage, Zürich 1935, S. 263-303

HEIMLER, Adolf: *Selbsterfahrung und Glaube: Gruppendynamik, Tiefenpsychologie und Meditation als Wege zur religiösen Praxis.* München: Pfeiffer, 1976

HEUN, Eugen: Psychotherapie und Seelsorge. In: *Zeitschrift für Psychotherapie und medizinische Psychologie* 3 (1953), S. 76-81

HOFMANN, Georg: Die Brüder und Schwestern des freien Geistes zur Zeit Heinrich Seuses. In: FILTHAUT, Ephrem M. (Hrsg.): *Heinrich Seuse. Studien zum 600. Todestag 1366-1966.* Köln: Albertus Magnus, 1966, S. 9-32

ISERLOH, Erwin: Luther und die Mystik. In: ISERLOH, Erwin: *Kirche - Ereignis und Institution. Aufsätze und Vorträge,* Bd. 2 (Reformationsgeschichtliche Studien und Texte, Suppl. 3/II), 2. Aufl. Münster 1987, S. 88-106

IVANKA, Endre von: Apex mentis. Wanderung und Wandlung eines stoischen Terminus. In: *Zeitschrift für katholische Theologie* 72 (1950), S. 129-176

JAMES, William: *Die Vielfalt religiöser Erfahrungen.* Olten: Walter, 1979

JUNG, Carl Gustav: Das Wandlungssymbol der Messe. In: *ERANOS - Jahrbuch* 1940 Bd. VIII. Zürich 1941, S. 60-160

JUNG, Carl Gustav: Die psychologischen Aspekte des Mutterarchetypus. In: *ERANOS - Jahrbuch* 1938. Bd. VI. Zürich 1939, S. 403-443

JUNG, Carl Gustav: Traumsymbole des Individuationsprozesses. In: *ERANOS - Jahrbuch* 1935. 2. Auflage. Zürich 1936, S. 13-133

JUNG, Carl Gustav: Über das Selbst. In: *ERANOS - Jahrbuch* 1948, S. 285-315

JUNG, Carl Gustav: Über die Archetypen des kollektiven Unbewußten. In: *ERANOS - Jahrbuch* 1934. 2. Auflage. Zürich 1935, S. 178-229

JUNG, Carl Gustav: Zur Psychologie der Trinitätsidee. In: *ERANOS - Jahrbuch* 1940/41. Bd. VIII. Zürich 1942, S. 31-64

JUNG, Carl Gustav: *Zur Psychologie westlicher und östlicher Religionen.* Olten 1971 (Werke Bd. 11)

JÜNGEL, Eberhard: *Gott als Geheimnis der Welt.* 3. Auflage. Tübingen: Mohr, 1978

KASSEL, Maria: *Das Auge im Bauch: Erfahrungen mit Tiefenpsychologie und Spiritualität.* Olten: Walter, 1986

KEILBACH, Wilhelm: *Religiöses Erleben: Erhellungsversuche in Religionspsychologie, Parapsychologie und Psychopharmatologie.* Paderborn: Schoening, 1973

KIETZIG, Ottfried: Ist es theologisch legitim, bei der Behandlung von Glaubensaussagen von "Erleben" zu sprechen?: Erörtert in Auseinandersetzung mit BRUNNER, Emil: *Erlebnis, Erkenntnis und Glaube.* Tübingen 1933. In: *Archiv für Religiospsychologie.* 12. Bd. Göttingen: Vandenhoeck & Ruprecht, 1979, S. 105-117

KOTHE, Wilhelm: *Kirchliche Zustände Strassburgs im vierzehnten Jahrhundert: Ein Beitrag zur Stadt- und Kulturgeschichte des Mittelalters.* Freiburg i.Br.: Herder, 1903 (Diss. Breslau 1902) (KÖPF, Ulrich: Bernhard von Clairvaux in der Frauenmystik. In: DINZELBACHER, Peter (Hrsg.); BAUER, Dieter R. (Hrsg.): *Frauenmystik im Mittelalter.* 1. Auflage. Ostfildern: Schwabenverlag AG, 1985, S. 48-77

KRAPF, Günther: Hypnose, autogenes Training, katathymes Bilderleben. In: *Die Psychologie des XX. Jahrhundets.* Bd. III, 2. Zürich 1977, S. 1174-1797

KRINETZKI, Leo: Die erotische Psychologie des Hohen Liedes. In: *Tübinger Theologische Quartalschrift.* 150. Bd. 1970, S. 404-416

KUNZE, Georg: *Studien zu den Nonnenviten des deutschen Mittelalters: Ein Beitrag zur religiösen Literatur im Mittelalter.* Hamburg 1952 (Diss. phil.)

LANGER, Otto: Zur dominikanischen Frauenmystik im spätmittelalterlichen Deutschland. In: DINZELBACHER, Peter (Hrsg.); BAUER, Dieter R. (Hrsg.): *Frauenmystik im Mittelalter.* 1. Auflage. Ostfildern: Schwabenverlag AG, 1985, S. 341-346

LECLERCQ, Jean: Moderne Psychologie und die Interpretation mittelalterlicher Texte. In: *Erbe und Auftrag: Benediktinische Monatszeitschrift* 51 (1975), S. 409-426

LEEUW, G. v. d.: *Phänomenologie der Religion.* 4. Auflage. Tübingen 1977

LEEUW, G. v. d.: Unsterblichkeit. In: *ERANOS - Jahrbuch* 1950. Bd. XVIII. Zürich 1950, S. 183-201

LEISEGANG, H.: Der Gottmensch als Archetypus. In: *ERANOS - Jahrbuch* 1949. Bd. XVII. Zürich 1950, S. 9-45

LERSCH, Philipp: *Aufbau der Person.* 7. Auflage. München 1956

LEWIS, Jaron Gertrud; WILLAERT, Frank; GOVERS, Marie-José: *Bibliographie zur deutschen mittelalterlichen Frauenmystik.* Berlin 1988

LOTZ, Johannes Baptist: Das "Gedächtnis" oder der Seelengrund in seiner Bedeutung für die Betrachtung. In: *Geist und Leben* 23 (1950), S. 121-130. 214- 225. 435-447; 24 (1951), S. 37-47

LÖHR, G.: Beiträge zur Geschichte des Kölner Dominikanerklosters im Mittelalter. In: *QuF* 1920, S. 15-17

LÖHR, G.: *Die Kölner Dominikanerschule vom 14. bis 16. Jahrhundert.* Köln 1948

LUBAC, Henri de: Christliche Mystik in Begegnung mit den Weltreligionen. In: Sudbrack, Josef (Hrsg.): *Das Mysterium und die Mystik.* Würzburg: Echter, 1975, S. 77-110

LUBAC, Henri de: Preface. En: RAVIER, A. (Direction): *La Mystique et le Mystiques.* Paris: Desclée de Brouwer, 1965, S. 7-39

LUERS, Grete: Die Auffasung der Liebe bei den mittelalterlichen Mystikern, In: *Eine heilige Kirche: Zeitschrift für Kirchenkunde und Religionswissenschaft* 22 (1941), S. 110-118

MAAS, Fritz Dieter: *Mystik im Gespräch: Materialien zur Mystik - Diskussion in der katholischen und evangelischen Theologie nach dem ersten Weltkrieg.* Würzburg 1972

MAGER, Alois: *Mystik als Leben und Lehre.* Innsbruck 1934

MAGER, Alois: *Mystik als seelische Wirklichkeit.: Eine Psychologie der Mystik.* Graz: Pustet, 1946

MENGE, G.: *Die Beschauung, das Kernstück der Mystik.* Paderborn 1943

MIETH, Dietmar: Der schauende Mensch - ein Vergleich mystischer Erfahrung im Mittelalter und heute. In: BÖHME, Wolfgang (Hrsg.): *Mystik ohne Gott? Tendenzen des 20. Jahrhunderts.* Karlsruhe 1982 (Herrenalber Texte 39), S. 71-85

MIETH, Dietmar: *Gotteserfahrung und Weltverantwortung: Über die christliche Spiritualität des Handelns.* München: Kösel, 1982

MIETH, Dietmar: Gottesschau und Gottesgeburt: Zwei Typen christlicher Gotteserfahrung in der Tradition. In: *Freiburger Zeitschrift für Philosophie und Theologie* 27.Bd. (1980), S. 204-223

MIETH, Dietmar: *Meister Eckhart: Einheit im Sein und Wirken.* Piper 1986 (Serie Piper: Texte christlicher Mystiker 523)

MIETH, Dietmar: Mystik. In: EICHER, Peter (Hrsg.): *Neues Handbuch theologischer Grundbegriffe.* Bd. 3. München: Kösel, 1985, S. 151-163

MOERS: *Die Entwicklungsstufen des menschlichen Lebens.* Ratingen 1953

MOLTMANN, Jürgen: *Gotteserfahrungen: Hoffnung - Angst - Mystik.* München 1979

MOLTMANN, Jürgen: Theologie der mystischen Erfahrung: Zur Rekonstruktion der Mystik. In: KERN, Udo (Hrsg.): *Freiheit und Gelassenheit: Meister Eckhart heute.* / FALCKE, Heino (Mitarb.); HOFFMANN, Fritz (Mitarb.). München, Mainz 1980, S. 127-146

MONHEIM, Hedwig: *Heinrich Seuses Madonnenbild.* Marburg 1951 (Diss. phil.)

MOSER, Tilmann: *Gottesvergiftung.* 3. Auflage. Frankfurt a. M.: Suhrkamp, 1977

MÜHLEN, Karl Heinz zur: *Nos extra nos: Luthers Theologie zwischen Mystik und Scholastik.* Tübingen: Mohr, 1972

NEUMANN, Erich: Der mystische Mensch. In: *ERANOS - Jahrbuch* 1948, S. 318-374

NEUMANN, Erich: Die Bedeutung des Erdarchetypus für die Neuzeit. In: *ERANOS - Jahrbuch* 1953. Bd. XXII. Zürich 1954, S. 11-56

NEUMANN, Erich: *Die große Mutter: Eine Phänomenologie der weiblichen Gestaltung des Unbewußten.* 3. Auflage. Olten, Freiburg i.Br.: Walter, 1978

NEUMANN, Erich: Die Psyche als Ort der Gestaltung. In: *ERANOS - Jahrbuch* 1960. Bd. XXIX. Zürich 1961, S. 13-56

NEUMANN, Erich: Zur psychologischen Bedeutung des Ritus. In: *ERANOS - Jahrbuch* 1950. Bd. XIX. Zürich 1951, S. 65-120

NEUSS, W.: *Die Kirche des Mittelalters.* 2. Auflage. Bonn 1950

NICKLAS, Anna: *Die Terminologie des Mystikers Heinrich Seuse unter besonderer Berücksichtigung der psychologischen, logischen, metaphysischen und Mystischen Ausdrücke.* Königsberg 1914 (Diss. phil.)

NIKEL, Hans A.: *Annäherung an das ganz Andere: Analogien zwischen Ergebnissen naturwissenschaftlicher Forschung und Erkenntnissen der Mystik.* Frankfurt: Bücher und Nachrichten, 1984 (Diss.)

OTT, Elisabeth: *Die dunkle Nacht der Seele - Depression?: Untersuchungen zur geistlichen Dimension der Schwermut.* 1.Auflage. Elztal-Dallau: Druckerei August Laub GmbH & Co, 1981

PFLEGER, Luzian: *Kirchengeschichte der Stadt Strassburg im Mittelalter.* Colmar 1941

PIPER, Hans Christoph: Religiöse Kommunikation: Predigtanalysen. In: *Die Psychologie des XX. Jahrhunderts.* Bd. XV. Zürich 1979, S. 406-413

PREGER, Wilhelm: *Geschichte der deutschen Mystik im Mittelalter: nach den Quellen untersucht und dargestellt.* Neudruck der Ausgabe 1874-1893 in drei Teilen. Teil 2: Ältere und neuere Mystik in der ersten Hälfte des 14. Jahrhunderts. Heinrich Suso. Aalen: Otto Zeller, 1962

PROKOP, Heinz: Erich Neumann in Israel. In: *Die Psychologie des XX. Jahrhunderts.* Bd. III, 2. Zürich 1977, S. 841-851

RAHNER, Hugo: Die Gottesgeburt: Die Lehre der Kirchenväter von der Geburt Christi im Herzen der Gläubigen. In: *Zeitschrift für katholische Theologie* 59 (1935), S. 333-418

RAHNER, Karl: Mystische Erfahrungen und mystische Theologie. In: *Schriften zur Theologie* XII. Freiburg 1975, S. 428-438

RAHNER, Karl: Über Visionen und verwandte Erscheinungen. In: *Geist und Leben* 21 (1948), S. 179-213

RAHNER, Karl: *Visionen und Prophezeiungen.* Freiburg 1948 (Quaestiones disputatae 4)

RAHNER, Karl: Vorwort. In: ALBRECHT, Carl: *Das mystische Wort.* Mainz 1974, S. VII-XIV

RELLER, Horst (Hrsg.); SEITZ, Manfred (Hrsg.): *Herausforderung: Religiöse Erfahrung: Vom Verhältnis evangelischer Frömmigkeit zu Meditation und Mystik.* Göttingen: Vandenhoeck & Ruprecht, 1980

RIES, Joseph: *Das geistliche Leben in seinen Entwicklungsstufen nach der Lehre des Hl. Bernhard.* Freiburg i.Br. 1906

RIES, Joseph: Die Kontemplationsarten nach der Lehre des Hl. Bernhard. In: *Jahrbuch für Philosophie und spekulative Theologie* 23 (1909). S. 150-178

RIESS, Richard: Tiefenpsychologisch orientierte und seelsorgliche Gesprächsführung. In: *Die Psychologie des XX. Jahrhunderts.* Bd. XV. Zürich 1979, S. 397-405

RINGLER, Siegfried: *Viten- und Offenbarungsliteratur in Frauenklöstern des Mittelalters: Quellen und Studien* (Münchener Texte und Untersuchungen zur deutschen Literatur des Mittelalters 72), München 1980

RINSER, Luise: *Abenteuer der Tugend.* Frankfurt a.M. 1957

ROBILLIARD, J. A.: Chronique de spiritualité médiévale. En: *La Vie Spirituelle.* Supplément 7 (1948), S. 223-240

RODE, Christian: Jungs Hauptwerke. In: *Die Psychologie des XX. Jahrhunderts.* Bd. III, 2. Zürich 1977, S. 670-681

RUH, Kurt: *Abendländische Mystik im Mittelalter.* Stuttgart: J.B. Metzlersche Berlagsbuchhandlung, 1986 (germanistische Symposien-Berichtsbände 7). - Symposion Kloster Engelberg 1984.

RUH, Kurt: Altdeutsche Mystik: Ein Forschungsbericht. In: *Wirkendes Wort 7* (1956/57), S. 135-146 u. 212-231

RÜHL, Artur: *Der Einfluß der Mystik auf Denken und Entwicklung des jungen Luther.* Marburg 1960 (Diss. theol.)

SALMANN, Elmar: *Gnadenerfahrung im Gebet: Zur Theorie der Mystik bei Anselm Stolz und Alois Mager.* Münster 1979 (Diss. theol.)

SCHALLENBERG, G.: *Visionäre Erlebnisse im Europäischen Sprachraum nach dem 2. Weltkrieg: Eine psychopathologische Untersuchung ihrer Strukturen.* Bonn 1977 (Diss. med.)

SCHÄR, Hans: *Religion und Seele in der Psychologie C. G. Jungs.* Olten: Walter, o.J.

SCHEEBEN, Heribert Christian: Über die Predigtweise der deutschen Mystiker. In: RUH, Kurt (Hrsg.): *Altdeutsche und altniederländische Mystik.* Darmstadt: Wissenschaftliche Buchgesellschaft, 1964 (Wege der Forschung Bd. XXIII)

SCHMIDT, Margot; BAUER, Dieter R. (Hsg.): *"Eine Höhe, über die nichts geht". Spezielle Glaubenserfahrung in der Frauenmystik?* (Mystik in Geschichte und Gegenwart - Texte und Untersuchungen I/4), Stuttgart - Bad Cannstatt 1986

SCHMITT, P.: Archetypisches bei Augustin und Goethe. In: *ERANOS - Jahrbuch XII.* Zürich 1945, S. 95-116

SCHUCK, Johannes: *Das religiöse Erlebnis beim hl. Berhard von Clairvaux: Ein Beitrag zur Geschichte der christlichen Gotteserfahrung.* Würzburg: Becker, 1922 (Abhandlungen zur Philosophie und Psycholgie der Religion, Heft 1)

SCHWEITZER, Franz Josef: *Der Freiheitsbegriff der deutschen Mystik: Seine Beziehung zur Ketzerei der "Brüder und Schwestern vom Freien Geist" mit besonderer Rücksicht auf den pseudoeckhartischen Traktat "Schwerster Katrei".* Frankfurt a.M., Bern: Peter Lang, 1981

SEYPPEL, J.: Mystik als Grenzphänomen und Existential. In: SUDBRACK, Josef: *Das Mysterium und die Mystik*. Würzburg: Echter, 1974, S. 111-153

SIEGROTH-NELLESSEN, Gabriele von: *Versuch einer exakten Stiluntersuchung für Meister Eckhart, Johannes Tauler und Heinrich Seuse.* München: Wilhelm Fink, 1979 (*Medium Aevum* 38)

STREICH, Hildemarie: Über die Symbolik der Musik. In: *Jahrbuch für Psychologie, Psychotherapie und medizinische Anthropologie* 15 (1967), S. 120-133

SUDBRACK, Josef: Auf der Suche nach der Einheit von Theologie und geistlichem Leben. In: *Geist und Leben* 37 (1964), S. 421-441

SUDBRACK, Josef: Christliche Meditation. In: *Geist und Leben* 43 (1970), S. 437-454

SUDBRACK, Josef: Die Geist-Einheit von Heilsgeheimnis und Heilserfahrung. In: SUDBRACK, Josef (Hrsg.): *Das Mysterium und die Mystik.* Würzburg: Echter, 1974, S. 9-57

SUDBRACK, Josef: Die Lehre von der dreifachen Gottesgeburt. In: *Geist und Leben* 38 (1965), S. 405-410

SUDBRACK, Josef: Die Liebesbegegnung der Mystik. In: *Geist und Leben* 52 (1979), S. 406-420

SUDBRACK, Josef: *Die vergessene Mystik und die Herausfordeung des Christentums durch New Age.* Würzburg: Echter, 1988

SUDBRACK, Josef: Frömmigkeit / Spiritualität. In: EICHER, Peter (Hrsg.): *Neues Handbuch theologischer Grundbegriffe.* Bd. 2. München: Kösel, 1985, S. 7-16

SUDBRACK, Josef: Gott finden - in Einsamkeit oder in Nächstenliebe. In: *Geist und Leben* 41 (1968), S. 4-21

SUDBRACK, Josef: *Komm in den Garten meiner Seele: Einführung in die christliche Mystik.* Gütersloh 1979 (GTB 329)

SUDBRACK, Josef: Meditative Erfahrung - zum anderen hin. In: *Geist und Leben* 48 (1975), S. 260-273

SUDBRACK, Josef: Mystik - Paramystik - Pseudomystik: Probleme und Fragen der Mystikforschung. In: *Kartäusermystik und -Mystiker*. Bd. 2. Salzburg 1981, S. 1-19

SUDBRACK, Josef: *Probleme - Prognosen einer kommenden Spiritualität*. Würzburg 1969

SUDBRACK, Josef: *Selbsterfahrung - Kosmische Erfahrung - Gotteserfahrung*. Mainz: Matthias Grünewald; Stuttgart: Quell, 1988. (Reihe: *Unterscheidung*: Christliche Orientierung im religiösen Pluralismus. Hsg. von Reinhart HUMMEL und Josef SUDBRACK)

SUDBRACK, Josef: Von der Helle und der Dunkelheit der Gotteserfahrung. In: *Geist und Leben* 50 (1977), S. 334-349

SUDBRACK, Josef: *Wege zur Gottesmystik*. Einsiedeln: Johannes, 1980 (Sammlung Horizonte. Neue Folge 17)

SUDBRACK, Josef: Zur Erforschung der "Deutschen Mystik". In: *Stimmen der Zeit*. Bd. 179. Jg. 92 (1967), S. 64-67

SURY, K.: *Wörterbuch der Psychologie und ihrer Grenzgebiete*. Olten 1974

TENZLER, Johannes: C. G. Jungs Phantasieauffassung in strukturpsychologischer Sicht. In: TENZLER, J. (Hrsg.): *Wirklichkeit der Mitte*. Freiburg, München 1968, S. 252-291

TENZLER, Johannes: *Selbstfindung und Gotteserfahrung: Die Persönlichkeit C. G. Jungs und ihr zentraler Niederschlag in seiner "Komplexen Psychologie"*. München, Paderborn, Wien 1975

THOMAS, Michael: Die mystischen Elemente und ihre Funktion im Roman "Der Name der Rose". In: HAVERKAMP, Alfred, HEIT, Alfred (Hsg.): *Ecos Rosenroman. Ein Kolloquium*. München 1987 (dtv 4449)

THURN, Hubert: Animus und Anima. In: *Geist und Leben* 26 (1953), S. 44-53

THURN, Hubert: Außergewöhniche religiöse Erfahrungen im Lichte der Psychologie. In: *Geist und Leben* 21 (1948), S. 170-178

THURN, Hubert: Neurose und Frömmigkeit. In: *Geist und Leben* 22 (1949), S. 110-120

THURN, Hubert: Seelengrund und Frömmigkeit. In: *Geist und Leben* 23 (1950), S. 346-361

VEELKEN, Ludger: *Versuche zur Grundlegung einer Identitätstheorie und ihrer soziologischen Aspekte sowie ihre Bedeutung für die außerschulische Jugendarbeit.* Dortmund 1977 (Diss.)

VETTER, August: Die Person in strukturpsychologischer Sicht. In: *Der leidende Mensch. Personale Psychotherapie in anthropologischer Sicht.* Darmstadt 1960, S. 42-61

VETTER, August: *Kritik des Gefühls: Psychologie in der Kulturkrisis.* / TENZLER, J. (Hrsg.). 2. umgearb. Aufl. München, Paderborn, Wien 1977

VETTER, August: *Personale Anthropologie: Aufriss der Humanen Struktur.* München 1966

WAGNER, Falk: Bekehrung: III. systematisch - theologisch. In: *Theologische Realenzyklopädie.* Bd. 5, Berlin, New York 1980, S. 469-480

WALDMANN, Michael: Trancen und Ekstasen in ihrer psychologischen Gegensätzlichkeit. In: *Geist und Leben* 25 (1952), S. 54-67

WALTER. E.: Zur Ontologie der Liebe. In: *Geist und Leben* 22 (1949), S. 442-56

WEHR, Gerhard: *Deutsche Mystik: Gestalten und Zeugnisse religiöser Erfahrung von Meister Eckhart bis zur Reformationszeit.* Gütersloh: GTB, 1980 (GTB 365)

WEHR, Gerhard: Wege zu religiöser Erfahrung: Tiefenpsychologische Bibelauslegung. In: *Die Psychologie des XX. Jahrhunderts.* Bd. XV. Zürich 1979, S. 158-165

WEILNER, Ignaz: Zur Neubegegnung von spiritueller Theologie und moderner Tiefenpsychologie. In: *Geist und Leben* 39 (1966), S. 133-42

WENTZLAFF - EGGEBERT, Friedrich Wilhelm: Erscheinungsformen der "unio mystica" in der deutschen Literatur und Dichtung. In: *Deutsche Vierteljahresschrift für Literaturwissenschaft und Geistesgeschichte* 32 (1944), Stuttgart, S. 237-277

WENTZLAFF-EGGEBERT, Friedrich-Wilhelm: *Deutsche Mystik zwischen Mittelalter und Neuzeit: Einheit und Wandlung ihrer Erscheinungsformen.* Dritte, erw. Aufl. Berlin: Walter de Gruyter, 1969 (umfassende Bibliographie)

WILMS, Hieronymus: Das Seelenfünklein in der Deutschen Mystik. In: *ZAM* 12 (1937), S. 157-66

WINKLHOFER, Alois: Die Logosmystik des Heinrich Seuse. In: FILTHAUT, Ephrem M. (Hrsg.): *Heinrich Seuse. Studien zum 600. Todestag 1366-1966.* Köln: Albertus Magnus, 1966, S. 213-232

WITTGENSTEIN, Oskar G.: Mythos und Mythopathologie. In: KEILBACH, Wilhelm (Hrsg.); KRENN, Kurt (Hrsg.): *Archiv für Religionspsychologie.* Bd. 14. Göttingen: Vandenhoeck & Ruprecht, S. 142-152

WULF, Friedrich: Glaubenserfahrung als Voraussetzung des Glaubenszeugnisses. In: GRÜNDEL, J. (Hrsg.): *Spiritualität, Meditation, Gebet.* München 1974, S. 137-145

ZAEHNER, Robert C.: *Mystik - Harmonie und Dissonanz: Die östlichen und westlichen Religionen.* / HAAS, Alois Maria (Geleitwort). Olten, Freiburg i.Br.: Walter, 1980

ZAEHNER, Robert C.: *Mystik - religiös und profan: Eine Untersuchung über verschiedene Arten aussernatürlicher Erfahrungen.* Stuttgart: Klett, 1960

ZAHN, Joseph: *Einführung in die christliche Mystik.* 5. Aufl. Paderborn 1922

ZIEGLER, Alfred J.: Jung und die psychosomatische Medizin. In: *Die Psychologie des XX. Jahrhunderts.* Bd. III, 2. Zürich 1977, S. 808-819

ZIPPEL, Willy: *Die Mystiker und die deutsche Gesellschaft des 13. und 14. Jahrhunderts.* Düren 1935 (Diss. Leipzig)

ZIRKER, Otto: *Die Bereicherung des deutschen Wortschatzes durch die spätmittelalterliche Mystik.* Jena 1923 (Jenaer germanistische Forschungen 3)

9. Index

DATE DUE

HIGHSMITH 45-220